中國學術思想 研究輯刊

九 編
林 慶 彰 主編

第 15 冊

早期儒家喪禮思想研究
陳 麗 蓮 著

花木蘭文化出版社

國家圖書館出版品預行編目資料

早期儒家喪禮思想研究／陳麗蓮 著 — 初版 — 台北縣永和市：
花木蘭文化出版社，2010〔民99〕
序 2+ 目 2+168 面：19×26 公分
（中國學術思想研究輯刊 九編：第 15 冊）
ISBN：978-986-254-281-1（精裝）
1. 喪禮　2. 儒家
532.2　　　　　　　　　　　　　　　　99014366

ISBN - 978-986-254-281-1

9 789862 542811

中國學術思想研究輯刊
九　編　第十五冊　　　　　　ISBN：978-986-254-281-1

早期儒家喪禮思想研究

作　　者　陳麗蓮
主　　編　林慶彰
總 編 輯　杜潔祥
出　　版　花木蘭文化出版社
發 行 所　花木蘭文化出版社
發 行 人　高小娟
聯絡地址　台北縣永和市中正路五九五號七樓之三
　　　　　電話：02-2923-1455／傳真：02-2923-1452
網　　址　http://www.huamulan.tw 信箱 sut81518@ms59.hinet.net
印　　刷　普羅文化出版廣告事業
封面設計　劉開工作室
初　　版　2010 年 9 月
定　　價　九編 20 冊（精裝）新台幣 33,000 元

早期儒家喪禮思想研究

陳麗蓮　著

作者簡介

陳麗蓮，台灣宜蘭人，佛光大學文學系博士，目前任教於蘭陽技術學院通識教育中心。曾發表〈《周禮》宮廷婦教研究〉、〈頭圍登瀛吟社之經營與詩作史料整理〉、〈錢鍾書筆下的女性——從〈貓〉、〈紀念〉談到《圍城》〉、〈《詩經》的傳播——以「成語」為考察對象〉、〈蘭陽傳統文學的傳播：「大眾化」發展的考察〉、〈蘭陽地區日治時期（1896～1945）傳統詩社探析〉、〈康灩泉傳統詩作探析〉、〈頭圍登瀛吟社最後一位活躍社員游象新〉等論文，並主編「頭圍藝文作品系列」叢書。

提　　要

　　本論文主要為探究早期儒家賦予喪禮的思想為何，因此寫作的重點放在禮意的闡述，研究資料主要為《周禮》、《儀禮》、《禮記》、《大戴禮記》、《論語》、《孟子》、《荀子》。所謂＂早期儒家＂指西漢之前儒家思想，至於＂喪禮＂則從瀕死到死後的祭祀皆包含在內。

　　第一章〈喪禮的起源〉＂人文精神＂、＂緣情制禮＂是早期儒家喪禮起源說的特色。

　　第二章〈早期儒家喪禮思想的基本意涵〉以＂稱情立文——文情並重＂、＂斷長續短——隆殺養情＂、＂適情權變——量情行禮＂、＂與時推移——節哀順變＂、＂取法自然——順應天時＂、＂報本反始——慎終追遠＂、＂仁義為重——行仁舉義＂、＂禮以別異——差等之禮＂八個主題闡述早期儒家喪禮思想。

　　第三章〈早期儒家喪禮儀節的意義〉按照喪禮儀節的進行順序從瀕死、飯含、殯葬等談到三年之喪、喪服各儀節所代表的意義。情文並重的喪禮是早期儒家對人們行喪禮時的最高要求。

　　第四章〈早期儒家喪禮所顯示的生死觀〉早期儒家的生死智慧可以說是建立在現世的世界中，而非死後的世界。

　　第五章〈喪禮在早期儒家思想的地位〉在早期儒家＂內聖外王＂的理想下，喪禮不僅是個人修身的道德規範標準，亦是教導一般大眾，使民情敦厚的重要禮儀。

目
次

自 序

　　眾多研究方向中，個人對有關"禮"方面的問題特別有興趣。從小學教育到大學教育，以至家庭教育、社會教育，長輩常常教導我們要遵守各種禮法，告訴我們這個要怎麼做，那個要如何做，這樣做才可以，那樣做是不對的，於是我們覺得受到限制，進而排斥中國傳統文化，認為"傳統"即是"保守"、"迂腐"的代名詞。但是，中國文化可以流傳如此久遠，絕對有它的意義與價值存在。因此個人相信中國傳統文化，一定有其優秀的部分，所謂"禮教吃人"果真如此嗎？制定適合現代生活的禮儀，首先要對傳統的禮有深入的了解，才能知道禮的根源所在。個人以"早期儒家喪禮"作為研究的主題，最終目的則是想要讓現代人了解古禮，進而以批判繼承的態度重新認識中國傳統文化。

　　在中國社會生活習慣中，"死"是潛藏在每個人心中的，不成文的避諱，喪禮為處理死亡的儀節，一般人也同樣的避諱"喪禮"。可是從《禮記·雜記》記載曾申（曾子次子）問曾子：「哭父母有常聲乎？」看來，古人原並不如我們想像中那麼避諱"喪禮"。因此，個人以"喪禮"作為研究的主題，係本著就學術論學術的態度，希望個人的研究對現代人有所啟示。

　　了解早期儒家喪禮的思想，可以讓我們主動的、誠心的遵守合理的儀禮規範，而不是在"被要求"的情況，毫無自覺的勉強去做。依個人的研究結果，早期儒家喪禮是主張情文並重的儀節，經過一套精細的儀節設計，周密的處理面對"死亡"必須接觸的三個主要問題——生者情感、死者遺體、死者靈魂。隨著時代環境的變遷，有些喪禮儀節可能已經不符合時代的需求，但是儀節的精神卻是值得流傳久遠，尤其是早期儒家喪禮對生命的敬重，生者情感的慰藉，以及不迷信鬼神的態度，更值得我們重視與肯定。

　　因爲對古禮的誤解，人們因而有違背人情義理的行爲，這實在不是古禮本身的問題，而是行禮者本身是否有了解古禮的問題。例如"厚葬"，依個人的研究結果，早期儒家所指的"厚葬"是在合於禮的情況下，發自內心、謹慎的處理親人"死亡"這件事，並不是財物豐厚或是棺槨華美就是厚葬親人。早期儒家喪禮著重在現世的關懷上，任何儀節的進行都必須經由生者主動的參與才顯得有意義，生者能以誠敬的心藉著喪禮儀節表達喪親的哀慟，才是早期儒家喪禮的眞意。

　　撰寫論文期間，感謝父母在精神上的支持與鼓勵，以及經濟上的資助。更感謝　鮑師國順不辭辛勞的教誨與督促。所有師長的指導，以及友人們的扶持，都是個人論文得以完成的重要助力，在此由衷的對父母、師長、同學們說一聲"謝謝！"。

陳麗蓮謹誌于西灣
中華民國八十六年六月

緒 論

　　禮之所以成爲禮必定有其內在的精神，與外在的儀式，但是行之既久，禮儀尚存、禮意不明，因此容易產生"禮"特重外在儀節的誤解。禮儀是外在的行爲規範，遵循此規範才能顯現儀節背後的意義。禮意爲抽象道理，必須藉儀節呈現此道理，但儀節本身豈是禮的精髓？子曰：「禮云，禮云，玉帛云乎哉？樂云，樂云，鐘鼓云乎哉？」(《論語‧陽貨》) 清楚的指出禮以禮意爲重的要旨。

　　先聖先賢將抽象的道理以"禮"的方式，寄託在日常生活中，並且使"禮"在社會人群中生根，而達到潛移默化的效果。現今中國社會已不同於先聖先賢制禮的時代，舊有的儀節可能已經漸漸僵化而失去實用的價值，但是其內涵的特質，以及其適合中國民情需要的基本精神，卻始終保有指導的價值。﹝註1﹞因此禮意的傳承有助於現今中國社會的發展。本篇論文即是探究早期儒家喪禮思想的特點，希望了解早期儒家喪禮儀節背後的禮意，使大家對早期儒家喪禮更深一層的認識，同時也希望對現代人有所啓示。

一、研究動機與目的

　　隨著時代的進步，人類除了追求物質的享受之外，也要求思想、言論等種種的自由，人們處在自由之聲高漲的時代趨勢下，禮教受到相當大的質疑，甚至將禮教視爲不科學、落後、腐敗的代名詞。五四運動之時即有"打倒孔

﹝註1﹞ 參見周何，〈禮的內涵及其影響〉，《禮儀民俗論述專輯》，內政部編印，1989年，頁 32～33。

家店"、"禮教吃人"的口號。現代社會中，禮教經歷被否定到再次肯定的轉變歷程，在這種反覆辯論的過程中，禮教符合時代發展的部分也逐漸彰顯出來。但是我們仍然會懷疑禮教的繁儀縟節，眞的含有重要的意義在內嗎？我們如何呈現傳統文化的優秀面呢？

　　"禮"貫穿人的一生，從成年時的冠禮，結婚時的婚禮，以及鄰里朋友相聚的鄉飲酒禮，一直到人生最終的旅程——喪禮。從出生到死亡，人生的每一個重要階段，都有相應的禮節引導你、告訴你如何去做。在所有禮儀之中，喪禮似乎是人們最不願意去談的，因爲喪禮必定牽涉到中國人對"死"的避諱，但是站在學術研究的立場，喪禮不僅關係到"死"，〔註2〕更關係到"生"〔註3〕的問題，生死之間實則含有許多值得研究的地方。自古至今，生死之間的疑惑都是中外學者討論的重點，物質生活無虞的現代社會，人更應該重視心靈的滿足，正視死亡，進而了解生命的意義與價值。故本文從早期儒家喪禮思想入手，探討有關喪禮思想的意涵、儀節的意義、生死觀等問題，以期對傳統文化的價值有更深一層的認識。

二、研究範圍的界定

　　"儒家思想"在中國社會有著源遠流長的歷史，又"喪禮"牽涉的層面很廣，從某種意義來說，祭祀祖先的"祭禮"也可以說是"喪禮"的延續，因此界定研究範圍對本文而言是非常重要的。首先，本文將"早期儒家"的意義界定在西漢以前儒家思想，因爲儒家思想由春秋戰國到西漢之時已發展成型，所以本文才做此限制，希望對早期儒家喪禮思想的內容有更多的了解與認識。至於，本文研究的資料主要有《周禮》、《儀禮》、《禮記》、《大戴禮記》、《論語》、《孟子》及《荀子》。論述時以上各書引用的機會頻繁，爲了避免過多不必要的註解，本文引用時只註明書名及篇名，並不詳註頁碼，或另加附註。而各書使用的版本則爲藝文印書館所刊印《周禮》《儀禮》、《禮記》、《論語》、《孟子》十三經注疏本，以及王先謙《荀子集解》、王聘珍《大戴禮記解詁》。

〔註2〕此處的"死"指的是生者如何處理死者喪事的問題。包括爲死者斂、殯、葬……等問題。

〔註3〕此處的"生"指的是生者如何看待親人死亡這件事情，以及生者如何調適親人離去的事實，並且正視生命價值等問題。

再者，本文所指“喪禮”的討論範圍從始死到葬墓，也包括葬後的祭祀——禫祭及忌日等祭祀。雖然死後祭祀之禮，從禮的分類上來看應該屬於祭禮，但是談到喪禮，如果不將此部分列入討論仍有不夠完整之嫌。故本文所言喪禮實則包括葬後祭祀在內，偶而因行文的需要則稱“喪祭之禮”以醒眉目。

另外，本文著重對早期儒家喪禮思想的探討，至於思想所主導的喪禮是否與當時實際實行情況有所出入，因牽涉範圍太廣，且需要運用到大量的考古資料，個人學歷有限，無法在此方面多作論述。最重要的是儀節本身是否被執行並不會影響到主導儀節的思想，故本文不將早期儒家喪禮和考古資料的比對列入主要探討範圍之內，僅視需要稍加舉證說明而已。

三、研究方向及架構

確定主要的研究範圍之後，個人則將重點放在闡述早期儒家喪禮儀節所顯示的意義上，也就是“禮意”的呈現是本文最終目的，因而在敘述時對儀節的細部規定並不多加著墨。

除了“緒論”說明研究範圍、動機、方法等問題，以及“結論”用批判、檢討的態度總結早期儒家喪禮思想之外，整篇論文以五大章作為討論的主線。

第一章“喪禮的起源”，探討早期儒家如何從親情上說明喪禮的起源，讓喪禮由迷信的行為轉化為具有人文精神、緣情而制的儀節。

第二章“早期儒家喪禮思想的基本意涵”，此部分則打破原本喪禮從始死、斂殯、葬埋等儀節連貫進行的順序限制，個人企圖由“（一）稱情立文——文情並重。（二）斷長續短——隆殺養情。（三）適情權變——量情行禮。（四）與時推移——節哀順變。（五）取法自然——順應天時。（六）報本反始——慎終追遠。（七）仁義為重——行仁舉義。（八）禮以別異——差等之禮。”等八個主題來呈現主導喪禮儀節的早期儒家思想。雖然不可否認的，從研究方法來說，「禮數之未知，何足以明禮義」〔註4〕我們必須對儀節本身有所探討，才可能找出主導整個儀節的思想。但是從陳述的重要性來說，主導整個儀節的思想應該是最先被說明的。〔註5〕因此個人先在第二章的部分說

〔註4〕〔清〕萬斯大，《學禮質疑》皇清經解三禮類彙編，台北：藝文，1986年，頁1。
〔註5〕徐福全云：「儒家對於士喪禮之貢獻，非徒儀節器物之制訂傳述耳，尤其重要者，在於禮義之付與及調整。儒家所以據以制訂喪禮，賦予禮義之基本原則為何？此為吾人從事士喪禮、既夕禮研究前所不可不知者也。」徐福全，《儀禮士喪禮既夕禮儀節研究》，師大國文所碩士論文，1979年，頁249。

明“早期儒家喪禮思想的基本意涵”，到第三章才討論“早期儒家喪禮儀節的意義”。

第三章從瀕死、復禮、飯含、襲與斂、殯、停殯、下葬，再談到封墓、虞祭、卒哭、祔祭、守三年之喪、喪服等一連串喪禮儀節的問題，共分十小節來討論，著重在早期儒家喪禮儀節所顯示的情文並重的意義。

第四章“早期儒家喪禮所顯示的生死觀”。談到“生死觀”，可以切入的點非常多，因為這是牽涉到整個生命的問題。本文則是從“瀕死者”以及“生者對待死者”的態度二個部分討論早期儒家對生死問題所持的觀點，以切合由喪禮了解早期儒家生死觀的主題。

第五章“喪禮在早期儒家思想的地位”，此部分從喪禮與孝道、修身、治國的關係，研究喪禮在早期儒家思想佔有何種重要地位。

以上即是本文為呈現早期儒家喪禮思想所安排的主要架構，希望藉由各章主題的探討能使大家更了解早期儒家喪禮所透露的精神。

第一章　喪禮的起源

　　何謂喪禮？概要的說，即是生者面對"生命結束"這件事情所做的種種儀式，主要包括生者情感的渲洩、對死者遺體的處理以及追念儀式三大部分。中國歷代有關喪禮的記載，最早是《儀禮》、《周禮》、《禮記》到唐代有官修《開元禮》。〔註1〕宋代時，由於官修《政和禮》無法普及庶人，遂有私修《文公家禮》。明代則有官修《明集禮》、《明會典》。清代除官修《清通體》外，亦有承宋代《文公家禮》而來的《家禮大成》、《家禮會通》。〔註2〕從先秦到清代，我們皆可以在官修或私修的典籍上找到喪禮的種種內容，而且死亡是人生的必經路程，每一個人一定會碰到必須處理"死亡"這件事情。可是為什麼在中國社會中，仁人孝子會認為行喪禮是一件不容懷疑，一定要去做的事情呢？要解決這個疑惑，首先即是要說明喪禮從何而來？尤其是影響中國思想甚深的早期儒家是如何解釋喪禮的起源。

　　再者，一般人對喪禮的研究多集中在喪禮儀節及喪禮意義。其中又以喪禮儀節受到較多重視，〔註3〕對於喪禮起源甚少學者特別著手研究，這或許是由於文獻的不足徵的原故。不過由於學術界對人類學、民俗學、社會學等學科不斷的深入研究，實有助於我們探討先民何以有各種喪葬禮俗。了解先民

〔註 1〕 王明珂云：「唐以前歷代官修喪禮的詳細內容，都沒有流傳下來。」王明珂，〈慎終追遠——歷代的喪禮〉，《敬天與親人》中國文化新論　宗教禮俗篇，台北：聯經，1982年，頁332。

〔註 2〕 參見呂理政，《傳統信仰與現代社會》，台北：稻鄉，1992年，頁113～114。

〔註 3〕 例如，章景明，《先秦喪服制度考》，1986年、徐福全，《儀禮士喪禮既夕禮儀節研究》，1979年，以及文智成，《儀禮喪服親等服飾研究》等研究內容皆對儀節本身的敘述著墨較多，1984年。

的喪葬禮俗，也才能由此得知，早期儒家如何將這些禮俗轉化爲具有道德倫理意義的喪禮。

第一節　早期儒家論喪禮的起源

荀子論禮的起源時有云：

> 禮起於何也？曰：「人生而有欲；欲而不得，則不能無求；求而無度量分界則不能不爭；爭則亂，亂則窮。先王惡其亂，故制禮義以分之，以養人之欲，給人之求，使欲必不窮乎物，物必不屈於欲，兩者相持而長，是禮之所起也。」（《荀子・禮論》）

荀子這段話說明禮起於"定分"、"養欲"的需要。就喪禮而言，有什麼"定分"、"養欲"的需要呢？「饑而欲食，寒而欲煖，勞而欲息，好利而惡害。」（《荀子・非相》）是每個人天生皆有的欲求。

> 飲食男女，人之大欲存焉。死亡貧苦，人之大惡存焉。故欲惡者，心之大端也。人藏其心，不可測度也。美惡皆在其心，不見其色也。
>
> 欲一以窮之，舍禮何哉？（《禮記・禮運》）

人性的欲求原本就是喜愛食色之事而厭惡死亡貧苦，因此大部分的人都是樂於追求食色的享受，急於逃避死亡貧苦。就厭惡死亡這一點來談，如果人人皆因爲對死亡感到厭惡，因而對死者的遺體棄之不顧，這豈是「知別於禽獸」[註4]的人所應該做的事。所以喪禮實是規定何者應該如何處理何人死亡這件事，使生者不要對死者避之唯恐不及。就人的情感解說喪禮儀節，使人們安於接受處理死亡這件事，是早期儒家論喪禮起源主要趨向。

首先就人死何以要掩埋來談。孟子從人發自內心的親情上說明人何以埋葬親人的原因；

> 蓋上世嘗有不葬其親者，其親死則舉而委之於壑。他日過之，狐狸食之，蠅蚋姑嘬之。其顙有泚，睨而不視。夫泚也，非爲人泚，中心達於面目。蓋歸，反虆梩而掩之。掩之，誠是也。則孝子仁人之掩其親，必有道矣。（《孟子・滕文公上》）

[註4]　《禮記・曲禮上》：「鸚鵡能言，不離飛鳥。猩猩能言，不離禽獸。今人而無禮，雖能言，不亦禽獸之心乎？夫唯禽獸無禮，故父子聚麀。是故聖人作，爲禮以教人。使人以有禮，知別於禽獸。」

孟子說出這段話主要是反對墨者夷之主張薄葬、兼愛的言論而來的。孟子以為「天之生物也，使之一本。」(《孟子‧滕文公上》) 人皆由父母所出，父母是子女唯一的根本，因而孝子仁人本著親愛親人的道理埋葬親人遺體則是自然的表現。孟子肯定人性的善，認為孝心是人所應具備的，這是對孔子"仁"的思想有所繼承。徐復觀云：「論語的仁的第一義是一個人面對自己而要求自己能真正成為一個人的自覺自反。」[註5] 如何才稱得上是「真正成為一個人」呢？「孝弟也者，其為仁之本與？」(《論語‧學而》) 要成為一個真正的人，必須由本心發出孝順父母、友愛兄弟的親情。其實孟子以此言反駁墨者夷之重點有二，一是；人皆只有一個父母，因而對待自己父母的情感和對待別人父母的情感是不同的。二是；既然人只有一個父母，對父母的喪事豈可草率隨便。孟子從親情上說明上古未制定喪禮的時候為何要掩埋親人的遺體，使喪禮具有倫理道德的意義。

荀子則從明生死之別的道理來談埋葬遺體的原因：

> 喪禮者，無它焉，明生死之義，送以哀敬而終周藏也。故葬埋，敬藏其形也，祭祀，敬事其神也；其銘、誄、繫世，敬傳其名也。(《荀子‧禮論》)

喪禮使人明白生與死之間的分別，使吉與凶不相侵掩。一般人皆以死為凶；生為吉，難免會有趨吉避凶的心態，如果因此草率處理死亡之事，則是欺侮毫無知覺的死人，但是完全以生者的態度對待死者，又是迷惑於死生之間的區別。人們對待死者遺體的態度是非常矛盾的，一方面對生命的逝去感到不忍心，而有關愛之情；一方面對冰冷的遺體感到反感與恐懼，如何調合這兩方面的情感使人明白生死之間的差別，又不至於因為厭惡而輕忽死者遺體則是喪禮最大的功用，也是荀子論何以要有喪禮的原因。

再者，就生者何以要對死者守喪來談。荀子則是從鳥獸亦不忍親人離去的心情，說明人何以守喪。

> 凡生乎天地之間者，有血氣之屬必有知；有知莫不知愛其類。今夫大鳥獸，則夫喪其群匹，越月踰時，則必反鉛過故鄉，則必徘徊焉、鳴號焉、躑躅焉、踟躕焉，然後能去之也。小者至於燕爵，猶有啁噍之頃焉，然後能去之。故有血氣之屬，莫知於人。故人之於其親

〔註 5〕徐復觀，〈釋論語的〔仁〕——孔學新論〉：《中國上古史論文選集》下冊，台北：華世，1979 年，頁 1161。

也，至死無窮。將由夫愚陋邪淫之人與，則彼死而夕忘之。然而縱
之，則是曾禽獸之不若也。彼安能相與群居而無亂乎？將由夫修飾
之君與，則三年之喪，二十五月而畢，若駟之過隙。然而遂之，則
是無窮也。故先王聖人，安為之立中制節，壹使足成文理，則舍之
矣。(《荀子‧禮論》)

荀子認為天地之間，小至燕爵對於同類的逝去皆感到牽掛與不忍，何況是最
有靈性的人類呢？其實在動物的世界裡，我們還可以發現除了人之外，有的
動物也有埋葬同伴的做法，例如南美洲亞馬遜河流域的森林中，有一種體態
嬌小的文鳥，當同類死後，群鳥便會叼綠汁、彩色漿果及各種顏色的花瓣覆
蓋在死文鳥的屍體上。非洲大陸獴類發現同類屍體，就會召來同伴一起將屍
體拖入河中，並且排列在河岸對著順水漂流的屍體哀鳴不已。西伯利亞的灰
鶴則佇立在死者前齊聲哀鳴，直到灰鶴頭領發出一聲尖銳長鳴，眾灰鶴則頓
時停止哀鳴，並一一垂頭。在中國雲南則出現一隻母大象見公大象死去，狂
怒不已，在公象屍體周圍亂衝亂撞，然後挖一深坑，用鼻子將公象屍體推至
坑內，掩埋時還特意留下二隻腳露出地面，再怒嚎數聲，淒然離去。〔註6〕連
鳥獸都有愛護同伴的舉動，更何況是人類呢？孔子云：

子生三年，然後免於父母之懷。夫三年之喪，天下之通喪也。(《論
語‧陽貨》)

人皆父母所出，而且至少在三歲以後才能離開父母的懷抱，這樣的親情應該
更勝於鳥獸與同伴相處的感情，那麼以守喪回報父母養育之恩，不是天下之
人都應該做到的嗎？故聖人因親疏有別制定時間長短不同的喪期，使人適切
的表達對親人逝去的哀情，也使賢者不至哀毀過度，不肖者又能努力做到。

　　人道的圓滿即是生死之事的完整表現。君子尊敬生命的開始，謹慎對待
生命的結束，從開始到結束都保持不敢隨便的態度，一切依禮文行事，不敢
有一絲苟且的行為。如果厚生薄死，是尊敬人有知覺，欺侮人沒有知覺，這
是姦人才有的倍叛之心。君子以倍叛之心和奴婢、赤子相接觸已感到羞恥，
何況是以倍叛之心對待君王、父母呢？荀子云：

生，人之始也；死，人之終也，終始俱善，人道畢矣。故君子敬始
而慎終，終始如一；是君子之道，禮義之文。夫厚其生而薄其死，
是敬其有知而慢其無知也。是姦人之道而倍叛之心也。君子以倍叛

之心接臧穀，猶且羞之，而況以事其所隆親乎！故死之爲道也，一
而不可再復也，臣之所以致重其君，子之所以致重其親，於是盡矣。
故事生不忠厚、不敬文謂之野，送死不忠厚、不敬文謂之瘠。……
使生死終始若一，一足以爲人願，是先王之道，忠臣孝子之極也。（《荀
子·禮論》）

君王、父母都是值得敬愛的對象。從自然親情來談，父母長養子女的辛勞，
子女應該回報父母之恩。而君王治理國政、照顧人民的生活，同樣值得敬愛，
所以荀子又云：

君之喪所以取三年，何也？曰：君者治辨之主也，文理之原也，情
貌之盡也，相率而致隆之，不亦可乎？詩曰愷弟君子，民之父母，
彼君者固有爲民父母之說焉。父能生之，不能養之，母能食之，不
能教誨之。君者，已能食之矣，又善教誨之者也，三年畢矣哉。（《荀
子·禮論》）

人民是否豐衣足食，與國家社會的安定成正比，而君王則是國家社會安定與
否的關鍵人物。君王治理國家，使人們安居樂業、衣食無缺，進而使人民受
到好的教育，這樣的行爲如同父母長養子女一般，因而對君行三年之喪。

湯武者，循其道，行其義，興天下同利，除天下同害，天下歸之。……
故百姓貴之如帝，親之如父母，爲之出死斷亡而不愉者，無它故焉，
道德誠明，利澤誠厚也。（《荀子·王霸》）

君王如果能爲民興利除害，百姓會如同親愛父母一般親愛他，並且尊崇他，
爲他出生入死也在所不惜。因此荀子並不是認爲所有君王都是值得百姓愛戴
的，能得到百姓愛戴的先決條件必須君王能行愛民之道，能愛民如子的君王
才能得到臣下爲他服喪。

　　既然君王、父母值得我們敬愛，死又是「不可再復」（《荀子禮論》）的事
情，忠臣孝子怎麼能不謹慎處理，隨便將他們的遺體丟棄於天地之間呢？所
以就早期儒家而言，喪禮實是源於忠臣孝子自然情感的表現。

第二節　關於喪禮起源的其它說法

　　關於喪禮起源有各種不同的說法，必須說明的是，面對這些不同說法我
們其實不必存有對與錯、是與非的問題，因爲某種禮儀的形成必定與風俗習

慣有相當密切的關係。各地區風俗、信仰皆不相同，因而有不一樣的面貌，陳述這些說法只是為了與早期儒家論喪禮起源互相比較，以期能凸顯早期儒思想的特性。

有學者以為喪禮起源於崇拜祖先的觀念，人們希望藉著一套象徵悲慟的儀式對祖先遺體作一番處理，使祖先順利到達另一個死後的世界〔註7〕中，陪葬的物品則提供祖先的鬼魂在死後的世界使用。如林惠祥云：

> 由於崇拜死人之故，對於其屍體的處置便生出許多儀式來。家有死
> 人必定改變平時的形狀，如斷髮，繪身，或穿特別衣服等，其初大
> 約不是為紀念，實是由於懼怕的心理。將明器納入墓內的風俗很普
> 遍，兵器是供他去陰間爭鬥，器物則給他生活。甚或奴僕從人都殉
> 葬以待他於幽冥。〔註8〕

可是為什麼人會崇拜祖先呢？據文化人類學上的說法，祖先崇拜和鬼魂觀念產生有密切的關係。人經由草木榮枯、動物興滅、日月星辰等自然的變化進而相信物體皆能變化。其中又以風的現象最讓人覺得奇異，人類看不見風，聞不到風，特意去摸也摸不著，但是人可以感受到風的吹拂，也可以看見風吹動樹梢。這些證據都可以使原始人類相信物體都能夠自己變化。而人類也在自己的身體上找到做夢、暈厥及死亡等變化的狀況。如果人自己本身即是會變化的，那自然不是限於這個可見的簡單的肉體而已，於是有了"複身"（the double）的觀念，用來解釋人為什麼會變化。因此陰影、山谷回音成了另一個身體的回應，而水中倒影更的確是另一個身體，因為旁邊的人告訴他水中的影像很像他，而他自己也觀察別人的倒影而得到同樣的答案。人做夢時，夢中所經歷的事是那麼真實，又由各種證據得知做夢時人的身體不曾離開躺著的地方，於是便斷定夢中的經歷是"複身"在別地活動。又如暈厥的時候人失去知覺，安靜不動，但甦醒後，依稀記得未醒時好像曾經歷多少動作，這也使人疑心是"複身"離開肉體，經過一段時間才回原處。至於人類在面對死亡時更需要一個合理的解釋使他們心安，因而死亡則可解釋為"複身"不再回歸原體了。這個"複身"便是所謂"靈魂"（soul），人類死後的靈魂別稱為"鬼魂"（ghost）。〔註9〕秘

〔註7〕 各民族、各宗教思想對死後世界有天堂、地獄、輪迴……等不同看法，本章
重點為探討喪葬習俗，故將各說法統稱為死後的世界。

〔註8〕 林惠祥，《文化人類學》，台北：商務，1966年，頁307。

〔註9〕 同註8，頁302～303。

魯的印弟安人如果希望討厭或懼怕的人死去，他們便用脂肪和穀粉製成受害者的塑像，並且在受害者將要經過的路上把塑像燒了，他們將此行爲稱作「燒掉那人的靈魂」。〔註10〕可見在原始人的想法中，靈魂與人的生命有密切的關係，失去靈魂也就失去生命，所謂死亡便是靈魂永遠離開身體。〔註11〕

　　我們可以將夢與靈魂之間的關係說得更清楚；當原始人類躺在山洞裡睡覺時，他的肉體並未離開洞穴。可是，爲什麼他會夢見他和同伴一起去採集野果、打獵呢？或者夢見那些已經死去的人。但是那些人的遺體不是已經腐爛嗎？爲什麼他可以在夢中見到完整的人呢？這樣的情況使得原始人類逐漸相信人活著除了可見的肉體之外，必定還有一個看不見的東西，而這個東西的肉體死後仍然繼續存在並且到處活動，於是有所謂"靈魂"與"靈魂不滅"的觀念，原始人類並且用這樣的觀念反過來解釋夢境。以上的說法並非憑空臆測，據研究中國東北的赫哲族信仰中，即認爲人人皆有生命的靈魂、轉生的靈魂、思想或觀念的靈魂。人之所以會作夢或夢見死去的親人，是觀念靈魂能自由活動的結果。生活在興安嶺大森嶺的鄂倫春族也同樣有靈魂觀念。中國西南的傈僳族甚至有"殺魂"之說，他們相信一個人的靈魂會在夢中被另外一個靈魂殺死。〔註12〕因而我們相信靈魂觀念的產生與夢有密切的關係。

　　人活著的時候除了可見的肉體之外還有靈魂存在身體裡面，作夢、昏迷的時候靈魂會離開人的身體自由活動。當靈魂離開肉體不再回來代表人已死亡，此時的靈魂則稱爲鬼魂。鬼魂的特性則由人類和大自然相類比之後而顯示出來——鬼魂是不可捉摸、變化莫測、看不見的、擁有不可預知的力量。這種說法可由人類學家對原始民族的研究得到印證，例如喀拉巴利人即認爲「靈界住滿了各種東西，所以有些東西都像風一樣，雖不可見但在不同的地方均有其跡象。」又例如「槐歐人相信他們的世界裡住著祖靈阿達洛（adalo），而且阿達洛在許多方面控制住這個世界。阿達洛是看不見而且無所不在的，『就跟風一樣』。」〔註13〕可見原始民族的觀念中鬼魂的特性和

〔註10〕參見弗雷澤（J.G.Frazer）著，汪培基譯，《金枝》（上），台北：桂冠，1991
　　　　年，頁24。
〔註11〕同註10，頁275。
〔註12〕參見劉文英，《夢的迷信與夢的探索》，北京：中國社會科學，1989年，頁10
　　　　～13。
〔註13〕基辛著，張恭啓、于嘉雲合譯，《文化人類學》，台北：巨流，1992年，頁384

風最接近，風來無影去無蹤；變幻不定；有時輕輕的吹；有時狂風大作足以捲起高大的樹木；而且任何地方、任何時候都有可能感受風的存在；風是無孔不入的……這些現象剛好可以說明不可知的鬼魂所具有的特性。

　　鬼魂的行爲如同自然一樣變化多端、不可預測，人類正好可以將無法理解的現象皆歸爲鬼魂的作爲，〔註14〕鬼魂崇拜也就容易產生。眾多鬼魂崇拜之中，祖先的鬼魂往往最受重視，因爲祖先活著的時候雖然沒有偉大的功績足以影響大部分的人，但是與子孫的生活關係密切。祖先生前每日與子孫生活在一起，由於年長之故，所見所聞自然較多，當然獲得子孫的尊敬，事事都向他詢問。祖先死後成爲鬼魂擁有更大的能力，子孫當然希望藉由對祖先遺體妥善處理及誠敬祭祀，以取悅祖先的鬼魂，進而繼續得到祖先的幫助。〔註15〕

　　雖然人類對於祖先死後鬼魂爲善爲惡亦是無法得知，但是虔誠的崇拜則是非常必要的，因爲若祖先鬼魂爲善，則會保佑子孫，若祖先鬼魂爲惡，看在子孫誠敬的態度上，才不致於加害於子孫。依此而言，祖先崇拜含有尊敬、恐懼、祈福等因素在內。若是從祖先崇拜角度來解釋喪禮的起源，則喪禮對生者而言具有尊敬、恐懼、祈福的意義在內。即是喪禮化解生者面對死者時的不安，這種不安情緒可能來自兩方面，一是對鬼魂的畏懼，怕鬼魂危害到生者的生活，所以善待死者。一是原本指導人們生活的祖先已經逝去，生活頓時失去依靠而產生不安，進而祈求祖先鬼魂能像活著的時候幫助人們，亦即是藉著祖先崇拜的信仰，讓祖先在族群中的地位、能力、知識以原有的形態被保留在生者的意識中。從這個角度來理解，我們可以說喪禮源自調適個人在心理上對鬼魂的畏懼和對生命的希望。

　　其實，所謂生命的希望呈現在兩方面，一是著重於能使生者生命的繼續，不受鬼魂危害又能得到祖先幫助解決生活上的問題，一是希望祖先能夠"死而復活"，如同未曾逝去一樣，讓一切都回到原來的狀況。例如袁柯云：

　　靈魂的觀念，乃是從原始人對於人死這回事的虛妄的理解而逐漸得

　　　～385，及頁392。

〔註14〕李亦園云：「anito（惡靈）在雅美族社會中，無論在個人或在群體，不但用以解釋一切人生的不幸，同時又能減輕他們因不能對自然加以有效控制所生的許多憂慮（anxieties），而且，當他們的社會中心價值受到若干少數社會成員的破壞時，他們也利用 anito 作祟作爲解釋，以鞏固他們的價值觀。」李亦園，《文化與行爲》，台北：商務，1992年，頁192。

〔註15〕參見洪德先，〈俎豆馨香——歷代的祭祀〉，《敬天與親人》中國文化新論宗教禮俗篇，台北：聯經，1982年，頁366～367。

來的。剛進入歷史的原始人，的確渾靈得像動物，是連生和死也不能分辨的。後來漸漸能夠理解到受創出血的死，但是對於睡眠狀態的死還是不能理解。再後連睡眠狀態的死也能夠理解了，卻又因爲做夢看得見死者向他走來，因而幻想人的身體內有一個靈魂住在裡面，人死了就是靈魂離開了軀殼，然而靈魂也許還能重新回到軀殼裡讓死者復活起來。基於這種虛妄的宗教觀念，才有埋葬死者和殉葬等最初的宗教儀式出現。〔註16〕

我們姑且不論"死而復活"的觀念是否虛妄。人類觀察生死變化，以爲人的生命是肉體和靈魂的結合，靈魂離開肉體變成鬼魂，人的生命即告結束。人類並且用自然的現象說明鬼魂的特性，認爲鬼魂可以像風一樣自由往來不受限制，也就有可能再回到自己的肉體上，就像草木死而復甦一樣，因而有必要對肉體做妥善的處理，以等待鬼魂回到完整無缺的肉體。這樣的推論，也合理的說明人類爲何妥善的處理死者遺體。

綜合而言，人類生活進步到某一階段之後，才有餘力注意到吃、住等基本生活以外的問題，在面對生與死之間的不同時，有了"鬼魂"、"靈魂不滅"等觀念。繼而在"恐懼鬼魂"、"祖先崇拜"、"死而復活"等心理下產生喪禮。由於環境限制或對死亡認識的不同，各民族處理遺體的方式也有差異，因此有水葬、甕棺葬、土葬、火葬、露天葬（置屍台或樣上、置洞穴中、投與鳥獸）……等處理遺體的葬法。中國社會盛行土葬，其中的原因或許可由"入土爲安"這句俗語得到部分解釋，早期儒家則用不忍親人遺體暴露於外的倫理親情來解釋。

第三節 早期儒家喪禮起源說的特色

「君子行禮，不求變俗」（《禮記·典禮上》）可見禮與俗雖然關係密切，卻是兩個不同的概念。換句話說，我們雖然很難將禮與俗做明顯的區別，因爲禮依據習俗發展而來的，但是習俗形成比禮早得多，禮爲習俗發展到一定階段才形成則是可以肯定的。〔註17〕那麼在禮與俗；俗與禮的發展過程中，早期儒家論喪禮起源時具備那些特色是本節敘述的重點。以下分別就"人文

〔註16〕袁珂，《中國神話傳說（一）》，台北：里仁，1995年，頁11～12。
〔註17〕常金倉，《周代禮俗研究》，台北：文津，1993年，頁7～11。

精神的提昇”、“喪禮緣於情而形於文”二部分加以討論。

一、人文精神的提昇

　　人類文化形成與宗教有關係，但是文化形成一種明確而合理的觀念，須要發展到人有某種程度的自覺的時候。宗教可以誘發人的自覺，但是原始宗教，常常是由於天災人禍的恐怖情緒而屈服於神秘的力量。〔註18〕喪禮原是先民面對死亡的恐懼而產生的宗教儀式，從文化人類學的角度來說喪禮源自“鬼魂恐懼”、“祖先崇拜”的心理（按：詳見本章第二節）。這樣的心理通常含有懼怕祖先鬼魂作祟，或者爲了求得祖先鬼魂的幫助的意味。例如，洛亞爾提群島的專亞島上，人們相信死人的靈魂能偷走活人的靈魂，有人生病時就到墳地引誘病人的靈魂回家。〔註19〕毛利人則以爲任何處理過屍體並送葬至墓地，或摸過死人骨頭的人，幾乎要和所有人切斷交往連繫，以免別人發生不幸。在不列顛哥倫比亞的舒什瓦普人也有類似的想法。〔註20〕托拉杰人在乾旱時，來到現任統治者的祖父墳前，將水灑在墳上，並說：「啊！祖父！可憐我們吧！如果您希望我們今年有吃的，請下雨吧！」而奧里諾科流域的一些印弟安人則有不同的方法向死者求雨──死者常在一年後被挖出來燒化，並且將骨灰撒向空中，因爲他們相信死者將把他們的骨灰化爲雨水，作爲他對葬禮的回報。〔註21〕但是早期儒家不從這種恐懼鬼魂作祟或祈求回報迷信的心理來談，而從自然親情來論說，將喪禮視爲萬物之秀、具有善端的人所應該會做的自然事情。因此和喪禮源自“鬼魂恐懼”、“祖先崇拜”的說法相比，可以說從更具人性的角度出發，這顯然是人文精神的提昇。所謂人文精神，即是肯定人的價值；以人作爲思考的出發點；以人爲主體的精神。

　　其實，人文精神在周初已萌芽，〔註22〕到孔子的時候，孔子則云：「人能

〔註18〕參見徐復觀，《中國人性論史・先秦篇》，台北：商務，1979年，頁15。

〔註19〕參見弗雷澤（J.G.Frazer）著，汪培基譯，1991年，《金枝》（上），台北：桂冠，頁284。

〔註20〕同註19，頁315～316。

〔註21〕同註19，頁107。

〔註22〕吳光云：「周人的『天命』觀較之殷人的『天命』觀卻已有很大的不同和進步。殷人的『帝』或『上帝』、『上天』，是天、祖不分的，他們敬天也即敬祖，祭祖也即祭天，在禮儀上並沒有很具體的區分。而且殷人對天命的認識，更爲盲目地崇信永恒性和絕對性，而不重視『修德惠民』以『祈天永命』，而周人從殷代夏、周代殷的歷史教訓中看到了『天命靡常』、『民心無常』的事實，悟出

弘道，非道弘人。」（《論語・衛靈公》）、「君子有三畏：『畏天命，畏大人，畏聖人之言』。」（〈季氏〉）並自認「五十而知天命。」（〈爲政〉），天不再是高深莫測、變化無常，而是可以了解的，人的地位已經和天相提並論。

從周公開始，中國已有人文精神，禮樂則是此時人文精神的表徵。但是周公所制作的禮樂，一方面因階級限制，使用範圍限於貴族；一方面對貴族本身而言，禮樂也只是分別、節制、調和的作用，這是外在禮文的人文精神。直至孔子時才發展成爲內發道德的人文精神。〔註23〕孔子云：「爲仁由己，而由人乎哉。」（《論語・顏淵》）由孟、荀從人性親情論喪禮起源的言論來看，孟、荀皆繼承孔子以"仁"爲本的人文精神。這樣的精神已是人類思想上的一大進步。也使得喪禮迷信鬼魂的成份大大的降低。

早期儒家思想雖然強調人文精神，但是對民間鬼神崇拜並非無法容忍，反而巧妙運用民間習俗以協助推行教化，這是在既有的習俗上所作的轉化，也是何以早期儒家能從人文精神的角度解釋喪禮，讓一般迷信鬼神的大眾可以接受的原因。

孔子「不語怪力亂神」（《論語・述而》）對鬼神之事存而不論，而治理人民則採取「務民之義，敬鬼神而遠之，可謂知矣。」（《論語・雍也》）的態度，對無法證其有無而且普遍存在民眾心中的鬼神信仰"敬而遠之"才是治理人民的聰明辦法。荀子云：

> 日月食而救之，天旱而雩，卜筮然後決大事，非以爲得求也，以文之也。故君子以爲文，而百姓以爲神。以爲文則吉，以爲神則凶。（《荀子・天論》）

對君子而言，不應該有迷信鬼神心理，應該從禮的文飾來立論。

> 聖人明知之，士君子安行之，官人以爲守，百姓以成俗；其在君子，

了『惟不敬厥德，乃早墜厥命』、『皇天無親，惟德是輔；民心無常，惟惠之懷』的道理。因此，周人覺得必須特別『小心翼翼』地敬奉『上帝』，而敬奉上帝的最好辦法就是修德保民、敬德惠民，認爲只有『聿修厥德』、『懷保小民』才能談得上『永言配合，自求多福』，才能『克配上帝』，使天命不致轉移。這說明，周人對『天命』的認識，已開始從外在超越性的盲目崇信貫注於由內在道德的培養以契悟天道的自覺意識，這也是中國人文精神擺脫原始宗教意識的第一步，它爲後來孔孟儒學的建立提供了理性發展的方向。」吳光，《儒家哲學片論：東方道德人文主義之研究》，台北：允晨，1990 年，頁 10。

〔註23〕 參見徐復觀，〈釋論語的〔仁〕——孔學新論〉，《中國上古史論文選集》下冊，台北：華世，1979 年，頁 1158。

以爲人道；其在百姓，以爲鬼事也。(《荀子·禮論》)

"人道"即是人文精神。百姓行禮之時雖然視爲鬼神之事，但是聖人君子從人文精神來解釋，沖淡鬼神崇拜的迷信成份。例如"復禮"招魂儀式雖然保有民間喪俗"靈魂不死"的觀念，但是早期儒家從人子不忍心相信親人驟然離去，希望做最後的努力使親人能起死回生，這是親情自然表現，而非鬼神崇拜的心理眞的以爲人能夠死而復活。另外就反對以人殉葬、明器張而不用的情況，也可以看出早期儒家對原有喪葬禮俗注入人文精神。這些都表示早期儒家論喪起源的意義已不同於喪禮源自"鬼魂恐懼"、"祖先崇拜"的說法，而是從人本身自覺親情可貴的自然本能立說，使人人皆能自發的爲親人舉行喪禮。

二、喪禮緣於情而行於文

"靈魂不滅"的觀念和"死而復活"的祈求，使人們會對死者遺體、靈魂，做一個各民族自認爲愼重的處理方式。例如，澳大利亞土著他們在朋友的墳上割破自己的身體，希望求得朋友的再生。〔註24〕埃及人相信人死後還要過著某種生活，因而花費許多精力、時間、金錢爲死後生活作準備；他們發現塗油防此屍體腐爛的技術，並且將死者葬入墓中交由死神奧錫利斯看管（因爲墳墓中發現許多用穀物作成的奧錫利斯偶像），讓死者獲得永生的機會。〔註25〕這二個例子都說明祈求復生的心理主導他們的行動，他們也相信這麼做眞的會得到新的生命，因此不惜一切的去做。在中國，從現今考古資料，我們知道史前時代有人骨塗朱，或在墓葬四周撒紅色粉末的習俗與靈魂、再生的觀念有關，殷商至西周時代則流行以人殉葬的制度。〔註26〕這是可以從考古資料中我們可以推斷人類最早的喪葬儀節與迷信鬼魂的心理有很大的關係。另外，從"禮"字演變上我們可以得知儀節與鬼神關係的密切。〔註27〕然而早期儒家卻從不一樣的角度解釋喪禮儀節。

早期儒家喪禮由人文精神而非迷信鬼魂的角度，解釋始死、葬埋到守喪

〔註24〕 參見弗雷澤（J.G.Frazer）著，汪培基譯，《金枝》（上），台北：桂冠，1991
年，頁517。
〔註25〕 同註24，頁398、566。
〔註26〕 參見蒲慕州，《墓葬與生死——中國古代宗教之省思》，台北：聯經，1993年，
頁32、39、46。
〔註27〕 參見王國維，〈釋禮〉，《觀堂集林》卷六，台北：世界，1983年，頁229～230。

一連串必須進行的喪禮儀節。即使是從人文角度說明這些儀節何以是必要、合理，不要讓人因為迷信的心理有違背人性的舉動。早期儒家賦予喪禮一種不同迷信鬼神的說法，這層意義可以和墨子主張薄葬、節葬的說法相比較得到更清楚的說明。

　　第一節中我們已說明早期儒家從子女對父母的親情論喪禮的起源，因此所行的喪禮必須慎重其事，絕不可埋了之後就草草了事。「已葬埋，若無喪者而止，夫是之謂至辱。」（《荀子·禮論》）荀子認為以對待罪犯的薄葬、節葬對待至親的人，實在是侮辱親人，也對不起親人對我們的厚愛。而墨子主張薄葬、節葬是針對當時厚葬久喪，造成的不良後果而發。

> 存乎王公大人有喪者，曰棺槨必重，葬埋必厚，衣衾必多，文繡必繁，邱隴必巨，存乎匹夫賤人死者，殆竭家室；存乎諸侯死者，虛車府，然後金玉珠璣比乎身，綸組節約，車馬藏乎壙，又必多為屋幕，鼎鼓几梴壺濫，戈劍羽旄齒革，寢而埋之。滿意送死若徙，曰天子殺殉，眾者數百，寡者數十；將軍大夫殺殉，眾者數十，寡者數人。處喪之法，將奈何哉？曰哭泣不秩聲翁，縗絰垂涕，處倚廬，寢苫枕凷，又相率強不食而為飢，薄衣而為寒，使面目陷陬，顏色黧黑，耳目不聰明，手足不勁強，不可用也。又曰上士之操喪也，必扶而能起，杖而能行，以此共三年，若法若言，行若道，使王公大人行此，則必不能蚤朝晏退，聽獄治政。使士大夫行此，必不能治五官府，辟草木，實倉廩；使農夫行此，則必不能蚤出夜入，耕稼樹藝；使百工行此，則必不能修舟車為器皿矣；使婦人行此，則必不能夙興夜寐，紡績織紝。細計厚葬，為多埋賦之財者也；計久喪，為久禁從事者也。（《墨子·節葬下》）

從這段話看來，墨子反對厚葬久喪主要有三點：

一、厚葬傷財，將耗盡天下有用之財於地下。

二、一個人死，好像舉家遷徙一樣，還要以活人殉葬。

三、久喪，讓喪家形容消毀，也使有關國計民生的事情都無法順利進行，例如在朝官員不得處理政務；農夫不能耕作；百工無法製造器具；婦女不能紡紗織布。

　　就第一點來談，早期儒家並不主張奢靡的厚葬。《論語·先進》曾記載顏淵死時同學們想要用豐備的喪禮厚葬他，孔子以貧富各有適當的喪禮而反對。雖然同學們最後仍然厚葬顏淵，但是由這件事我們可以知道孔子是反對厚葬。〔註28〕其實所謂"厚"我們可以解釋爲孝子須敬愼其事，在能力範圍之內、合禮的、發自內心眞誠的辦理親人的喪事，並不是財多即是厚葬。孔子回答林放問禮的根本時說：「大哉問！禮，與奢也，寧儉；喪，與其易也，寧戚。」（《論語‧八佾》）禮文與禮意無法相配合時，守住禮意更重於禮文，「禮云，禮云，玉帛云乎哉？」（《論語‧陽貨》）禮並非只有外在文飾而已。但是當人子有能力替父母辦喪事時，君子是"不以天下儉其親"的。孟子云：

> 古者棺槨無度，中古棺七寸，槨稱之，自天子達於庶人；非直爲觀
> 美也，然後盡於人心。不得，不可以爲悅；無財，不可以爲悅，得
> 之爲有財，古之人皆用之，吾何獨不然？且比化者，無使土親膚，
> 於人心獨無恔乎？吾聞之也，君子不以天下儉其親。（《孟子‧公孫
> 丑下》）

在經濟許可又合禮的情況，孝子本著親愛親人的心情，不忍讓遺體太接近冰冷的地面，因而是不會對親人的喪事吝嗇的。

從第二點來說，早期儒家喪禮亦是反對人殉的。「孔子謂爲芻靈者善，謂爲俑者不仁──殆於用人乎哉。」（《禮記‧檀弓下》）對於殉葬用太像人的俑已經感到不仁道，何況是用眞人殉葬呢？所以早期儒家是反對以人殉葬的。

第三點所言；即是墨子以爲守喪太久，使得社會各項活動不得正常運作。但是人在面對親人逝去，如果眞有感情，如何能不感到悲傷痛心呢？就墨子所云：

> 棺三寸，足以朽骨；衣三領，足以朽肉；掘地之深，下無菹漏，氣
> 無發洩於上，壟足以期其所則止矣。哭往哭來，反從事乎衣食之財，
> 佴乎祭祀，以致孝於親。（《墨子‧節葬下》）

的喪禮來看，人對於親人死去的悲慟，眞的能"哭往哭來"就算了嗎？如果人活著的時候看到別人的屍體如此不愼重的被埋掉，想到自己死後也是這種情況，心中是否會有些許的凄涼呢？墨子從國計民生的立場論喪禮，雖然有他的考量，但是是否忽略人面對親人死亡時的情感？

其實喪禮會造成墨子所說的弊端，是人在行喪禮時質與文不相稱造成的結果，而不是討論厚葬或薄葬可以解決的，例如墨者夷之雖主張薄葬，可是

〔註28〕《論語‧先語》：「顏淵死，門人欲厚葬之。子曰：『不可。』門人厚葬之。子
　　　　曰：『回也視予猶父也，予不得視猶子也，非我也，夫二三子也。』」

他卻厚葬他的親人，〔註 29〕這又是何種原因呢？因而從人情上論何以要有喪禮，使喪禮的進行能質文相稱，這才是根本的解決之道，也是早期儒家喪禮所要提倡的精神。孔子云：「質勝文則野，文勝質則史，文質彬彬，然後君子。」（《論語·雍也》）緣於眞情，行於禮文，文質並茂的喪禮才是人類何以要有喪禮的眞意。這樣的意義顯然與迷信鬼魂，擔心鬼魂危害生者，或是藉由善待死者以求死者降福生者，以及保存好屍體等待復生的心理有很大的不同。

　　綜合此節所言，我們可以說早期儒家從治人之情的角度論喪禮，即是喪禮因治人情的需要產生。生死是人生的大事，生；帶來喜悅，死；留下悲傷，喪、祭之事最容易觸動人類最深的情感。早期儒家以具有人文精神的喪祭之禮轉化了由 "鬼魂恐懼"、"祖先崇拜"、"死而復活" 等心理所產生的喪禮。從曾子「愼終追遠，民德歸厚。」（《論語·學而》）這句話看來，早期儒家希望藉著這個理性的喪禮精神，達到教化民眾的目的。

〔註29〕　《孟子·滕文公上》：「孟子曰：吾聞夷子墨，墨之治喪也，以薄爲其道也。夷子思以易天下，豈以爲非是而不貴也？然而夷子葬其親厚，則是以所賤事親也。」

第二章　早期儒家喪禮思想的基本意涵

　　"喪禮"包含範圍很廣,可以從始死談到葬後的守喪等問題,如果要有確實出土的文物作爲討論的依據,大概只能從墓葬制談起。中國墓葬制起源於何時?籠統的說;中國文明形成之時,應該就有墓葬制。從現今考古資料來看,則在仰韶文化之前已有墓葬的遺跡。〔註1〕站在實證的立場,從考古資料研究漢代以前墓葬制,確實是一條很好的途徑。鄭良樹《儀禮士喪禮墓葬研究》即試圖從考古資料復原《儀禮・士喪禮》〔註2〕的內容,因此論述的依據皆以考古資料爲主。但是,現今出土的墓葬考古資料皆是實物,是實際實行的喪禮,而《儀禮》的明文記載已成爲條文式的理想制度,即是此制度已被賦予某些理念、理想,在現實社會中是否確實的、完整的被執行,已屬於另外一回事。

　　也就是說,我們可以藉著鄭氏的研究讓我們得知漢以前墓葬制度實際執行的情況。鄭氏復原《儀禮・士喪禮》的研究有助於我們了解古籍記載與社會上實行的喪禮不同,進而得知古籍記載的內容被賦予那些思想。然而,這種幫助可以局限在墓葬制方面,無法對整個從始死到葬埋、守喪、喪服等喪

〔註1〕 蒲慕州云:「如果要向上推究中國古代墓葬習俗的根源,應該推到何時?我們只能從中國文明形成的時候開始。……從考古遺跡來看,一般以仰韶文化爲中國新石器時代早期的代表,但在一些比仰韶文化最早的遺址中,考古者發現不少墓葬,其中絕大多數爲長方豎穴墓,也發現甕棺葬。」蒲慕州,《墓葬與生死——中國古代宗教之省思》,台北:聯經,1993 年,頁 29。
〔註2〕 鄭良樹在前言云:「通過書本上的文獻以及地上發掘的直接材料,本文企圖對先秦以上、殷商以下的墓葬作個詳細的研究。這個研究包括了墓坑形制、棺槨制度及埋葬情形等;這個研究,對我們《儀禮・士喪禮》的復原工作,有很大的益處。」鄭良樹,《儀禮士喪禮墓葬研究》,台北:中華,1971 年,頁 1。

禮儀節有全面的認識。而且從考古資料我們可以看出這些被發掘的墓葬制因朝代或區域的不同而有顯著差別，例如春秋到戰國有貴族墓增大，平民墓由寬變窄的趨勢；〔註3〕又例如漢代墓葬形制可分爲豎穴木槨墓、磚室墓以及土洞墓三類，而且各有不同的地理分佈。〔註4〕如此一來，在比較古籍記載與社會上實行的喪禮不同時，這些差別容易混淆我們想要了解喪禮被賦予那些思想的焦點。因此我們如果要了解主導喪禮的思想，不妨直接從古籍記載入手。孔德成云：

> 《儀禮》一書，爲我國先秦有關禮制、社會習俗，最重要而且對於儀節敘述最詳盡的一部書。它是經儒家傳授，源流有自。其內容或不免雜有儒者的思想成份和主張。〔註5〕

《儀禮》是淵源有流的古籍，但是僅就《儀禮》一書我們恐怕無法明白的說出早期儒家賦予喪禮那些思想，因而必須再加上《周禮》、《禮記》以及孔孟荀論喪禮的言論，才能更爲周延。尤其是孔孟荀的論喪禮的言論，我們相信更能表早期儒家喪禮思想的基本意涵。

　　孔子在《論語‧陽貨》已指出，所謂“禮樂”，並不是只有“玉帛鐘鼓”而已，更重要的是禮意的表達。孔子與子夏的一段對話，說明孔子對禮意的重視；

> 子夏問曰：「巧笑倩兮，美目盼兮，素以爲絢兮。」何謂也？子曰：「繪事後素。」曰：「禮後乎？」子曰：「起予者商也，始可與言詩已矣。」（《論語‧八佾》）

“禮後乎？”說明行禮之時，內在眞誠的情感更甚於外在的文飾。任何美善的外在表現，必須以內在本質爲主，故孔子對子夏所云“禮後乎？”深深覺得讚賞。因此我們可以相信孔子認爲禮意是重於禮文，雖然禮意的表達常需要靠外在的禮文。「子貢欲去告朔之餼羊。子曰：『賜也！爾愛其羊，我愛其禮。』」（《論語‧八佾》）已說明孔子對古禮保存的重視，但是孔子重視的原因則在於禮意的傳承，因爲禮文並不只是文飾而已，還包括由禮文以表達禮意的更深一層含意。只是禮意較難爲一般人所了解，禮文卻明白的說出何人、

〔註3〕 蒲慕州，《墓葬與生死——中國古代宗教之省思》，台北：聯經，1993年，頁52。

〔註4〕 同註3，頁84～94。

〔註5〕 參見孔德成，〈儀禮復原研究叢刊序〉，《儀禮士喪禮墓葬研究》，台北：中華，1971年，頁1。

何時、何地，應該做那些事，讓人有明確的遵守規範。因此個人以爲禮意的闡述比詳細儀節的研究更重要，雖然我們還是必須從儀節中了解禮意。此章即是就喪禮範圍細分爲各重要條目呈現早期儒家喪禮思想的基本意涵。

另外，必須事先說明的是，以下各節的標題以及內容並不是一定互相排斥，它們多半是互有相關，互相影響的。但是如果不加以分類則無法詳細說明這些重要意涵，因此個人在論述時就必須有所取捨，即是僅就個人主要想表達此意涵的某一概念詳細加以說明。例如"稱情立文"包含衡量過與不及的極端情感作爲立文的標準，也就是有"斷長續短"的意義。然而本文卻在"稱情立文"之外又提出"斷長續短"作爲另外一節，原因是第一節"稱情立文——文情並重"主要是從聖人制禮的角度說明喪禮是文情並重的，即是將重點放在"稱情"與"立文"之間的關係。第二節"斷長續短——隆殺養情"則是特別說明人們在行禮時，要懂得喪禮立中制節以培養人情的用意。

第一節　稱情立文——文情並重

禮文可以傳達禮意，而禮意的內容爲何？禮文的規定又有那些標準呢？早期儒家以爲喪禮是"稱情立文——文情並重"——根據生者的情感而制定適合的儀節。荀子云：

> 禮義文理之所以養情也。……創巨者其日久，痛甚者其愈遲，三年之喪稱情而立文，所以爲至痛極也。齊衰、苴杖、居廬、食粥、席薪、枕塊，所以爲至痛飾也。(《荀子‧禮論》)

荀子肯定父母子女之間的親愛之情，並且以天地間的鳥獸都在失去同伴之時，表現徘徊不忍離去的行爲，說明有血氣、智慧的人類怎會不如禽獸呢？但是從實際情況來看，並不是每一個人都能對父母的逝去有適當的表現。愚陋邪淫的人，對父母的死是朝死而夕忘。重修飾的君子，則認爲三年之喪太短，怎麼足夠表達對父母的思念呢？可是人是群居的動物，若順著前者則多禽獸都不如的人；如隨後者，那麼人對失去父母的難過心情，豈不是沒有停止的時候。不及與太過都會造成社會的混亂與不平衡，因此先王聖人依據兩極端的感情制定合適的中庸之道，使文理都得到調和。

爲已故親人守喪的喪期制定標準，即是稱情以立文而來的，荀子云：

> 然則何以分之？曰：至親以期斷。是何也？曰：天地則已易矣，四

時則已遍矣，其在宇中莫不更始矣，故先王案以此象之也。然則三
年何也？曰：加隆焉，案始倍之，故再期也。由九月以下，何也？
案使不及也。故三年以爲隆，緦小功以爲殺，期九月以爲間。上取
象於天，中取則於人，人所以群居和一之理盡矣。故三年之喪，人
道之至文者也，夫是之謂至隆；是百王之所同，古今之所一也。（《荀
子・禮論》）

這段話說明喪期的制定是衡量親情的濃厚、法天地自然作爲立文的依據（按：
法天地自然的部分可以和本章“第五節　取法自然——順應天時”互相參
考）。當季節轉變，人感到生命的起落之際，生者應坦然接受親人離去的事實，
爲人生未完成之使命繼續努力，因此喪期以一年作爲主要的期限。但是依人
類的感情來考量，父母對孩子有很大的養育恩情，而且喪事是一生只有一回
的大事，孩子要回報父母的恩情只剩這個最後的機會，以後就沒有了。因而
期年之外再加重喪期，所以子爲父守三年之喪，二十五月而畢。期年以下有
大功九個月、小功六個月、緦麻三個月等規定又是何種原因呢？這是依恩情、
親情的淡薄濃厚而有所減損。所以，喪期的制定主要是衡量親情而有所隆殺。

　　然則喪親的哀情何以需要「齊衰、苴杖、居廬、食粥、席薪、枕塊」（《荀
子・禮論》）作爲傷痛的文飾？喪禮是送死的儀節，喪親者內心淒苦，盡情哭
泣、跳躍以表達悲哀，何以需要規定哭泣方式？喪禮既然衡量人們情感厚薄
的不同，那麼“立文”的目的又何在呢？《禮記》有這樣一則記載：

弁人有其母死而孺子泣者。孔子曰：「哀則哀矣，而難爲繼也。夫禮，
爲可傳也，爲可繼也。故哭踊有節。」（〈檀弓上〉）

“可傳”、“可繼”就是制定禮文的用意。前文所說喪禮立中制節也是爲讓喪
禮有清楚的儀節可以傳承。另外，我們也可以從子游對有子說的話得到解釋；

有子與子游立，見孺子慕者，有子謂子游曰：「子壹不知夫喪之踊也，
予欲去之久矣；情在於斯，其是也夫？」子游曰：「禮：有微情者，
有以故興物者；直情而徑行者，〔註6〕戎狄之道也。禮道則不然，
人喜則斯陶，陶斯詠，詠斯猶，猶斯舞，舞斯慍，慍斯戚，戚斯歎，
歎斯辟，辟斯踊矣；品節斯，斯謂之禮。人死，斯惡之矣，無能也，
斯信之矣。是故，制絞衾，設蔞翣，爲使人勿惡也。始死，脯醢之

〔註6〕原作「有直情而徑行者」，俞樾以爲「有」字是衍文，今據以改正，以使文意
　　　通暢。

奠，將行，遣而行之，既葬而食之，未有見其饗之者也；自上世以
來，未之有舍也，爲使人勿倍也。故子之所刺於禮者，亦非禮之訾
也。」(《禮記・檀弓下》)

有子的疑惑正說出一般人對喪禮感到反感的因素，認爲喪禮不合人類情緒自然
的表現，就像小孩失去父母自然會哭泣，何須規定哭踊的儀節？子游則以爲喪
禮的規定包含節制感情和運用外在文飾以興起人們內在感情的作用。如果是
"直情徑行，哀樂無度"即是與戎狄的野人無異，例如子皐即認爲子蒲死時，
他的親人哭得呼天搶地的樣子實在太粗野。〔註7〕因此對於具有文化修養的民
族，恰當文飾是必要的。況且人們喪親時的情緒是很複雜的，除了哀情之外，
還包括出自本能對死亡的恐懼和對屍體的厭惡。如果眞的都讓這些情緒自然發
洩，那麼背死忘恩的人豈不是增加。人死會留下遺體惹來生者的厭惡，這並不
是死去的人有能力控制的，死者對生者的厭惡是無能爲力的，但是我們能夠任
由生者丟棄死者遺體而不加理會嗎？這樣做無疑是教人背叛死者以及忘記死者
對生者的恩情，也讓生者無法完全表達對死者的敬愛。因此以絞衾包裝死者的
遺體，用蔞翣裝飾柩車，以及始死到埋葬後的奠祭等的一連串儀節，都是要節
制人們的情感，讓人們不要對死者厭惡，也不要背棄死者。

　　喪禮即是要節制人的情緒，「人喜則斯陶，陶斯詠，詠斯猶，猶斯舞，舞
斯慍，慍斯戚，戚斯歎，歎斯辟，辟斯踊矣」(《禮記・檀弓下》)人高興到極
點的時候會手足舞蹈，悲傷到最後則忍不住搥胸頓足，如果不懂節制就會傷
害身體。荀子云：「凡禮，事生，飾歡也；送死，飾哀也；祭祀，飾敬也。」
(《荀子・禮論》)禮是以文明的態度修飾人類歡樂、哀慟、敬愛的情緒，讓
人渲洩情緒時，不至於因爲太粗暴而傷害到自己或他人。因此以文飾節制情
緒是非常必要的。我們可以從下列幾方面來談哀情與外在文飾的關係；

一、服　飾

　　用服飾作爲外在文飾和喪親哀情有何關係呢？魯哀公曾經問孔子「紳委
章甫有益於仁乎？」孔子嚴正、恭敬的回答說：「君號然也！齊衰苴杖者不聽
樂。非耳不能聞也，服使然也。黼衣黻裳者不茹葷，非口不能味也，服使然也。」
(《荀子・哀公》)外在的文飾可以引發內心的情感，人們也可以藉由外在文

〔註7〕《禮記・檀弓上》：「子蒲卒，哭者呼滅。子皐曰：『若是野哉。』哭者改之。」

飾提醒自己或告訴別人，自己是處在什麼的情況不適合做什麼事。

哀情表現在服飾上的改變即是喪服的規定。

> 斬衰三升，齊衰四升五升六升，大功七升八升九升，小功十升十一
> 升十二升，緦麻十五升去其半，有事其縷、無事其布曰：緦。此哀
> 之發於衣服者也。（《禮記・閒傳》）

斬衰是最重的喪服，用的布料最少只用三升布，因為孝子內心悲慟無暇仔細講究衣服的樣式，隨便裁斷粗布料就可以做好了。齊衰以下則依親疏遠近、尊卑而有隆殺，親屬關係愈遠喪服愈細緻，用的布料也就愈多。（按：詳見第三章第十節）喪服的制定說明哀情的深淺是以親屬關係、宗法地位作為判斷的標準。這樣的判斷方式，雖有令人詬病的地方，但是在以家族作為主要生活環境的中國社會卻是可行的，因為人與人之間情感的濃厚實在很難有一個正確的判斷標準，有了一個標準出來之後，人們才有遵循的根本或稱情權變的依據。

除了既殯成服的服飾外，從隨著時間相承減殺的"受服"也可以看出喪服表示哀情的深淺。例如，子為父服喪，其喪服形制是：「斬衰裳、苴絰、杖、絞帶、冠繩纓、菅屨者。」（《儀禮・喪服・斬衰章》）到了小祥則逐漸改變，從不加任何縫飾的斬衰裳〔註8〕到有裝飾縓緣，〔註9〕以及從斬衰冠到練冠，〔註10〕都是藉由服飾的變化牽動心中的情緒，讓孝子的哀傷逐漸平復。

二、容　體

服喪的容貌，依親疏不同有不一樣的表現：

> 斬衰何服苴？苴，惡貌也，所以首其內而見諸外也。斬衰貌若苴，
> 齊衰貌若枲，大功貌若止，小功、緦麻容貌可也，此哀之發於容體
> 者也。（《禮記・閒傳》）

鄭玄云：「有大憂者，面必深黑。」孝子喪親，心中有莫大憂苦，臉色慘淡暗然。聖人制禮使「顏色稱其情，戚容稱其服」（《禮記・雜記下》），因此衰裳、絰、杖都是用蒼黑的苴色和孝子的心情相稱。齊衰服稍輕於斬衰，因而改用

〔註8〕 《儀禮・喪服傳》曰：「斬者何，不緝也。」

〔註9〕 《禮記・檀弓上》：「練，練衣黃裡縓緣。」鄭玄注：「縓，纁之類，明外除。」
孔穎達疏：「明其外除，故飾見外也。」

〔註10〕 《禮記・檀弓上》：「練，練衣黃裡縓緣。」孫希旦集解：「喪冠不練，故〈喪
服傳〉『冠六升，鍛而勿灰』為父小祥，冠八升，為母冠九升，皆加灰練之。
以祭言之，曰小祥；以冠言之，曰練。」

蒼而淺黑的桌色。至於大功則表現慘戚無歡欣的面貌。小功、總麻的喪服更輕就如平常的樣子，情厚者亦可略變於常。這些都是依哀情發於容體而制定的喪服。

三、聲　音

人所遭遇的悲傷痛苦有重有輕，哭的聲調自然有所不同。

> 斬衰之哭，若往而不反；齊衰之哭，若往而反；大功之哭，三曲而
> 偯；小功總麻，哀容可也，此哀之發於聲音者也。（《禮記‧閒傳》）

服斬衰哭泣得像是沒有停止的時候，一口氣哭到底。服齊衰就哭得稍微有休息停頓。曾子回答曾申問「哭父母有常聲乎？」的問題時有云：「中路嬰兒失其母焉，何常聲之有？」（《禮記‧雜記下》）喪父母而哭泣並沒有一定的哭聲，因此不需要規定哭泣要轉折幾次，只是斬衰的哭泣讓人覺得好像哭得都沒有換氣，只是不停的哭。齊衰則給人稍微有停頓的感覺。到大功之喪，親情沒有那麼濃，不會哭得那麼激烈，還有可以轉圜的餘地因而是"三曲而偯"。小功、總麻關係更加遠，只要有哀戚的容貌就可以。這都是哀情發於聲音的文飾。

四、言　語

哀情如何表現在言語上呢？

> 斬衰，唯而不對；齊衰，對而不言；大功，言而不議；小功總麻，
> 議而不及樂。此哀之發於言者也。（《禮記‧閒傳》）

服斬衰時，以"是、不是"回應別人的問話，不再有更多的話。服齊衰時則針對別人的問話回答，不再說其他的事情。服大功時雖然可以說及他事，但是不適宜詳加議論。而小功、總麻，雖然可以詳細論及他事，但是不應該說到聽樂、取樂的事。以上說的是始死時的情況，既殯居廬時則稍有不同，所謂「三年之喪，言而不語，對而不問。」〔註11〕孝子居堊室為父守喪，可以回應別人的問話，回答和自己相關的事，對於其他的事情都不表示意見。「父母之喪，居倚廬，不塗，寢苫枕塊，非喪事不言。」（《禮記‧喪大記》）為父母守喪時和喪事無關的事情，孝子是不加以討論的。這樣的規定看起來似乎

〔註11〕《禮記‧雜記下》：「三年之喪，言而不語，對而不問。」的後文為「廬、堊室之中，不與人坐焉。在堊室之，非時見乎母之不入門。」故知此前所言為既殯居廬時的規定。

太精細，但是一個人在悲慟之時，難過得不想說話是常情，但是有些事又不得不作決定，因此喪禮才有"唯而不對"、"言而不語"等規定以表示哀情，也讓孝子可以不必常常說話，以有安靜的環境和足夠的精神去思念父母，撫平內心的哀慟。

五、飲 食

一個人心情悲慟時也會難過得不想吃東西，因此喪禮對哀情發於飲食有詳細的規定。

> 斬衰，三日不食；齊衰，二日不食，大功，三不食；小功緦麻，再不食；士與斂焉，則壹不食。故父母之喪，既殯食粥，朝一溢米，莫一溢米；齊衰之喪，疏食水飯，不食菜果；大功之喪，不食醯醬；小功緦麻，不飲醴酒。此哀之發於飲食者也。（《禮記·閒傳》）

喪父母哀慟最深所以三日、二日不進食，小功緦麻的親屬關係已經較遠，感情較為淡薄，所以用二餐不進食表示哀悲慟。

從飲食規定也可以看出始死到守喪孝子哀情的轉變。

> 父母之喪既虞、卒哭，疏食水飲，不食菜果；期而小祥，有醯、醬；中月而禫，禫而飲酒。始飲酒者先飲醴酒，始食肉者先食乾肉。（《禮記·閒傳》）

孝子喪親之初，悲慟的吃不下，等到稍微可以吃一些了，也不宜吃太粗硬、油膩的食物，因此喪禮對飲食的規定讓孝子從不吃到慢慢的吃簡單的食物，然後再恢復正常的飲食。

六、居 處

喪禮如何根據哀情規定居住的環境呢？

> 父母之喪，居倚廬，寢苫枕塊，不說絰帶；齊衰之喪，居堊室，苄翦不納；大功之喪，寢有席，小功緦麻，床可也。此哀之發於居處者也。（《禮記·閒傳》）

人內心的動慟可以藉由自我身體的痛苦得到部分舒解，孝子感傷失去的親人被埋葬在冷涼的地下，自己也就不忍心居住在舒適的地方，因此居住在臨時搭起的廬屋，不睡在床上，不舖草席，睡覺時不脫去喪服，並且只拿土塊當枕頭，這些都是讓孝子以外在身體的受苦減輕內心的傷慟。

　　　成壙而歸，不敢入處室，居倚廬，哀親之在外也；寢苦枕塊，哀親
　　　之在土地。故哭泣無時，服勤三年，思慕之心，孝子之志也，人情
　　　之實也。(《禮記‧問喪》)

為父母守喪，服勤三年是孝子的孝心；人情的自然體現。斬衰以下，從齊衰
至緦麻的居住環境則因為關係愈來愈疏遠，情感較為淡薄，內心不會那麼痛
苦，所以小功、緦麻之喪可以睡在床上。

　　守喪的過程中，孝子也不是一直住在廬屋，「父母之喪，既虞、卒哭，柱
楣翦屏，芐翦不納；期而小祥，居堊室，寢有席；又期而大祥，居復寢；中
月而禫，禫而床。」(《禮記‧閒傳》) 從既殯居廬到禫而床，亦是根據孝子慢
慢調適哀情的情況，逐漸讓孝子回復到正常的居住環境，也就是告訴孝子要
回到正常的生活狀態。

　　吉凶憂愉的內心情感，可以藉由外在的文飾表現在容體、聲音、食飲、
服飾、居處等方面。荀子云：

　　　說豫娩澤，憂戚萃惡，是吉凶憂愉之情發於顏色者也。歌謠傲笑，
　　　哭泣諦號，是吉凶憂愉之情發於聲音者也。芻豢稻粱，酒醴餰鬻，
　　　魚肉菽藿酒漿，是吉凶發於食飲者也。卑絻黼黻文織，資麤衰絰菲
　　　繐屨，是吉凶憂愉之情發於衣服者也。疏房檖貌越席床笫几筵，屬
　　　茨倚廬席薪枕塊，是吉凶憂愉之情發於居處者也。(《荀子‧禮論》)

對於喪親而六神無主的人，是非常需要外在文飾的輔助來幫助他渡過這一段
傷心期，以及撫平他所受的創傷。心有所感，須有發於外的動作來渲洩，「禮
也者，動於外者也。」(《禮記‧樂記》) 喪禮對孝子容體、聲音、飲食、服飾、
居處等規定，最主要還是衡量自然親情，使心中的感情能得到適當的抒發。

　　除了衡量哀情而有發於外的各種禮文之外，也有權衡、考慮到其它情況
的方便而制禮，並非一味的追求禮文。

　　　資於事父以事母，而愛同。天無二日，士無二王，國無二君，無二
　　　尊，以一治之也。故父在，為母齊衰期者，見無二尊也。杖者何也？
　　　爵也。三日授子杖，五日授大夫杖，七日授士杖，或擔主；或輔病，
　　　婦人童子不杖，不能病也。百官備，百物具，不言而事行者，扶而
　　　起。言而后事行者，杖而起。身自執事而后行者，面垢而已。禿者
　　　不髽，傴者不袒，跛者不踊，老病不止酒肉。凡此八者，以權制者
　　　也。(《禮記‧喪服四制》)

不管父親或母親，子女的親愛之情都是相同的，因此不應該對事奉父母有差別。但是基於天無二日的自然法則，一家之中應該只有一個尊貴的人，因此對母親的喪禮有所減殺。

喪杖表現喪親的哀情，孝子爲父苴杖，爲母桐杖。

> 或問曰：杖者何也？曰竹桐一也。故爲父苴杖，苴杖竹也；爲母削杖，削杖桐也。或問曰，杖者以何爲也？曰孝子喪親，哭泣無數，服勤三年，身病體羸，以杖扶病也。則父在不敢杖矣，尊者在故也；堂上不杖，辟尊者之處也；堂下不趨，示不遽也。此孝子之志也，人情之實也，禮義之經也，非從天降也，非從地出也，人情而已矣。
>
> （《禮記‧問喪》）

孝子喪親，身心皆受到傷害，因此需要喪杖幫助扶持身體。可是尊者在場或位於堂上時孝子不杖，以免尊者爲子孫羸弱的身體而擔心。至於孝子爲父苴杖，爲母桐杖，雖然因爲尊卑的不同而質料有異，但是表達的哀情是相同的。這些都是依人情而有的規定，並非憑空而來。

親人亡故，喪禮制定哭踊、袒、男子免、婦人髽等儀節作爲哀慟發於外的表現。但是禿頭、駝背、瘸腳的人則可以有所改變，「禿者不免，傴者不袒，跛者不踊，非不悲也，身有錮疾，不可備禮也。」（《禮記‧問喪》）有隱疾的人並不是不悲哀，只是因爲身上有疾病無法備禮，所以有特殊的規定。老人和病人身體情況較差，因此可以吃酒肉補充營養。

> 故有疾飲酒食肉，五十不致毀，六十不毀，七十飲酒食肉，皆爲疑死。（《禮記‧雜記下》）

病者、老者身體已處於衰弱的狀態，如果還規定不能吃酒肉以補充營養，則有刻意置人於死地的嫌疑，所以「老病不止酒肉」（《禮記‧喪服四制》）。而且一般年紀大的人身體機能已退化，因此有「五十不成喪，七十唯衰存」（《荀子‧大略》）、「七十唯衰麻在身」（《禮記‧典禮上》）、「凡自七十以上唯衰麻爲喪」（〈內則〉）的規定，皆說明權衡情況以制禮的原則。

綜合此節所言，早期儒家喪禮是稱情以立文，並且希望制定出來的喪禮是文理兼備、文情並重的。荀子云：

> 禮者，以財物爲用，以貴賤爲文，以多少爲異，以隆殺爲要。文理繁，情用省，是禮之隆也；文理省，情用繁，是禮之殺也。文理情用，相爲表裡，相爲內外，表裡並行而雜，是禮之中流也。故君子

上致其隆，下盡其殺，而中處其中。(《荀子·禮論》)

禮的制定考慮到財物、貴賤、多少、隆殺的問題，能使文理情用，互爲表裡內外才是制禮的眞正意義。喪禮是稱情以立文的，所以希望從喪親者的居處、飲食、服飾、哭誦、容體、喪禮等規定，將文與情互相調合，使文情兼顧。

第二節　斷長續短——隆殺養情

本章第一節已談到喪禮制定以人情之過與不及爲衡量的標準，這一節則特別從人們行禮時要懂得喪禮立中制節的用意，作更深入的說明。荀子清楚的說明喪禮"斷長續短"的用意；

> 禮者，斷長續短，損有餘，益不足，達愛敬之文，而滋成行義之美者也。故文飾麤惡，聲樂哭泣，恬愉憂戚，是反也；然而禮兼而用之，時舉而代御。故文飾、聲樂、恬愉，所以持平奉吉也；麤惡、哭泣、憂戚，所以持險奉凶也。故其立文飾也，不至於窕冶；其立麤惡也，不至於瘠棄；其立聲樂恬愉也，不至於流淫、惰慢；其立哭泣、哀戚也，不至於隘慴傷生，是禮之中流也。……兩情者，人生固有端焉。若夫斷之繼之，博之淺之，益之損之，類之盡之，盛之美之，使本末終始莫不順比純備，足以爲萬世則，則是禮也。(《荀子·禮論》)

喪禮是哀情外在的文飾，這些文飾都是有所考量，使之不會太過與不及的。因此所立的文飾；華美的不會太過奢華，粗惡的也不至於讓人傷害自己，享受愉悅不至於流落到怠惰、淫邪的地步，悲慟的哭泣、跳踊、搥胸也不至於傷害到生者身體，這都是禮節制人情，使之合於中庸之道的用意。荀子言"禮者，斷長續短"，禮；節制賢者太過豐富的情感，增益不肖者不足的情感。這也就是喪禮立中制節的用意，讓人依禮而行，使賢者不至於做得太過而變成以死傷生，讓不肖者可以努力做到以及教導他親愛敬長的道理。我們要從"斷之繼之，博之淺之，益之損之，類之盡之，盛之美之"的拿捏中得知喪禮考量人情的細密與用心之處。

> 禮有大有小，有顯有微。大者不可損，小者不可益，顯者不可揜，微者不可大也，故經禮三百，曲禮三千，其致一也。未有入室而由戶者。君子之於禮也，有所竭情盡愼，致其敬而誠若，有美而文而

誠若。君子之於禮也，有直而行也，有曲而殺也，有經而等也，有
順而討也，有撕而播也，有推而進也，有放而文也，有放而不致也，
有順而摭也。(《禮記・禮器》)

這裡所說的"大、小、顯、微"即是經由「斷之繼之，博之淺之，益之損之，
類之盡之，盛之美之。」(《荀子・禮論》)的過程而制定出來的喪禮。因此行
禮之時，應該隆重的不可簡省，要有所節制的不可增加，該顯著的不必掩蓋，
該隱微的不必揭露，因為喪禮都是稱情以立文，自有它考量的重點，這些都
是君子應該深入去了解的。親人始死時，哭踊無節是直情而行之，喪服的變
除是委曲而有所隆殺，三年之喪是從天子到庶人皆相同的喪禮，有些則依身
份、地位、財富等考量而有不同的損益之法，這都是考量不同狀況而制定的
喪禮。君子能明白喪禮的深切用意，因而在行禮時各有得當的行為表現，也
都能表現他的誠敬之意。

可是行禮時對於禮"斷長續短"的用意並不是很多人都能夠完全了解
的，所以有居喪讀禮的規定；「居喪未葬，讀喪禮；既葬，讀祭禮；喪復常，
讀樂章。」(《禮記・曲禮下》)碰到喪事時藉著喪禮、祭禮了解喪、祭之禮的
用意是很重要的，因為在情感受挫的傷慟時期，人是很容易心思不寧而忽略
許多事情。《禮記》記載：

曾子謂子思曰：「伋，吾執親之喪也，水漿不入於口者七日。」子思
曰：「先王之制禮也，過者俯而就之；不至焉者，跂而及之。故君子
之執親之喪也，水漿不入於口者三日，杖而后能起。」(〈檀弓上〉)

禮的制定重在適當即是想要達到可以傳承、延續下去的目的，太過或不及都
是一樣的失禮。一般人在行禮時應該做到"過者俯而就之；不至焉者，跂而
及之"的要求，情感超過禮制的就要懂得約束，不足的要努力做到。曾子喪
親水漿不入於口者達七天之多，這豈不是太傷害生者的身體，而且太矯情了
嗎？荀子云：

情貌之變，足以別吉凶，明貴賤親疏之節，期止矣，外是，姦也。
雖難，君子賤之。故量食而食之，量要而帶之。相高以毀瘠，是姦
人之道也，非禮義之文也。非孝子之情也，將以有為者也。(《荀子・
禮論》)

超過禮制規定的行為是君子感到羞愧而不屑去做的。情感和禮文的變化本來
是要分別吉凶、貴賤、親疏之間的差異，能達到這樣的目的也就可以了。如

果超出這些目的即是姦佞邪妄，別有所求，這就不是禮義之道的文飾和孝子
的哀情。

> 樂正子春之母死，五日而不食。曰：吾悔之，自吾母而不得吾情，
> 吾惡乎用吾情。（《禮記·檀弓下》）

依禮，喪母是三日不進食。樂正子春卻五日不進食，事後雖然為自己的造作
而無真情感到後悔，但是喪事一而不可再，後悔只有增加內心的愧忱而已，
不能再彌補些什麼了。曾子曰：

> 吾諸聞夫子：「人未有自致者也，必也親喪乎？」（《論語·子張》）

仁人應該是可以在喪失父母時隨時喪禮儀節的進行自然的表達哀情，不須作
其它的考量，如果擔心別人看你的眼光，或者踰禮顯示自己想要的身分地位，
都是不必要的。如果連長養你的父母都得不到你的真情，還有誰可以得到你
的真情呢？

　　對孝子而言，三年之喪，哀痛、思慕並未全消除，然而禮制規定明白的
喪期，讓孝子的哀慟可以作一個結束，豈不是送死的事有終止的時候，孝子
的哀慟也可以得到節制。至於感情較薄的人，則因為禮文的規定也不敢做得
太過份，而有背恩忘死的行為。滕文公曾經告訴孟子：「定為三年之喪，而父
兄百官皆不欲。」又云：「吾宗國魯先君莫之行，吾先君亦莫之行。」（《孟子·
滕文公上》）可見三年之喪在當時已不為一般人所接受，但是子夏、子張皆三
年之喪然後見於孔子，可見孔子弟子還是有能行三年之喪的。

> 子夏既除喪而見，予之琴，和之而不和，彈之而不成聲，作而曰：「哀
> 未忘也，先王制禮，而弗敢過也。」子張既除喪而見，予之琴，和
> 之而和，彈之而成聲，作而曰「先王制禮，不敢不至焉。」（《禮記·
> 檀弓上》）

子夏雖然喪親的哀情還未淡忘，內心悲苦不能彈出完整的樂曲，但是仍然能
自我節制按照喪禮的規定除喪。子張喪親的哀情沒有那濃，但是還是勉力去
做，依喪禮的規定守喪、除喪，聖人制禮對於人情是有節制的。

> 三日而食，三月而沐，期而練，毀不滅性，不以死傷生也，喪不過
> 三年，苴衰不補，墳墓不培；祥之日，鼓素琴，告民有終也；以節
> 制者也。……始死，三日不怠，三月不解，期悲哀，三年憂；恩之
> 殺也。聖人因殺以制禮，此喪之所以三年。賢者不得過，不肖者不
> 得不及，此喪之中庸也；王者之所常行也。（《禮記·喪服四制》）

喪禮讓生者節制哀情，不至於哀毀過度，傷害生者的性命，因而喪期有一定的期限；喪服壞了也不補，因為喪期結束就要換掉；墳墓損壞也不加整修；除喪之時則可以彈素琴，這都是告訴人民要節制哀情，讓人民的悲慟有結束的時候。如果人民因哀情不夠不願意依禮而行，那麼社會則多背親忘恩、禽獸不如的人，因此不肖的人也要努力做到喪禮的規定。子夏和子張都懂得聖人制禮的 "斷長續短" 的用意，因而在行禮時有 "弗敢過"、"不敢不至" 的體會。

但是，我們也不能否認，要將喪禮 "斷長續短" 的體會付諸實踐，並不是每一個人在喪親時都能做到的。例如曾子懂得以喪禮責求子夏，可是自己喪親時卻水漿不入口七日。子夏喪親能控制自己的情感，但是在喪子時居然無法節制悲慟而哭得失明。〔註12〕可見在知禮與行禮之間還有一段距離需要努力。感情與理智之間的協調是否得當，往往和個人聰明智慧、人格修養、社會環境、和死者的情感濃厚等有關係。《禮記》上記載的二件事情，可以讓我們得知，當感情勝於理智時，喪禮節制情緒的用意就會被忽略：

> 子路有姊之喪，可以除之矣，而弗除也。孔子曰：「何弗除也？」子路曰：「吾寡兄弟而弗忍也。」孔子曰：「先王制禮，行道之人皆弗忍也。」子路聞之，遂除之。（《禮記‧檀弓上》）

> 伯魚之母死，期而猶哭。夫子聞之曰：「誰與哭者？」門人曰：「鯉也。」夫子曰：「嘻！其甚也。」伯魚聞之，遂除之。（〈檀弓上〉）

喪禮規定喪親者何時停止服喪，讓哀情有所節制，可是對有仁道的人而言都會感到不忍心除喪。子路有姊之喪，依喪禮可以除喪卻不除喪；伯魚過了禮制規定的喪期仍然為親生的母親哭泣，都受到孔子的責難。這二件事都說明人截斷未盡的哀情有不容易做到的地方。可見喪禮 "斷長" 的用意在實行上確實有困難，它的困難在於人們往往不能很有效的控制自己的情感，然而這個困難也就是聖人之所以要制禮，以幫助一般人節制自己的情緒。

哀情深的人可以體會和忍受三日不食、居廬食粥、寢苦枕塊的痛苦，而且在忍受痛苦的時候，悲慟的感情也得到抒發。情感不足的人，則需要勉強

〔註12〕《禮記‧檀弓上》：「子夏喪其子而喪其明。曾子弔之曰：『吾聞之也，朋友喪明則哭之。』曾子哭。子夏亦哭曰：『天乎，予之無罪也。』曾子怒曰：『商女何無罪也。……喪爾親使民未有聞焉爾罪二也。喪爾子喪爾明爾罪三也。而曰女何無罪與』子夏投其杖而拜曰：『吾過矣！吾過矣！吾離群而索居亦已久矣。』」

自己做到這些規定，之所以要勉強做到，則基於希望藉著儀節讓他們得知親愛敬重的道理，人人親愛敬重社會自然和諧。子曰：「喪事不敢不勉。」（《論語‧子罕》）喪禮的規定都有道理存在，所以要努力配合。而早期儒家相信，不管發自本心的良善或者經過後天的教養，人人皆有此能力做到。最怕的是可以做卻刻意找其它不合於人情的理由不願意去做，因而需要藉著喪禮加以規範督促，使不肖者不能放縱自己。

> 齊宣王欲短喪。公孫丑曰：「爲期之喪，猶愈於已乎？」孟子曰：「是
> 猶紾其兄之臂，子謂之姑徐徐云爾。亦教之孝悌而已。」王子有其
> 母死者，其傅爲之請數月之喪。公孫丑曰：「若此者何如也？」曰：
> 「是欲終之而不可得也，雖加一日愈於已。謂夫莫之禁而弗爲者也。」
> （《孟子‧盡心上》）

即然知道是不合情理的事怎麼可以縱容呢？就像一個人要扭斷兄長的手臂，不教他孝悌之道使他停止這件事，反而放縱他，讓他慢慢的扭斷兄長的手臂，這樣合理嗎？喪期的長短只不過是讓人表達孝悌之道，使生者敬重死者，回報死者的恩情。有些人因爲環境的因素無法做到備禮，他們的內心是非常難過的。但是那些"莫之禁而弗爲"的人，你不用什麼理由去阻止他做，他也不願意去做，如果真的任由這些人的意願，豈不是和他慢慢扭斷兄長手臂的情況是一樣的嗎？因此需要經由喪禮加以規範，要求不肖者達到他可以做到的事情。「夫行也者，行禮之謂也。禮也者，貴者敬焉，老者孝焉，長者弟焉，幼者慈焉，賤者惠焉。」（《荀子‧大略》）喪禮要求不肖者努力做到，以改變他們怠惰、不知報恩等情感，讓他們學習"敬、孝、弟、慈、惠"的道理。

　　整體而言，不管賢與不肖，了解喪禮"斷長續短──隆殺養情"的用意之後，行喪禮時，最好做到禮文與哀情相稱。因情感太過而忽略禮文、禮意，或者情感不足勉強實行時又矯枉過正，讓禮文過於隆盛而超過原有的禮制，這些都是不合於喪禮的制定原則。子貢問喪禮的意涵，孔子曰：

> 敬爲上，哀次之，瘠爲下。顏色稱其情，戚容稱其服。（《禮記‧雜
> 記下》）

對父母的喪事最好是以情文俱盡表達的敬愛之意，使容貌、哀情和喪服相稱是行禮的真意。早期儒家雖然要求不肖者努力做到喪禮的規定，但是也不希望太注意禮文而忽略哀、敬之意的表達，或者以爲過於隆重奢華的文飾就足以彌補心中所欠缺的哀情。荀子敘述禮的演變過程時有云：

> 凡禮，始乎梲，成乎文，終乎悅校。故至備，情文俱盡；其次，情
> 文代勝；其下復情以歸大一也。(《荀子‧禮論》)

情感、禮文相稱是最好的。再者是內心情感勝於禮文，或禮文勝於內心情感。其次是沒有文飾，但是情感真摯。文質彬彬的君子可以達到"情文俱盡"的境界，至於無法節制情感的賢者，做到的是"情勝於文"，情感不足的不肖者則是"文勝於情"。換句話說，情感濃厚的賢者，如果能適當節制自己的情感，則可以做到"情文俱盡"的境界，如果不能則是"情勝於文"。情感較為淡薄的不肖者，如果能藉著禮文引發內心的情感，也可以達到"情文俱盡"的境界，否則的話只算是"文勝於情"。也就是早期儒家希望藉著隆殺、細密的儀節幫助人們"養情"，以促進人群的和諧。

第三節　適情權變──量情行禮

為了給一般人實行時方便，喪禮在形式上必須建立一些制度、規格或儀式。但是這些規範並不代表這是一成不變或缺一不可的標準。基於人與人相處情境非常複雜的情況，懂得喪禮"適情權變──量情行禮"的道理是很重要的。《孟子》書上記載：

> 淳于髡曰：男女授受不親，禮與？孟子曰：禮也。曰：嫂溺則援之
> 以手乎？曰：嫂溺不援，是豺狼也。男女授受不親，禮也；嫂溺則
> 援之以手，權也。(〈離婁上〉)

孟子已說明當生活實際情境與禮有所違背之時，以"權"行之的重要。可是在權衡比較之時，輕重的拿捏要非常小心，孟子曾舉出不適當的比較的方式：

> 任人有問屋廬子曰：「禮與食孰重？」曰：「禮重。」「色與禮孰重？」
> 「禮重。」曰：「以禮食則飢而死；不以禮食，則得食；必以禮乎？
> 親迎則不得妻；不親迎，則得妻；必親迎乎？」屋廬子不能對。明
> 日之鄒，以告孟子。孟子曰：「於答是也，何有！不揣其本而齊其末，
> 方寸之木，可使高於岑樓，金重於羽者，豈謂一鉤金與一輿羽之謂
> 哉？取食之重者，與禮之輕者而比之，奚翅食重？取色之重者，與
> 禮之輕者而比之，奚翅色重？」往應之曰：「紾兄之臂而奪之食，則
> 得食；不紾，則不得食；則將紾之乎？踰東家牆而摟其處，則得妻；
> 不摟，則不得妻；則將摟之乎？」(《孟子‧告子下》)

因此行禮之時的權衡是需要謹愼小心、仔細考量的，隨意的或不相稱的比較容易扭曲事情的眞象。

　　此節所言"適情權變——量情行禮"指的是行禮時依環境的需要做適當、合於情理的改變，而不是墨守禮制，固執不通。古籍中記載許多禮順時而變的道理，例如，「君子行禮，不求變俗。祭祀之禮，居喪之服，哭泣之位，皆如其國之故，謹修其法而審行之。」（《禮記・典禮下》），「禮，時爲大。」（〈禮運〉）以及「五帝殊時，不相沿樂；三王異世，不相襲禮。」（〈樂記〉）的記載都說明禮以順應環境、人心最爲重要。"適情權變"的通變方式不是隨個人喜好而變，應以參考禮經、考量社會人情義理做合理的變通。荀子云：

　　　　禮以順人心爲本，故亡於禮經而順人心者，皆禮也。（《荀子・大略》）

禮制無記載的地方則以順應人心爲重要的根本。

　　　　將軍文子之喪，既除喪，而後越人來弔，主人深衣練冠，待于廟，
　　　　垂涕洟。子游觀之曰：「將軍文氏之子其庶幾乎！亡於禮者之禮也，
　　　　其動也中。」（《禮記・檀弓上》）

正是亡於禮而合於禮的事例。除喪而後弔，禮制並無明文規定，將軍文子之子——簡子瑕，穿著代表吉凶之變的深衣，戴著小祥的練冠，表現涕洟的哀容，因亡者已殯於廟，所以在廟中受弔，一切動作都非常合於情理。子游以爲亡於禮經的禮，大概也就是如此。這件事說明禮制之外，則以合情之理行之的道理。以下則舉古籍上的記載說明喪禮曾經有那些"適情權變"的例子。

　　一、爲舊君有服無服之事。據《儀禮・喪服》齊衰三月章有臣爲舊君反服的規定。子思、孟子皆以爲古之君主待臣以禮，所以有臣爲舊君服喪的禮制，若君主不以禮待臣，臣則不必爲舊君反服。穆公問子思"爲舊君反服"是不是自古以來的禮制？子思曰：

　　　　古之君子，進人以禮，退人以禮，故有舊君反服之禮也。今之君子，
　　　　進人若將加諸膝，退人若將隊諸淵，毋爲戎首，不亦善乎！又何反
　　　　服之禮之有。（《禮記・檀弓下》）

子思以君主用人的態度說明臣子爲舊臣反服的道理。齊宣王也曾經問孟子類似的問題：

　　　　王（齊宣王）曰：「禮，爲舊君有服；何如斯可爲服矣？」（孟子）
　　　　曰：「諫行，言聽，膏澤下於民；有故而去，則君使人導之出疆，又
　　　　先於其所往；去三年不反，然後收其田里；此之謂三有禮焉。如此，

> 則爲之服矣。今也爲臣，諫則不行，言則不聽，膏澤不下於民；有
> 故而去，則君搏執之，又極之於其所往；去之日，遂收其田里；此
> 之謂寇讎。寇讎，何服之有？」（《孟子・離婁下》）

孟子繼承子思的說法，進一步的說明君待臣以禮的三個要點。根據禮制臣爲舊君有服，但是子思、孟子衡量當時君臣之間的關係，認爲當時君主不聽臣下的諫言愛護百姓，要利用臣子的時候如同捧在膝上一樣的珍惜，不用臣子時又視之如敝屣的種種作爲，已不同於古時君主對待臣子不含有個人的喜惡，進退都以禮相待的情況。君臣之間的關係是相對待的。因此子思、孟子認爲不以禮待臣的君主，實在不配臣子爲他服喪。

　　二、稱財之有無行喪禮。喪禮是衡量各階層的財物狀況而制定。隨著個人生活環境不同，經濟情況也不一樣，喪禮是依社會各階層的一般情況作爲標準。因此，在財物充裕或不足的情況下，就要有所變通。就無財備禮來談：

> 子游問喪具。夫子曰：「稱家之有亡。」子游曰：「有亡惡乎齊？」
> 夫子曰：「有，毋過禮：苟亡矣，斂首足形，還葬，縣棺而封，人豈
> 有非之者哉！」（《禮記・檀弓上》）

想要以隆重的喪禮厚葬親人是孝子的心願，因爲「君子不以天下儉其親」（《孟子・公孫丑下》），但是「不得，不可爲悅」、「無財不可以爲悅」（〈公孫丑下〉）。財物不足之時如果爲了要勉強湊足而取不義之財，例如子碩想賣庶弟的母親辦理自己母親的喪事，〔註13〕或者以告貸辦理喪事，都是不合禮的。〔註14〕子思與柳若討論喪禮時亦云：「吾聞之：有其禮，無其財，君子弗行也。有其禮，有其財，無其時，君子弗行也。」（《禮記・檀弓上》）行喪禮與個人經濟能力必須相稱。如果財物不足以備禮時，以簡單的方式辦喪事，並不會受到別人非議的，因爲實在無財可以備禮。孔子曾經勸戒子路；

> 啜菽飲水盡其歡，斯之謂孝；斂首足形，還葬而無棺，稱其財，斯
> 之謂禮。（《禮記・檀弓下》）

父母活著時，雖然無法得到豐富的物質生活的享受，但是你盡心奉養讓父母保持精神愉快就是孝。父母死時，你衡量自己的財物狀況，不用不義之財安葬父母讓他們蒙羞，這就是禮。

〔註13〕《禮記・檀弓上》：「子柳之母死，子碩請具，子柳曰：『何以哉？』子碩曰：『請粥庶弟之母。』子柳曰：『如之何其粥人之母以葬其母也？不可。』」

〔註14〕《孟子・公孫丑下》趙岐注：「喪事不外求，不可稱貸而爲悅也。」

如果是財物充裕的情況，也不宜奢華浪費、僭越禮制。孝子想要厚葬父母的心情是可以體諒的，但是如果財物充足，體制不允許的話孝子的心也不會得到滿足，因此在「得之為有財」（《孟子・公孫丑下》）禮制、財物兩者皆許可的情況下，孝子盡其孝心，以棺槨埋葬父母，符合「死，葬之以禮，祭之以禮」（《論語・為政》）的禮制，是不會有人反對的。

三、師生之間的喪禮。師生之間並無親屬關係，因而喪禮並無明文規定的師生之間的喪事應該如何。孔子首開有教無類的風氣，將學習由貴族專利轉變成平民也有受教育的機會，師生關係不再限於貴族階級，漸漸成為社會上普遍的人際關係。老師不僅在課業上教導學生，也在生活上指導學生，因此與學生的關係密切，是經師也是人師。學生對老師則敬仰其學問、人格，時時向老師請益。因此在互動頻繁的情況，師生感情濃厚，若其中有一方去世，另一方必然會感到傷心難過。但是師生之間無親屬關係，禮制上沒有規定服何種喪服，因而就必須有所變通。

> 孔子之喪，門人疑所服。子貢曰：「昔者夫子喪顏淵，若喪子而無服，喪子路亦然，請喪夫子若喪父而無服。」（《禮記・檀弓上》）

孔子與弟子之間的感情非常融洽，孔子死時弟子想為老師服喪，但是因為禮制無記載而不知道如何服喪，如果都不表示些什麼，喪師的哀慟又如何抒發？也不知道如何回報老師的教育恩情？面對這樣的疑惑，子貢引孔子生前為顏淵、子路服喪的情況說明弟子應該如何為孔子服喪。孔子對顏淵、子路去世的處理態度是"若喪子而無服"，有喪子的心情，但是依禮師徒無服，因而不著喪服。子貢依此狀況認為弟子為孔子服喪的情況應該是"若喪父而無服"。

> 事親有隱而無犯，左右就養無方，服勤至死，致喪三年。事君有犯而無隱，左右就養有方，服勤至死，方喪三年。事師無犯而無隱，左右就養無方，服勤至死，心喪三年。（《禮記・檀弓上》）

鄭玄注：「事親以恩為制，事君以義為制，事師以恩義之間為制。」師生之間喪禮以恩義推類而來，所以弟子為老師"心喪三年"。可是師生之間感情是亦師亦友，而朋友之間可以相為服喪，〔註15〕所以學生也為孔子服絰，表示由衷的哀傷。〔註16〕

〔註15〕　《儀禮・喪服記》：「朋友麻」。《禮記・服問》：「公為卿大夫錫衰以居，出亦如之，當事則弁絰。大夫相為亦然。」

〔註16〕　《禮記・檀弓上》：「絰也者，實也。」鄭玄注：「所以表哀戚。」陳澔云：「麻

但是老師與學生的關係畢竟不同於朋友之間的友情，所以「孔子之喪，二三子皆絰而出，群居則絰，出則否。」（《禮記‧檀弓上》）使之稍有變異不敢同於朋友之間服喪的情況。

四、不以殤葬汪踦。

> 戰於郎，公叔禺人遇負杖入保者息，曰：「使之雖病也，任之雖重也，君子不能為謀也，士弗能死也。不可！我則既言矣。」與其鄰童汪踦往，皆死焉。魯人欲勿殤重汪踦，問於仲尼。仲尼曰：「能執干戈以衛社稷，雖欲勿殤也，不亦可乎！」（《禮記‧檀弓下》）

《儀禮‧喪服》大功殤九月七月章云：「子、女子子之長殤、中殤。」鄭玄注：「殤者，男女未冠笄而死。」可見“殤”的標準是依照男女冠笄與否來決定，而不是有一定的年齡限制，所以說「丈夫冠而不為殤，婦人笄而不為殤。」（《禮記‧喪服小記》）男女未冠笄而死都稱“殤”。按照一般成人的標準男子二十而冠，女子二十而笄，如果未成年而死，就稱為“殤”，取其傷慟之意，〔註17〕並且依年齡的不等分為四個層次，《儀禮》大功殤九月七月章云：

> 何以大功也。未成人也。……年十九至十六為長殤；十五至十二為中殤；十一至八歲為下殤，不滿八歲以下皆為無服之殤。（《喪服傳》）

大體而言，殤都是依成人的標準而有所簡省，〔註18〕這是禮制上的規定。汪踦雖然未成人卻能夠做成人的事——為保社稷而戰，這樣的行為是值得敬仰，因此可以有所變通，不以對待未成年者的簡省喪禮，而改用隆重的成年人的喪禮埋葬汪踦。這是感於汪踦的愛國而做的變通。

五、哀毀不為病。本章第一節中我們已提到喪禮有關哀情之發於飲食的種種規定，可是實行時，要懂得視身體的狀況有所變通，不可過於牽就禮制而傷害身體。畢竟每個人的身體狀況都是不一樣的，喪禮的規定是一般的標準，情況不同時要懂得權變。

> 喪食雖惡，必充饑，饑而廢事，非禮也；飽而忘哀，亦非禮也。視不明，聽不聰，行不正，不知哀，君子病之。……功衰食菜果，飲

在首在要皆曰絰。分言之則首曰絰，要曰帶。絰之言實，明孝子有忠實之心也。」陳澔，《禮記集說》，台北：世界，1974年，頁38。

〔註17〕《爾雅釋名》：「未二十而死曰殤，殤，傷也，可哀傷也。」《廣雅‧釋詁》：「殤，與，與傷通。」

〔註18〕《儀禮‧喪服傳》：「何以無受也。喪成人者其文縟。喪未成人者，其文不縟。故殤之絰不樛垂，蓋未成人也。」

水漿，無鹽酪。不能食食，鹽酪可也。孔子曰：「身有瘍則浴，首有
創則沐，病則飲酒食肉。毀瘠爲病，君子弗爲也。毀而死，君子謂
之無子。」（《禮記・雜記下》）

君子行禮不可一心追求禮文而忘記其它應該注意的禮意。親人亡故，在極度悲傷痛苦之下，無法吃喝，再加上精神上的創傷，身體一定會消瘦，但是「居喪之禮，毀瘠不形，視聽不衰。」（《禮記・典禮上》）瘦到形銷骨立，或者哭到視力衰退的地步都是於禮不合，所以居喪時規定的飲食雖然粗惡，但是也以不餓肚子爲原則，生病的時候也可以吃適量的酒肉以維持精神和體力。吃的太飽而忘記哀痛，或吃的不夠而餓壞身體，都是不合於禮的表現，要懂得依自己的身體狀況做適當的調適。又守喪時不沐浴，但是身體有創瘍就要沐浴，如果因爲不注意這些事而哀毀致死，讓家族的生命無法延續，亦是對不起已故的雙親。

喪禮允許"適情權變——量情行禮"，但是改變之時的考量是否周全，是否合於當時社會環境、人情義理則是非常重要的，因此必須先"適情"再做"權變"。孔子云：「麻冕，禮也，今也純，儉，吾從眾。拜下，禮也，今拜乎上，泰也。雖違眾，吾從下。」（《論語・子罕》）合於情理的事情，雖然是改變原有的禮制，或違反眾人的看法仍然值得去做。

第四節　與時推移——節哀順變

喪禮有進無退，隨著時間以及儀節的進行，逐步處理死者的遺體，以及逐漸緩和孝子哀慟的情感。荀子云：

喪禮之凡，變而飾，動而遠；久而平。故死之爲道也，不飾則惡，惡則不哀；尒則翫，翫則厭，厭則忘，忘則不敬。一朝而喪其嚴親，而送葬之者不哀不敬，則嫌於禽獸矣；君子恥之。故變而飾，所以滅惡也；動而遠，所以遂敬也；久而平，所以優生也。（《荀子・禮論》）

喪禮儀節的進行都是順著時間逐一的往前推進，這種進展的過程可以從三方面來說；一是"變而飾"。王先謙集解：「殯斂每加飾。」殯指的是將遺體放入棺中，斂則是爲死者穿衣的儀節。因而王氏所言"加飾"，指的是帷堂的設置。當進行替死者穿衣的襲、斂儀節，或者將遺體放入棺中都會改變、更動死者，所以需要張起帷幕，不讓其它人看到。依此，所謂"變而飾"可解釋成因爲要更動死者遺體而張起帷堂作爲文飾，而帷堂的作用有二；一爲怕

喪親者看到更動遺體忍不住哭泣。一為不讓喪親者看到變形的遺體而感到厭惡、恐懼。我們也可以將"變而飾"，從襲、斂的儀節來解釋。喪禮有襲、小斂、大斂的儀節是為了裝飾死者遺體而設置的，讓因為死而變形的遺體得到適當的文飾。不管襲、斂的包裝死者遺體，或是張起帷堂不讓其它人看到死者遺體的更動，都是含有不讓生者褻玩死者的意思，這是對待死者的道理。人死身體產生變化，令生者出自本能的感到可怕與厭惡，如果因此而丟棄死者或者討厭死者，對死者或對生者而言都是不合情理。死者已死，不能為自己再做什麼事使自己不惹人厭惡。生者親愛死去的親人，卻因為對失去生命而變形的遺體感到討厭而無法表達內心的親愛，這種矛盾的情緒必須得到化解才行。因此不管對死者或對生者而言，殯斂的文飾都是非常重要的。文飾讓死者可以保持尊嚴不被厭惡，也使生者不會因為厭惡而不尊敬死者，或是忘了哀慟。

再就"動而遠"來談。喪禮以漸進的方式讓死者離家人遠去，這是表現生者對死者的誠敬。

> 曾子弔於弔於負夏，主人既祖填池，推柩而反之，降婦人而后行禮。
> 從者曰：「禮與？」曾子曰：「夫祖者且也。且胡其為不可以反宿也？」
> 從者又問諸子游：「禮與？」子游曰：「飯於牖下，小斂於戶內，大斂於阼，殯於客位，祖於庭，葬於墓，所以即遠也。故喪事有進而無退。」曾子聞之，曰：「多矣乎！予出祖者。」（《禮記‧檀弓上》）

依鄭玄注：棺柩已裝飾完備將要出去又再反回，婦人既祖之後已經下堂卻再升堂。儀節原本進行的很順利，現在卻有所錯亂。隨從感到非常懷疑因此提出疑問。曾子雖然以"祖者且也"做為解釋，但是隨從仍然覺得有不太妥當的地方，因而再問子游。子游說出喪禮的重要原則，曾子也能坦承自己的錯誤。暫且不論熟稔於禮的曾子是否真的犯了喪事即遠的原則。這段記載，卻可以做為荀子云"動而遠"的註腳。喪事有進無退，主人祖祭之後，行遣奠之禮，則不得徹奠再祖而反棺也。依喪禮的進行，從飯含的時候在南牖下，小斂時在戶內，大斂移到阼階，殯在西階的賓客之位，到將代表死者魂神的"重"設在庭院，以及埋葬於郊外的墓地，都是一步一步的讓死者離生者愈來愈遠。所以說喪事只有一直的往前進行沒有向後退的，這是為了表達生者對死者的恭敬，讓死者慢慢的離開生者，而不是親人一死就避之唯恐不及，急急忙忙的送走他（死者）。孔子云：

> 賓禮每進以讓，喪禮每加以遠。浴於中霤，飯於牖下，小斂於戶內，
> 大斂於阼，殯於客位，祖於庭，葬於墓，所以示遠也。殷人弔於壙，
> 周人弔於家，示民不偝也。子云：死，民之卒事也，吾從周。以此
> 坊民，諸侯猶有薨而不葬者。（《禮記・坊記》）

也是從喪事即遠，有進無退的立場來說。賓禮在進行的時候，總是要謙虛的
退讓，喪禮則是每進行一個儀節就使得死者離家越來越遠。從沐浴、飯含到
葬於墓，都是逐漸讓生者明白死者已離他們越來越遠。到下葬之後，生者反
回家中進行虞祭，死者已經是完全脫離原本的家庭。殷人在墓地弔問喪家以
及周人反哭而弔，都表示生者不背棄死者的意思。荀子云：「動而遠，所以
遂敬。」（《荀子・禮論》）逐漸讓死者遠離生者，是生者對死者表示誠敬的
態度。

　　另外，從"久而平"談喪禮儀節逐步往前進行的原則。荀子云：

> 三年之喪，二十五月而畢，哀痛未盡，思慕未忘，然而禮以是斷之
> 者，豈不以送死有已，復生有節也哉！（《荀子・禮論》）

三年之喪，需要二十五個月的時間才結束（按：詳見第三章第九節），即是讓
時間沖淡孝子心中的哀慟，使孝子知道對死者的哀慟總要結束的時候，而且
讓孝子明白自己已經根據喪禮，將親人「葬之以禮」（《論語・爲政》），該做
的、可以做的，都已經盡力，沒有什麼可以遺憾的。

> 始死，三日不怠，三月不解，期悲哀，三年憂；恩之殺也。（《禮記・
> 喪服四制》）

喪禮，從親人始死，到守三年之喪，共有二十五個月之久的時間逐漸減殺孝
子的悲慟，平復孝子的哀情。孝子於親人始死之時，哭泣得好像沒有停止的
時候，連續有三天的時間吃下東西。未葬之前，則有三個月的停殯的時間，
孝子居住在臨時搭起的廬屋，睡覺時不解下絰、帶。從舉行過虞祭後的朝夕
哭，到第十三個月的小祥祭以後，想到親人，難過得無法抑制時才哭。再到
第二十五個月除喪之後，恢復到平常的生活，都是以漸進的方式幫助孝子，
不讓他陷在悲慟的情境中無法振作。

　　從喪服的變除，也可以看出喪禮"久而平"的原則。「期而除喪，道也」
（《禮記・喪服小記》）以時間做爲除喪的標準是合於情理的，因爲哀情會隨
著時間而減殺，而喪服也隨著變除。

> 斬衰三升，既虞、卒哭，受以成布六升冠七升；爲母疏衰四升，受

> 以成布七升冠八升。去麻服葛，葛帶三重。期而小祥，練冠縓緣，
> 要絰不除，男子除乎首，婦人除乎帶——男子何爲除乎首也？婦人
> 何爲除乎帶也？男子重首，婦子重帶。除服者先重者。……又期而
> 大祥，素縞麻衣。中月而禫，禫而纖，無所不佩。（《禮記・閒傳》）

"受以成服"的"受"是相承漸減的意思。喪服的裁剪方法，以及所用布料的多寡，因爲年代久遠，文獻資料有限，很難有一個確切的定論，〔註 19〕但是大體而言，用的布料愈少表示愈哀慟的大原則是可以肯定的。子爲父服斬衰，用三升的布料，到虞祭、卒哭之後，就改爲布六升，冠七升。爲母服齊衰則由四升變爲布七升，冠八升。都是隨著時間的流逝逐漸減輕喪服。到第十三個月的小祥祭要再改變喪服之時，男女各從重要的部位先改變，所以男子先除去頭上的絰，女子先除去葛帶。再經過一年的時間到了第二十五月的大祥祭，就改服生絹製成的冠，穿十五升的麻衣。禫祭以後就可以佩戴任何服裝飾物而沒有限制。從斬衰三升、齊衰四升到"無所不佩"，即說明喪禮經由時間的演變，逐漸平復孝子的悲慟，因此距離喪親的時間愈久，孝子服的喪服也就愈輕。

喪禮有進無退，沒有停留在某一儀節不往前進行，而且過了該進行某個儀節時間之後，沒有再補辦的。

> 曾子問曰：「大夫、士有私喪，可以除之矣，而有君服焉，其除之也
> 如之何？」孔子曰：「有君喪服於身，不敢私服，又何除焉？於是乎
> 有過時而弗除也。君子喪，服除而後殷祭，禮也。」曾子曰：「父母
> 之喪，弗除可乎？」孔子曰：「先王制禮，過時弗舉，禮也；非弗能
> 勿除也，患其過於制也，故君子過時不祭，禮也。」（《禮記・曾子
> 問》）

大夫、士有父母的喪事可漸次除服，在此時恰巧又碰上國君去世，必須爲國君服喪，這時候就不能除服，即是爲國君所服的喪服統括了爲父母服的喪服。因此常有見到可以除服而沒有除服，是因爲服國君之喪的原故。那麼在國君之喪結束之時，原本父母的喪期因爲君喪還沒有服完，是否可以從原本停止的地方再服喪呢？孔子以爲先王制定禮儀，是"過時弗舉"，時間過了就沒有再做一次的意思，所以喪禮儀節是"與時推移"，順著時間不斷往前進行，過了時間就要節制感情，沒有因爲做不好，或沒有做完等原因要求再做一次。

〔註 19〕參見章景明，《先秦喪服制度考》，台北：中華，1986 年，頁 195。

事情既然已經過了那麼久的時間，哀情應該是可以平復才是。曾子曰：「朋友之墓，有宿草而不哭。」（《禮記·檀弓上》）鄭玄注：「宿草，謂陳根也。」所以當朋友的墓已經有了隔年的草，表示時間已過了一年這麼久，也就不應該再哭泣。因此荀子云：「久而平，所以優生也。」（《荀子·禮論》）利用時間的流逝平復生者的哀慟，讓生者節制自己的情感，不要因為哀慟而傷害到自己的生命。

喪禮儀節是隨著時間逐步往前進行，沒有往後退的。孝子的哀慟也隨著儀節的進行逐漸的節制、減殺，直到喪期結束回復到平常的生活。「喪禮，哀戚之至也，節哀，順變也；君子念始之者也。」（《禮記·檀弓下》）君子感念長育他的人，因而以喪禮表達他的哀慟，使他的哀慟順著時間而慢慢的轉於平淡。

第五節　取法自然——順應天時

「禮也者，理也」（《禮記·仲尼燕居》）、「禮者，天地之序」（〈樂記〉）合於天地自然運行的道理是禮的重要意涵。天地雖然沒有任何的言語，卻能展現「四時行焉百物生焉」（《論語·陽貨》）的偉大力量。先聖先賢觀察天地自然周而復始的變化，體悟到生生不息的道理，希望人類也能贊天地之化育，以臻於天人合一的境界。所以「聖人作則，必以天地為本」（《禮記·禮運》）讓人順應自然，使人能夠和自然一樣具有無限的生命力。禮，充份顯現先聖先賢取法自然的結果。

> 禮也者，合於天時，設於地財，順於鬼神，合於人心，理萬物者也。
> 是故天時有生也，地理有宜也，人官有能也，物曲有利也。故天不
> 生，地不養，君子不以為禮，鬼神弗饗也。居山以魚鱉為禮，居澤
> 以鹿豕為禮，君子謂之不知禮。（《禮記·禮器》）

禮；應該是依萬物自然生長為用，而不是逆反自然，以不合時地的食物回報自然界不知的鬼神。禮的最高意義是順應天地自然的變化，配合萬物運作的自然規律。

> 大樂與天地同和，大禮與天地同節。和，故百物不失；節，故祀天
> 祭地。……樂者，天地之和也；禮者，天地之序也。和故百物皆化；
> 序故群物皆別。樂由天作，禮以地制。過制則亂，過作則暴。明於
> 天地，然後能興禮樂也。（《禮記·樂記》）

禮依天地自然的秩序而定，因此在不同的節氣有不同的禮文，讓人民知道天地季節變化、萬物興滅的分別，進而與天地自然和諧相處。先聖先賢順著天地自然的變化制禮，有限制的取用萬物，不傷害人類賴以生存的根本。所以，禮的制定是參考天地自然的現象作爲準則。

> 夫禮，必本於天，殽於地，列於鬼神，達於喪祭射御冠昏朝聘。故聖人以禮示之，故國家可得而正也。……聖人參於天地，並於鬼神，以治政也。(《禮記·禮運》)

國家興衰可以取決於是否順應天地之理，聖人以取法於天地自然而來的禮治理人民，因此從喪祭射御到冠昏朝聘無不以天地自然作爲準則，人類也就順著禮達到與自然和諧相處境界，獲得生生不息的生命力。

那麼在喪禮中有那些取法自然的內容？首先從"取法四時"來談。喪期的制定標準，是依天地自然的季節變化以一年爲限，荀子云：

> 然則何以分之？曰：至親以期斷。是何也？曰：天地則已易矣，四時則已遍矣，其在宇中莫不更始矣，故先王案以此象之也。(《荀子·禮論》)

天地自然的季節變化以春夏秋冬爲一個循環，經過這樣一個循環，天地中的萬物莫不揚棄過去的階段而重新邁入一個新的生活，因此以一年作爲制定喪期的標準。萬物經過四季有所更始，人們喪親的哀慟經過一年的時間，也應該有所節制，不能以死傷生。

> 凡禮之大體，體天地，法四時……喪有四制，變而從宜，取之四時也。(《禮記·喪服四制》)

"體天地"、"法四時"、"取之四時"都是取法天地自然的意思。隨著時間的流逝，天地萬物已經過一個循環，一切都充滿欣欣向榮的生命力，人類不應該無法自拔的沈浸在喪親的悲苦中。所以，喪禮以自然節氣運行一周作爲制定喪期的標準。

> 再期之喪，三年也；期之喪，二年也。九月七月之喪，三時也；五月之喪，二時也，三月之喪，一時也。(《禮記·喪服小記》)

鄭玄注：「言喪之節應歲時之氣。」再期之喪是經過二年，已跨到第三年。期之喪是經過一年跨到第二年。九個月和七個月的喪期則是經過三個時節。五個月的喪期則是二個時節。而三個月的喪期則剛好是一個時節。這都是取法天時的運轉以時節變化作爲制定喪期的標準。

　　長殤、中殤、下殤的分等也是以四時之變異爲準。《儀禮·喪服傳》大功殤九月七月章云：「年十九至十六爲長殤；十五至十二爲中殤；十一至八歲爲下殤，不滿八歲以下皆爲無服之殤。」十九至十六；十五至十二；十一至八皆是以四年爲一個段落。孔穎達疏：「三等殤皆以四年爲差，取法四時，穀物變易故也。」亦即是從取法四時解釋未成年者的喪禮。

　　又祭祀之禮有內外之別，宗廟以內對祖先的崇拜和禮敬屬於內祭祀，其中每時一祭的稱爲"時享禮"，一年之中共有四次，配合四時的季節變化引發人們對親人的思念。

> 祭不欲數，數則煩，煩則不敬。祭不欲疏，疏則怠，怠則忘。是故
> 君子合諸天道，春禘、秋嘗。霜露既降，君子履之，必有悽愴之心，
> 非其寒之謂也。春雨露既濡，君子履之，必有怵惕之心，如將見之。
> 樂以迎來，哀以送往，故禘有樂而嘗無樂。（《禮記·祭義》）

四時轉移，由夏入冬，由冬入春，自然景觀變化最大，人們受季節更換的影響，思念起亡故親人，隱藏在心底的傷痛自然再度被引發出來，因此一歲四祭，不會太煩多而讓人怠於祭祀，也不至於少得讓人忘了追懷祖先，這是配合天地運行、四時變化而來的設計。〔註20〕人們也藉由這樣的設計，恰當表現思親之情。

　　再從"尚初"的精神說明喪禮的取法天地的精神。禮最開始是利用自然界最質樸的事物崇敬鬼神。

> 夫禮之初，始諸飲食，其燔黍捭豚，汙尊而抔飲，蕢桴而土鼓，猶
> 若可以致其敬於鬼神。及其死也，升屋而號，告曰：皋！某復。然
> 後飯腥而苴孰。故天望而地藏也，體魄則降，知氣在上，故死者北
> 首，生者南鄉，皆從其初。（《禮記·禮運》）

人類以禮致敬於鬼神原本是以最簡單食物和最原始的行爲。到後來雖然器物改變，然而精神還是相通的。

> 昔者先王，未有宮室，冬則居窟，夏則居橧巢，未有火化，食草木
> 之實，鳥獸之肉，飲其血，茹其毛。未有麻絲，衣其羽皮。後聖有
> 作，然後脩火之利，范金合土，以爲臺榭宮室牖戶，以炮以燔，以
> 亨以炙，以爲醴酪，治其麻絲，以爲布帛，以養鬼神上帝，皆從其
> 朔。（《禮記·禮運》）

〔註20〕參見周何，《儒家的理想國──禮記》，台北：時報，1981 年，頁 191～194。

隨著文明的進展，人類使用的器物已經進步，可是致敬於鬼神的意義仍然存在。禮最早是以最簡單的、最自然、最原始的方式致敬於鬼神。就喪禮而言，人死氣絕之後，行復禮求其鬼神，真的不能復生，然後再以生的米貝放入死者口中。埋葬時又送給死者用草葉包好的熟食，使之不挨餓。像這樣向天招魂，埋藏於地；以為魂氣在上，體魄在下。還有以北向為鬼神居處的幽暗之地；以南向象徵生命的成長，皆是根據最原本的儀節而沒有改變。而最原本的儀節則是取法於天地自然，與之相應合和。

> 禮也者，反本脩古，不忘其初者也。故凶事不詔，朝事以樂。醴酒
> 之用，玄酒之尚。割刀之用，鸞刀之貴。莞簟之安，而藁鞂之設。
>
> 是故，先王之制禮也，必有主也，故可述而多學也。（《禮記・禮器》）

先王制禮是斟酌古今的，"反本脩古"的禮制即是教導人民不忘記根本。喪禮要求人民反其哀戚的本心，所以哭誦之時不必等待司儀詔告才哭。儀節進行時使用的器具、食物則以古為尚。荀子云：

> 大饗，尚玄尊，俎生魚，先大羹，貴飲食之本也。饗：尚玄尊而用
> 醴酒，先黍稷而飯稻粱。祭：齊大羹而飽乎庶羞，貴本而親用也。
> 貴本之謂文，親用之謂理，兩者合而成文，以歸太一，夫是謂大
> 隆。……始卒未小斂也，一也。……喪服之先散麻，〔註21〕一也。
> 三年之喪，哭之不反也，……一也。（《荀子・禮論》）

尊貴最根本作為禮文，以事物方便可用而喜歡使用，就是順其理。事有文飾，物得其理，因而能經緯天地之道而形成禮文。所以喪禮是循本脩古、反回天地自然。人死之後，為死者沐浴、更衣、充實米貝，是謹慎於人始卒之時，因此沒有文飾，以象徵太古之時。大功以上的喪服則放鬆絞帶，〔註22〕因為悲傷得沒有心情可以穿好衣服，這是以質樸表達最高的哀情。子為父服斬衰，哭泣得好像沒有停止的時候，也是以人最原本哭泣的方式表現最深的傷慟。

〔註21〕《大戴禮記・禮三本》：「散麻」作「散帶」，皆指喪服的「要絰」而言。《儀禮・喪服》：「苴絰。」鄭玄注：「麻在首、在要皆曰絰。」可見要「要絰」由麻製成。又《儀禮・喪服傳》：「苴絰大搹，左本在下，去五分以為帶。」依鄭注「要絰象大帶」，故知〈喪服傳〉所說的「帶」即是「要絰」。因此「散麻」依「要絰」質料而言；「散帶」依「要絰」功用而言，實際上都是指同樣的物品。

〔註22〕《儀禮・士喪禮》：「始死，主人散帶垂，長三尺。」又《禮記・雜記》：「大功以上散帶。」孔穎達疏：「小斂之後，小功以下皆絞帶。大功以上散此帶垂，不忍成之，至服乃絞帶。」

這些都是喪禮"尙初"的精神，亦即是以遵循自古流傳下來，人對於天地萬事萬物最自然的表現方式。

另外，小斂衣自天子至庶人皆十九稱，即法天地之終數，象徵自然生命的平等。〔註23〕又；「天無二日，士無二王，國無二君，無二尊，以一治之也。」（《禮記‧喪服四制》）以"天無二日"的自然現象，說明"家無二主"、"國無二尊"亦是喪禮取法於自然的特徵。

孔子對於先民崇尙自然而來的禮樂也是深表贊同的，孔子云：「先進於禮樂，野人也。後進於禮樂，君子也。如用之，則吾從先進。」（《論語‧先進》）禮樂源自先民取法於自然界的事物，後來的君子則根據這些基本的儀節加以文飾，孔子以爲遵循自古流傳下來儀節，應該是比較好的，如果使用時要有所選擇，就用先民取法自然而來的、最原始、最質樸的儀節。

第六節　報本反始——愼終追遠

人生於天地，即屬於天地的一份子。荀子云：

> 水火有氣而無生，草木有生而無知，禽獸有知而無義。人有氣、有生、有知，亦且有義。故最爲天下貴也。（《荀子‧王制》）

因爲人在"氣、生、知"之外還有"義"所以是天地間最尊貴的。人因爲有"義"，所以懂得回報天地自然、祖先的長養。"報"指的是有來有往、互動的、感恩的觀念。人既然受天地自然、祖先的恩惠，因此要有所回報，而喪祭之禮的制定展現"報本反始"的意涵。

在中國社會"報"的概念含有多層的意義，感情成份的存在則是最具特色的部分。〔註 24〕禮，報施往來的形式是仁心的發用，"報往"、"施住"之間，本非有所欲求，而是「己欲立而立人，己欲達而達人」（《論語‧述而》）的情用，以及不息之愛的互相施受。〔註 25〕「禮有報」、「禮也者報也」（《禮記‧樂記》）感恩圖報的心情則是展現在一往一來的人際關係中，所以說「太上貴德，其次務施報。禮尙往來，往而不來，非禮也；來而不往，亦非禮也。」

〔註23〕參見林素英，〈從古代的生命禮儀透視其生死觀——以《禮記》爲主的現代詮釋〉，《師大國文所研究集刊》，第三十八號，1994 年 6 月，頁 427。

〔註24〕參見劉兆明，〈"報"的概念分析及其在組織研究上的意義〉，《文化的傳承與發展學術研討會論文集》，台北：輔仁大學，1992 年，頁 214～228。

〔註25〕參見王夢鷗，〈禮記思想體系試探〉，《政大學報》，第 4 期，1961 年，頁 44。

（《禮記‧曲禮上》），有來有往的感情交流是禮的基本意涵。“報本反始”指的即是人類尋求生命的本源，回報長養者的恩惠。

> 社所以神地之道也。地載萬物，天垂象。取財於地，取法於天，是以尊天而親地也，故教民美報焉。家主人雷而國主社，示本也。唯社事，單出里。唯爲社田，國人畢作。唯社，丘乘共粢盛，所以報本反始也。……萬物本乎天，人本乎祖，此所以配上帝也。郊之祭也，大報本反始也。（《禮記‧郊特牲》）

萬物皆由天地而來，祖先則是人類最初的根本，所以祖先的德惠可以媲美上帝。孫希旦集解：「報本者，報其養人之本。反始者，反其生物之始。」人對“報本反始”的體認，展現在二方面，一是回報天地自然的長養，因而有祭天地的行爲。二是人從其祖先繁衍而來，個人的生命可以說是祖先賦予的，所以要回報祖先的恩惠，“慎終追遠”即是人類回報祖先恩惠的行爲。

> 天下之禮，致反始也，致鬼神也，致和用也，致義也，致讓也。致反始，以厚其本也；致鬼神，以尊上也；致物用，以立民紀也；致義，則上下不悖逆矣；致讓，以去爭也。合此五者，以治天下之禮也，雖有奇邪，而不治者則微矣。（《禮記‧祭義》）

禮的最大作用有五個，第一個即是“致反始，以厚其本”，鄭玄注：「反始，謂報天之屬也。」孔穎達正義：「反始報天，是厚重其本。」人有“義”，能感念天地之始而加以回報，聖人所制的禮就是“反始報天”，教導人民厚愛、重視長養他們的根本。

> 君子反古復始，不忘其所由生也，是以致其敬，發其情，竭力從事，以報其親，不敢弗盡也。（〈祭義〉）

“報本反始”包括對天地以及對祖先的回報。在卜辭中我們可以看到大量有關祭祀祖先的記載，並且得知祖先的地位已和上帝相當。〔註26〕到周代則以“天”代表由自然天發展出來的天神，以“帝”代表祖宗神，並且讓帝嚳居上帝之位，〔註27〕已經將祖先和自然的天神相提並論，所以說「思文后稷，克配彼天。」（《詩經‧周頌‧思文》）祖先地位已經可以和天互相等同。而祖

〔註26〕 張秉權研究卜辭記載祭祀對象云：「帝的地位，高於一切祖先，而帝又可以和許多祖先同時受祭，那是殷代的王室，認爲他們的祖先，可以配帝而受祭的一種具體的表示。」張秉權，〈殷代的祭祀與巫術〉，《中國上古史待定稿》第二本殷商編，中央研究院歷史語言研究所，1985年，頁382。

〔註27〕 參見許倬雲，《西周史》，台北：聯經，1984年，頁103。

先地位的提高，則帶動周代文物制度的發展。祖先之德可與天地相等，君子不忘所以來的根本，因此致敬竭情的回報祖先的長養而不敢不盡心盡力。

禮具有「反其所自始」、「報情反始」（《禮記‧樂記》）的意涵，天地、祖先長養人民，人民以禮回報所來的根源。荀子云：

> 禮有三本，天地者，生之本也；先祖者，類之本也；君師者，治之本也。無天地惡生，無先祖惡出，無君師惡治，三者偏亡，焉無安人。故禮上事天，下事地，尊先祖而隆君師，是禮之三本也。（《荀子‧禮論》）

天地是人類獲得資源以延續生命的根本；祖先是人類出現世界成為動物中可以自成一個族類的根源；師長則是治理社會讓人類能群居和諧的重要人物。人感謝天地之生、先祖之出、君師之治，因此以此三者為制禮的根本。回報天地之生因而祭祀天地。回報君師之治，因而有等同之喪的設計。回報先祖之出因而有“慎終追遠”的表現。

喪禮“慎終追遠”的基本意涵，主要作用在教導人應該不要忘記長養他們的祖先，這樣的意涵實際上是早期儒家由祖先崇拜觀念轉化而來的。中國的祖先崇拜源於對祖先鬼魂的畏懼，此點由盤庚遷殷時對民眾說「汝有戕則在乃心，我先后綏乃祖乃父；乃祖乃父，乃斷棄汝，不救乃死。」（《尚書‧盤庚》）的話可以得知一二。盤庚以威脅的口氣告訴人民，希望他們不要有背叛的心理，不然的話我（盤庚）的祖先就會告訴你們（人民）的祖先，讓你們的祖先遺棄你們，不挽救你們的死亡。可見殷人認為死去之人具有降禍賜福的神秘力量，因此對祖先產生敬畏的心理，而盤庚才可能以祖先作為威脅人民的依據。根據人類學的說法，人對於祖先的崇拜原本含有迷信的成份在內（按：詳見第一章第二節），但是在早期儒家喪禮中，崇拜祖先已變成人發自內心慎終追遠的道德思想。這種轉變的可能性建立在報恩意識的強調及普遍道德精神的重視上面，〔註28〕而其過程則經由孔子得到進一步的闡述與發揚。

孔子云：「郁郁乎文哉，吾從周矣。」（《論語‧八佾》）孔子讚美周代文物制度完備，想要跟隨周代的文化，那麼周代文物制度是如何完備呢？就祖先崇拜這點來看，周人已經由殷人尚鬼〔註29〕的情況進入到崇尚禮文的階段。由「夏

〔註28〕　參見唐君毅，〈論中國原始宗教信仰與儒家天道之關係——兼釋中國哲學之起源〉，《中國哲學思想論集‧總論篇》，台北：牧童，1979年12月，頁173～192。

〔註29〕　《禮記‧表記》：「殷人尊神，率民以事神，先鬼而後禮。」

道尊命」、「殷人尊神」到「周人尊禮而尚施」(《禮記‧表記》),周朝時迷信鬼神的成份已漸漸減少,取而代起的是尊崇禮文和崇尚施報。從白川靜對彝器文化的研究中,我們可以得知周代崇尚禮文制度逐漸成型的過程;

> 彝器文化開始顯示西周期特質的,是在昭穆期以後。從這個時候起,
> 原來那種複雜雄偉的器制與充滿古代神秘感的文樣便逐漸隱沒,而
> 有顯著的定型化與形式化的傾向。〔註30〕

而近代學者王明珂從考古資料分析,對周初喪禮所做的說明,也證實周人"尚文"的禮制;

> 周初的喪禮仍未脫離殷人尚鬼的習俗,墓葬中的銅器也只有厚薄之
> 別。直到穆王以後,人殉現象才大量減少,列鼎制度出現,代表周
> 人漸脫離殷人尚鬼的本質,創作了「尚文」的禮制。〔註31〕

周代文化已逐漸脫離鬼神的迷信,進入禮制完備的社會。到周公制禮作樂,使得「禮制的政治社會化」,〔註32〕依祖先崇拜而產生的氏族制則是安定社會的根基,〔註33〕這樣的社會結構應該為"崇尚周文"的孔子所採納。可是,在春秋時代,孔子肩負了如何維護舊禮制,以及將廣大民眾納入原本以貴族為主的"禮"之中的責任。因此由迷信的祖先崇拜變成"慎終追遠"的祖先崇拜則是非常重要的因素。人不可能平白無故的出現在世界上,每一個人一定有生養他們父母,而父母也是人,也有生養父母的"父母",依此不斷的往前推,人類來源皆有一個根本,這個根本就是"祖先"。因此對於祖先的感恩、懷念,則成為每一個人皆可以具備的自然情感。既然是每個人可以具備的情感,那麼喪禮"報本反始——慎終追遠"的意涵,則是人人可以做到和接受的。

回報祖先恩惠的"慎終追遠"行為,可以由"慎終"、"追遠"兩部分來談。"慎終"是對生命的重視,感謝賦予你生命的人。"追遠"則是追溯

〔註30〕參見白川靜,《金文的世界》,台北:聯經,1989年,頁10。

〔註31〕參見王明珂,〈慎終追遠——歷代的喪禮〉,《敬天與親人》中國文化新論　宗教禮俗篇,台北:聯經,1982年,頁319。

〔註32〕蕭公彥云:「所謂禮制的政治社會化,是指將禮制從溝通神人幽明的儀式活動提昇到成為國家體制的維護機制。」蕭公彥,1988年,《禮學之內涵與北宋禮學的發展》,台灣大學歷史所碩士論文,頁6～7。

〔註33〕白川靜云:「周朝之貴族政治,是依家父長制而生的氏族秩序,即所謂『宗法制』的基礎上建立起來的。氏族的繁榮,乃祖先偉大功業之結果,祭祀祖先是一切秩序之基本。通過祖祭以固結宗法秩序之紐帶,於祖靈之前共饗聖餐成為最重要之禮儀。」白川靜,《金文的世界》,台北:聯經,1989年,頁10。

到人類生命的最本源。"慎終"、"追遠"皆是勸人不要忘記生命從何而來的根本。實際上，我們也可以說"追遠"是"慎終"的延伸，人類回報父母的長養，因而謹慎的處理父母的喪事，當父母祔於祖先之時，我們仍然保有感恩的回報心情，所以有祭祀死去父母的儀節，我們也希望自己的子女懷著同樣的心情祭祀他們，層層追溯之後，"慎終"、"追遠"已是環環相扣，緊密的結合在一起。

首先就"慎終"來說。若從字面上解釋；指的是對於生命結束這件事的重視，因而謹慎小心處理喪事。早期儒家認為喪禮是"慎終"的表現，荀子云：

> 禮者，謹於治生死者也。生，人之始也；死，人之終也，終始俱善，
> 人道畢矣。故君子敬始而慎終，終始如一，是君子之道，禮義之文。
> 夫厚其生而薄其死，是敬其有知而慢其無知也。……死之為道，一
> 而不可再復也，臣之所致重其君，子之所以致重其親，於是盡矣。……
> 喪禮者，以生者飾死者也，大象其生以送死也，故事死如生，事亡
> 如存，始終如一也。（《荀子·禮論》）

死；是一而不可再之事，每一個人的死當然都應該受到重視，可是通常能夠得到生者"慎終"的，也只有完成生命延續責任的人，因為生命有了延續才有子孫願意如此回報你。喪禮；始卒之後的沐浴、飯含、襲與斂的"事死如生"、"始終如一"，以及張帷堂、置牆翣、安頓死者靈魂等，生者處處為死者著想的態度（按：詳見第三章第二、六、七節），都是"慎終"的表現。

再就"追遠"來談。"追遠"是"慎終"的擴展。子女以謹慎、隆重的喪禮回報父母養育的恩情，父母再回報他們的父母，如此類推，子孫回報的對象可以上溯到最早的祖先。人死為鬼，[註34] 生者以"事死如生"的態度對待死者，等死者遺體下葬，祔於祖之後即成為祖先（按：詳見第三章第八節），受到子孫永遠的祭祀。「祭者，所以追養繼孝也」（《禮記·祭統》）祭祀應該是對祖先恩惠的感謝與回報，而不是祈求祖先保祐與賜福。雖然子孫皆相信祭祀自己祖先會得到保祐，但是祭祀祖先的根本建立在"報本反始"的觀念上，所以說「非其鬼而祭之，諂也」（《論語·為政》），推崇祖先的德惠，回報祖先長養的功勞，才是喪祭之禮的基本意涵。

> 君子反古復始，不忘其所生也，是以致其敬，發其情，竭力從事，
> 以報其親，不敢弗盡也。是故，昔者，天子為藉千畝，冕而朱紘，

〔註34〕 《禮記·祭義》：「眾生必死，死必歸土，此之謂鬼。」

躬秉耒。諸侯爲藉百畝，冕而青紘，躬秉耒，以事天地、山川、社

稷、先古，以爲醴酪齊盛，於是乎取之，敬之至也。(《禮記·祭義》)

依這段記載內容來看，祖先孕育人類的功勞，已被視爲和天地自然相等，因此才云「事天地、山川、社稷、先古」。君子不忘記祖先蓽路襤褸、胼手胝足以生育長養後代子孫的功勞，因而以最高的敬意和情感回報祖先。所謂「樂，樂其所自生；禮，不忘其本」(《禮記·檀弓上》)，君子甚至在死時也要求能回到出生的地方與祖先同在一起。〔註35〕

喪祭之禮的葬後祭祀最能表現"追遠"的意涵。君子舉行祭祀的情況：

致齊於內，散齊於外。齊之日，思其居處，思其笑語，思其志意，

思其所樂，思其所嗜。齊三日，乃見其所爲齊者。祭之日，入室，

僾然必有見乎其位；周還出戶，肅然必有聞乎其容聲；出戶而聽，

愾然必有聞乎其嘆息之聲。……君子生則敬養，死則敬享，思終身

弗辱也。君子有終身之喪，忌日之謂也。忌日不用，非不祥也，言

夫日，志有所至，而不敢盡其私也。(《禮記·祭義》)

可見祭日祭拜祖先的態度應該是非常誠敬的，完全站在思念以及回報祖先的立場祭祖，並沒有祈求祖先賜福的意思。因此祭祀之前要先沈靜自己的思慮，慢慢回想祖先的功勞、志向，使自己不忘記祖先的養育、教導。君子不忘回報祖先因此有終身之憂，忌日心有所屬，因而不敢分心處理其它事務，這些都是不忘根本，回報祖先的行爲。

從天子到庶人，因爲祖先德惠的廣狹不同，可以追祀祖先的範圍也有不同。荀子云：

王者王太祖，諸侯不敢壞，大夫士有常宗，所以別貴始。貴始，得

之本也。郊止乎天子，而社止於諸侯，道及士大夫，所以別尊者事

尊，卑者事卑，宜大者巨，宜小者小也，故有天下者事七〔註36〕世，

有一國者事五世，有五乘之地者事三世，有三乘之地者事二世，持

手而食者不得立宗廟，所以別積厚者流澤廣，〔註37〕積薄者流澤狹

〔註35〕《禮記·檀弓上》：「大公封於營丘，比及五世，皆反葬於周。君子曰：樂，樂其所自生；禮，不忘其本。古之人有言曰：狐死正丘首。仁也。」

〔註36〕原作「十」，楊倞注謂《穀梁傳》作「天子七廟」。王先謙據《大戴禮記》及《史記》云：「當爲『七』。」今據王氏之言改正。

〔註37〕原作「所以別積厚，積厚者流澤廣」盧文弨曰：「《大戴禮記》及《史記》『積厚』二字不重」；王念孫則據上下文意推斷「積厚」二字不當重複。今據前賢

也。（《荀子・禮論》）

祭祀的範圍，因地位的不同而有分別，大小巨細都是各有其宜的。王者統治天下，祖先德澤廣及天下之人，因此王者廟數最高，〔註38〕可以將祖先的德澤上推到與天地相等，故曰：「王者天太祖」。王者之下的諸侯、士大夫以及從事農工商的百姓，則因祖先德澤的厚薄而逐漸遞減。士大夫於除親喪之後的禫祭，可以在宗廟祭祀祖先。一般百姓沒有宗廟則在自己居住的處所祭祀祖先。然而不管祭祀的範圍或大或小，天下人皆有可以祭祀的祖先。

　　綜合而言，喪祭之禮的祖先崇拜含有"報本反始——慎終追遠"的意涵，這是本於自然親情要求子孫不忘祖先德惠的追思報恩行為，誠如現代人類學家李亦園所云：

> 在整個中國人複雜的祖宗崇拜儀式中，無疑的親子關係的表現與投
> 射應該是最基本的，儒家思想中所強調的倫理精神最需要在這裡藉
> 儀式行為來表達而得到肯定。〔註39〕

所謂"親子關係"，李氏指的是包括「撫養／供奉、疼愛／依賴、保護／尊敬等」〔註40〕情感，這正是早期儒家所提倡的"父慈子孝"思想，而祖先崇拜加入"父慈子孝"的倫理思想之後即不限於貴族所專有，因為人皆有父母、祖先，所以親情的交流是人人可以做到的行為。氏族制與政治的牽連也因為親情的貫穿而希望達到更加和諧的狀態，整個社會也因而在仁心的發用中得到穩定的發展。

第七節　仁義為重——行仁舉義

　　早期儒家喪禮以仁義為重，換句話說，以仁義為行禮的前提，才合乎禮意，不符仁義的儀節則不能算是禮。以下先說明仁義和禮的關係，再進一步由古籍記載的實例指出喪禮如何以仁義為重。

　　西周之時，政制逐漸瓦解，禮樂不行於世。面對這樣的時局，孔子肯定

之說刪去。

〔註38〕據《荀子・禮論》、《禮記・王制》、〈禮器〉、〈祭法〉等篇之說法，王者廟數為七。若據《禮記・喪服小記》則王者廟數為四。但是不論如何，王者之廟數皆在諸侯、士大夫之上。

〔註39〕參見李亦園，〈中國家族與其儀式——若干觀念的檢討〉，《文化的圖像（上）——文化的人類學探討》，台北：允晨，1992年，頁193～194。

〔註40〕同註39，頁186。

禮樂的價值，並且爲了挽救禮樂的崩壞，於是以"仁"作爲禮樂之內在精神，使禮樂之教從政治秩序與生活規範，擴充爲人內心的道德規範，並且將"仁"視爲做人的最高準則，〔註41〕也相信"仁"普遍存在每一個人的生命之中，因此以禮樂推展教化則成爲可能實踐的事。〔註42〕就禮而言；"仁"是禮的實質內涵，「人而不仁，如禮何？」（《論語·八佾》）、「禮節者，仁之貌也。」（〈儒行〉）禮並非只有文飾，應該包含"仁"的德行在內。因此顏淵問孔子"仁"所指內容爲何的時候？孔子答以「克己復禮爲仁」，〔註43〕禮與仁關係的密切由此可見一斑。甚至有學者以爲孔子所說的禮即是仁。〔註44〕

孔子言禮的本質除了"仁"之外，還包括"義"。義者，宜也，指人行事之所宜而言。孔子云：「君子義以爲質，禮以行之，孫以出之，信以成之，君子哉！」（《論語·衛靈公》）已指出義爲禮的本質，禮是義的外在表現方式。

> 禮也者，義之實也，協諸而協，則禮雖先王未之有，可以義起也。……
> 爲禮不本於義，猶耕而弗種也。（《禮記·禮運》）

已將禮以義爲本質的意思說得更明白。禮的實質內容即是人合宜的行事。

孔子揭示仁義爲禮的本質。孟子則將禮以仁義爲本質解釋得更加透徹。孟子相信人性本善，認爲人人皆可以擴充"仁、義、禮、智"四端之心，〔註45〕君子因爲「以仁存心，以禮存心。」〔註46〕所以能異於他人，因此孟子論禮由禮根本於心來談。而四端之心的具體表現是「仁之實，事親是也；義之實，從

〔註41〕 屈萬里云：「『仁』是孔子理想上做人的最高準則。對自己來說，要能謹厚、誠樸、訒訥、剛毅；對家屬來說，要能孝悌、慈愛；對他人來說，要能恭敬、禮讓、寬恕、信實；對國家來說，要能忠君和敬事（負責任）；對人類來說，要能博施濟眾，己欲立而立人，己欲達而達人。」屈萬里，〈仁字涵義之史的觀察〉，《書傭論學集》，台北：聯經，1984 年，頁 265。

〔註42〕 林安弘云：「《論語》中的禮字，明顯受到『仁』的精神之轉化與提升，而使其內涵不僅包含感情的『愛』，而且還包括理性的『覺』。禮是仁心的呈現，是一種內心的自覺作用。一個不能呈現仁心的人，不可能表現禮的意義。也因人人有仁心，禮樂教化才有可能推展。」林安弘，《儒家禮樂之道德思想》，1988 年，頁 52～53。

〔註43〕 《論語·顏淵》云：「顏淵問仁。子曰：克己復禮爲仁，一日克己復禮，天下歸仁焉。爲仁由己，而由人乎哉？」

〔註44〕 錢穆云：「故孔子之言禮，猶其言仁也。」錢穆，《論語要略》，台北：商務，1987 年，頁 107。

〔註45〕 詳見《孟子·公孫丑上》。

〔註46〕 《孟子·離婁下》：「君子所以異於人者，以其存心也。君子以仁存心，以禮存心。」

兄是也；智之實，知斯二者弗去是也；禮之實，節斯二者是也。」（《孟子‧離婁上》）在此孟子已明白指出；禮的具體表現是節制和文飾"仁、義"。換句話說；"仁、義"藉由禮而得到實踐，故「道德仁義，非禮不成；……是以君子恭敬撙節，退讓以明禮。」（《禮記‧曲禮上》）可見禮與"仁、義"的關係是——仁義爲禮的本質，禮爲仁義的具體實踐方式。

荀子以"人之善者僞也"作爲禮論系統的基礎，使禮成爲外在客觀規範，而不是內在的價值根源，但是仍然肯定仁義爲禮的內涵。荀子云：「孝子之道，禮義之文理也。」（《荀子‧性惡》）又云：「人主仁心設爲，知其彼也，禮其盡也。故王者先仁而後禮，天施然也。」（〈大略〉）可見荀子論禮仍然以仁義爲主要意涵。

若就"仁、義"與禮之間實踐方式而言，荀子與孟子略有不同。孟子直接說明禮是"仁、義"的具體實踐。荀子則云：「君子處仁以義，然後仁也；行義以禮，然後義也；制禮反本成末，然後成禮也；三者皆通，然後道也。」（《荀子‧大略》）由"仁"言"義"再由"義"而言"禮"方式將"仁、義"與禮連貫起來。儘管荀子論說方式不同於孟子，但是仍然可以肯定荀子以"仁、義"爲禮的本質，「禮義也者，人之大端也。……禮也者，義之實也。……仁者義之本也。」（《禮記‧禮運》）仁爲義的根本，禮又以義爲實質內容，則禮的本質即是"仁、義"。

以上說明是早期儒家以"仁、義"爲禮的本質，那麼喪禮如何表現"仁、義"的本質？

> 喪禮，忠之至也。備服器，仁之至也。……君子欲觀仁義之道，禮其本也。（《禮記‧禮器》）

仁義之道是禮的根本，喪禮爲禮的一環應該也是以仁義爲本，以下則舉喪禮重仁義的實例作爲說明。

一、喪禮行仁義之道

在此部分可以就喪服、喪期的制定說明喪禮與仁義的關係是如何的密切。

> 夫禮，……有恩有理，有節有權，取之人情也。恩者仁也，理者義也，節者禮也，權者知也。仁義禮智，人道具矣。其恩厚者，其服重：故爲父斬衰三年，以恩制者也。門內之治，恩揜義；門外之治，義斷恩。資於事父以事君，而敬同，貴貴尊尊，義之大者也。故爲

君亦斬衰三年，以義制者也。(《禮記‧喪服四制》)

喪服的制定以仁義作爲考量的。家族之中以恩情的厚薄作爲標準，國家社會則以義理爲準則，前者是"仁"，後者是"義"的表現。荀子云：

親親、故故、庸庸、勞勞，仁之殺也；貴貴、尊尊、賢賢、老老、

長長，義之倫也；行之得其節，禮之序也。仁，愛也，故親；義，

理也，故行；禮，節也，故成。(《荀子‧大略》)

"仁"者，愛人，所以有親愛之情。"義"者，理也，因此能行於世。然而親愛之情有"親親、故故、庸庸、勞勞"的差等，義理有"貴貴、尊尊、賢賢、老老、長長"的區別，因此需要經由禮的節制，使仁義得到實踐。人於家族之中最重的喪服是爲父斬衰三年，其餘的依恩情的輕重而有增減。

自仁率親，等而上之至于祖，名曰輕；自義率祖，順而下之，至于

禰，名曰重。一輕一重，其義然也。(《禮記‧大傳》)

從親愛之情的"仁"來看，父親是最親近的人因此子爲父服最重的喪服斬衰三年，依恩情往上推，到曾祖緦麻三月，則是因爲恩淺所以服輕。若從義理來考量，爲曾祖服最輕的喪服緦麻三月，再往下推到父親是斬衰三年，喪服轉隆，所以說是"重"。"重"的原因即在於父對子的恩情較厚。一輕一重之間都是順應天理；自然而然的事情，並沒有任何的偏頗。

至於臣爲君斬衰三年，則是以"義"推之。荀子云：

君之喪，所以取三年，何也？曰：君者，治辨之主也，文理之原也，

情貌之盡也，相率而致隆之，不亦可乎！詩曰：「愷悌君子，民之父

母。」彼君子者，固有爲父母之說焉。父能生之，不能養之；母能食

之，不能教誨之：君者，已能食之矣，又善教誨之者也，三年畢乎哉！

得之則治，失之則亂，文之至也。得之則安，失之則危，情之至也。

兩者俱積焉，以三年事之猶未足也，直無由進之耳。(《荀子‧禮論》)

父對於子有親愛的親情。國君是治理國家的根本，使社會安定繁榮的重要人物，因此君對於臣下有養育教誨的功勞，這樣的功勞是可以和父母長養子女的親愛之情相類比的。因此從義理上來論斷，臣爲君應該也如同子爲父服斬衰三年。可見喪禮由親親而言仁，由尊尊而言義，使仁義之道得以展現。

二、"死欲速朽"爲厭惡財利傷害禮義。

孔子曾經說過"死欲速朽"的話，初觀其意似乎和喪禮愼終的意涵不

合，實際上孔子是另有所指：

> 有子問於曾子曰：「問喪於夫子乎？」曰：「聞之矣，喪欲速貧，死
> 欲速朽。」有子曰：「是非君子之言也。」曾子曰：「參也聞諸夫子
> 也。」有子曰：「是非君子之言也。」曾子曰：「參也與子游聞之。」
> 有子曰：「然！然則夫子有為言之也。」曾子以斯言告於子游。子游
> 曰：「甚哉！有子之言似夫子也。昔者，夫子居於宋，見桓司馬自為
> 石槨，三年而不成。夫子曰：『若是其靡也！死不如速朽之愈也。』
> 死之欲速朽，為桓司馬言之也。……曾子以子游之言告有子，有子
> 曰：「然！吾固曰非夫子之言也。」曾子曰：「子何以知之？」有子
> 曰：「夫子制於中都，四寸之棺，五寸之槨，以斯知不欲速朽也。」
> （《禮記・檀弓上》）

喪禮的葬埋源於孝子不忍心讓親人的遺體受到風雨、鳥獸的摧殘而容易腐
朽，發展到有內棺外槨更是孝子考慮到不要讓親人的遺體和冰冷的地面太接
近。因此，孔子擔任中都宰的職務時制定內棺四寸，外槨五寸的標準。可見
基於人的仁心，孔子並不認為人死之後應該趕快腐朽。但是孔子居住在宋的
時候，看見桓司馬為自己準備石槨，居然花了三年的時間還沒有完成，工程
的浩大和自然資源的浪費是可以想見的。因此孔子說："若是其靡也！死不
如速朽之愈也"，"死之欲速朽"這句話是針對桓司馬而說的。桓司馬如此
侈靡傷財，實在不符合仁義的道理，因此孔子以為若是這樣，還不如趕快腐
朽比較好。"死欲速朽"實為孔子厭惡財利傷害禮義而發。

三、因喪事而獲利非仁義之道。

君子辦理喪事應該以仁義做為準則。

> 子柳之母死，子碩請具。子柳曰：「何以哉？」子碩曰：「請粥庶弟
> 之母」子柳曰：「如之何其粥人之母以葬其母也。不可。」既葬，子
> 碩欲以賻布之餘具祭器。子柳曰：「不可。吾聞之也，君子不家於喪，
> 請班諸兄弟之貧也。」（《禮記・檀弓上》）

鄭玄注：「不粥人之母以葬其母，忠恕也。」因為沒有錢財辦理喪事，而嫁掉
別人的母親為自己的母親辦喪事，是不仁的表現。又；君子不做因為辦理喪
事而獲私財的不義行為，所以子柳"不家於喪"，將贈喪之餘用來幫助貧窮
的族人。子柳不答應子碩"粥庶弟之母"，也不希望子碩將親友幫助喪事而

送的賻布留下來；做爲以後祭祀之用，實爲喪禮重仁義的實際表現。

另一則不因喪事而獲利的實例：

> 晉獻公之喪，秦穆公使人弔公子重耳，且曰：「寡人聞之，亡國恒於
> 斯，得國恒於斯，雖吾子儼然在憂服之，喪亦不可久也，時亦不可
> 失也。孺子其圖之。」以告舅犯，舅犯曰：「孺子其辭焉；喪人無寶，
> 仁親以爲寶。父死之謂何？又因以爲利，而天下其孰能說之？孺子
> 其辭焉！」公子重耳對客曰：「君惠弔亡臣重臣，身喪父死，不得與
> 哭於哭泣之哀，以爲君憂。父死之謂何？或敢有他志，以辱君義。」
> 稽顙而不拜，哭而起，起而不私。子顯致命於穆公。穆公曰：「仁夫
> 公子重耳！夫稽顙而不拜，則未爲後也，故不成拜；哭而起，則愛
> 父也；起而不私，則遠利也。」（《禮記・檀弓下》）

喪親者已經失去世上最珍貴的親情，還有什麼心情可以去想其它的事情呢？
更何況是利用喪親而得到國位的不仁行爲。不仁者如何能帶領天下眾人，使
人民信服？因此，當晉獻公死，秦穆公以爲是很好的得國時機，所以派人弔
問重耳，提醒重耳把握機會的時候。重耳對秦穆公派來弔喪的使者"稽顙而
不拜，哭而起，起而不私"的表現，符合喪禮以仁義爲重的道理。適子受弔
是拜稽顙，重耳未受獻公之命，因而行庶子在外受弔的喪禮——致其哀而不
拜賓。重耳爲了證明沒有想要利用喪事謀取利益的私心，所以哭著起來之後
就沒有私下和子顯說話。

四、喪禮不用人殉是仁的表現。

每個人的生命都是非常可貴的，因此孔子並不主張用人殉葬的不仁道行
爲。孔子曰：

> 爲明器者，知喪道矣，備物而不可用也。哀哉！死者而用生者之器
> 也，不殆於用殉乎。其曰明器，神明之也。塗車芻靈，自古有之，
> 明器之道也。孔子謂：爲芻靈者善矣，謂爲俑者不仁——殆於用人
> 乎哉！（《禮記・檀弓下》）

爲死者準備如同生前的器具，是表現人才"事死如生"的孝心。但是禮爲謹
慎於生死的分別，吉凶不得相混，因此將陪葬的器具稱爲明器，即是奉死者
爲神明的意思，既然已經是奉爲神明的意思，那麼用草人殉葬也就夠了。因
此，以太像人的俑殉葬已經是不仁道的行爲，更何況是以人殉葬呢？

> 陳子車死於衛，其妻與其家大夫謀以殉葬，定而后陳子亢至。以告
> 曰：「夫子疾，莫養於下，請以殉葬。」子亢曰：「以殉葬，非禮也。
> 雖然，則彼疾當養者孰若妻與宰？得已，則吾欲已；不得已，則吾
> 欲以者之爲之也。」於是弗果用。(《禮記‧檀弓下》)

每一個人的生命都是值得尊重的，當喪家想要以人殉葬時，如果能設身處地爲他人著想，那麼也就會停止這種不仁道的事。陳乾昔之子能據禮而違背父親的遺命，不以奴婢殉葬，〔註47〕更是深知喪禮重仁不以人爲殉的具體表現。

　　由以上的例子可以看出喪禮應該是以仁義爲重，任何損害仁義的喪事，仁人君子是不願意去做的。

第八節　禮以別異——差等之禮

　　早期儒家思想中有關"禮以別異"的意涵以荀子闡述得最深切。荀子云：

> 故禮者養也。君子既得其養，又好其別。曷謂別？曰貴賤有等，長
> 幼有差，貧富輕重皆有稱者也。(《荀子‧禮論》)

《荀子‧富國》亦提到同樣的話，可見"禮以別異"對富國的重要，而其重要的原因在於"別異"可讓社會有一定的生活秩序，防止人與人之間的爭亂。荀子以爲禮源於先王厭惡人不知節制欲求而造成的爭亂，因而制禮以「養人之欲，給人之求」(《荀子‧禮論》)使得人的欲望和所求的事物，能互有協調。禮要達到節欲止爭的目的除了供養人基本欲求的滿足之外，又必須有"別"。荀子云：

> 夫貴爲天子，富有天下，是人情之所同欲也，然則從人之欲，則勢
> 不能容，物不能贍也。故先王案爲之制禮義以分之，使有貴賤之等，
> 長幼之差，知愚能不能之分，皆使人載其事而各得其宜，然後使愨
> 祿多少厚薄之稱，是夫群居和一之道也。(《荀子‧榮辱》)

"制禮義以分之"的"分"即是"別"的意思。禮所以要依貴賤、長幼、智愚而作分別，主要的原因在於人是群居的動物，有限的物質無法滿足每個人無窮的欲望，如果不加以節制必然產生爭亂，而且物質也有耗費殆盡的時候，

〔註47〕《禮記‧檀弓上》：「陳乾昔寢疾，屬其兄弟而命其子曰：『我死，則必大爲我棺，使吾二婢子夾我。』陳乾昔死，其子曰：『以殉葬，非禮也，況又同棺乎？』弗果殺。」

因此需要有所分別，使物資和欲望相互制約而能長久的保持協調。荀子云：

> 分均則不偏，埶齊則不壹，衆齊則不使。有天有地，而上下有差，
> 明王始立而處國有制。夫兩貴之不能相事，兩賤不能相使，是天數
> 也。埶位齊而欲惡同，物不能澹，則必爭，爭則亂，亂則窮矣，先
> 王惡其亂也，故制禮義分之，使有貧富貴賤之等，足以相兼臨者，
> 是養天下之本也。（《荀子・王制》）

天下之物既然要有所分配，但是如果每個人都要得到最多，那麼就不能遍及
每一個人，而且天地間本來就有上下高低的分別。因此要有貴賤的區分，使
貴賤之間能互相驅使，這才是供養天下的根本。“兩貴之不能相事，兩賤之
不能相使”是自然天數，荀子云：

> 爲人主上者不美不飾之不足以一民也，不富不厚不足以管下也，不
> 威不強之不足以禁暴勝悍也。（《荀子・富國》）

在上位者需要一些外在的文飾來表現他優於一般人；有領導的能力；足以統
治天下。因而貴賤、貧富是維持社會正常運作必然有的區別。

至於“分”的原則即是“義”，荀子云：

> 力不若牛，走不若馬，而牛馬爲用，何也？曰：人能群，彼不能群也。
> 人何以能群？曰：分。分何以能行？曰：義。故義以分則和，和則一，
> 一則多力，多力則彊，彊則勝物，故宮室可得而居也。故序四時，裁
> 萬物，兼利天下，無它故焉，得之分義也。（《荀子・王制》）

人因爲能合群而可以利用萬物，能合群的原因在於有分別，分別之所以爲人
所接受，即是因爲“義”。“義”所指爲何？依荀子所言：「夫義者，內節於
人而外節於萬物者也……內外上下節者，義之情也。」（《荀子・彊國》）“義”
指的是對於天地萬事萬物的節制，並非偏祖於某一事物，因此根據“義”而
有“分”才能爲人所接受。

而“分”的內涵則以“禮”顯示出來。荀子云：

> 人之所以爲人者，非特以二足而無毛也，以其有辨也。……辨莫大
> 於分，分莫大於禮，禮莫大於聖王。（《荀子・非相》）

“分”的內涵由“禮”得到展現，“禮”則是由聖王制定，荀子云：「王者之制，
道不過二代，法不貳後王。道過三代，謂之蕩，法貳後王謂之不雅。衣服有制，
宮室有度，人徒有數，喪祭械用，皆有等宜。」（《荀子・王制》）聖王制禮的目
的即是讓人的一切物用皆有等宜，因此“禮”都是有所分別，荀子云：

古者先王分割而等異之也，故使或美或惡；或厚或薄；或佚或樂；或劬或勞，非特以爲淫泰夸麗也，〔註48〕將以明仁之文，通仁之順也。故爲之雕琢、刻鏤、黼黻、文章，使足以辨貴賤而已，不求其觀；爲之鐘鼓、管磬、琴瑟、竽笙，使足以辨吉凶合歡定和而已，不求其餘。爲之宮室臺榭，使足以避燥溼，養德辨輕重而已，不求其外。(《荀子・富國》)

先王欲施仁於天下，無所分別則無以表現仁，因此制禮使有所分別。而分別的內容，有貴賤，吉凶，器物的分用，德惠的輕重等。「禮以定倫」(《荀子・致仕》)、「禮者，人主之所以爲群臣寸尺尋丈檢式也，人倫盡矣」(〈儒效〉)人倫的親疏尊卑也在禮中呈現，可見"禮以別異"的範圍是非常廣泛的。

　　若分類而言，"禮以別異"的範圍應當包括倫常的分別，如長幼之差、親疏之等。社會地位的分別；如貴賤之等、尊卑之異。才能的分別，如智愚能不能之分、別積厚。自然現象的分類，如別吉凶、貴始得之本。以及政治上的分職，社會上的分工分業等，都是有"分"的作用，以分別各種不同的差異。「禮也者，理之不可易者。樂合同，禮別異。」(《荀子・禮論》) 在喪禮中我們可以清楚找出有關"禮以別異"的例證。首先就"親疏之等"、"貴賤之別"二大類加以說明。

一、親疏之等

　　禮所以產生親疏的差異是由仁而來的，「仁者，人也。親親爲大。……親親之殺，……禮所生也。」(《禮記・中庸》)喪服最能表現親疏之間的差異：

親親，以三爲五，以五爲九。上殺，下殺，旁殺，而親畢矣。(《禮記・喪服小記》)

喪服的精麤已經將不同的親疏關係俱細靡遺的表現出來。《禮記》常以喪服統稱親疏關係不同，藉以說明因親疏而有別的喪禮。例如：

有殯，聞遠兄弟之喪，雖緦必往；非兄弟，雖鄰不往。(〈檀弓上〉)

即是以喪服的形制"緦"，代表自己與族兄弟之間的親疏關係。自己家中有喪事的時候，聽到兄弟的喪事，就算是服緦麻的族兄弟，不管再怎麼遠，也都要趕到。如果是鄰人的喪事，因爲無親屬關係，即使距離很近，也不前往

〔註48〕原作「非特以爲淫泰夸麗之聲」。俞樾曰：「聲」字衍文，「之」爲「也」的誤，今據以改正。

弔喪。再者：

> 父有服，宮中子不與於樂。母有服，聲聞焉不舉樂。妻有服，不舉
> 樂於其側。大功將至，辟琴瑟。小功至，不絕樂。（〈雜記下〉）

也是以喪服代表不同的親疏關係，藉以說明有喪時家中舉樂的相異情況。又：

> 齊衰，望鄉而哭，大功望門而哭；小功，至門而哭；緦麻，即位而
> 哭。（〈奔喪〉）

同樣以喪服的分別，說明奔喪時不一樣的哭泣情況所代表的不同親疏關係。
鄭玄注：「奔喪哭，親疏遠近之差也。」奔喪時，服齊衰的親人，在望見家鄉
時就開始哭泣，服大功的看到家門才哭泣，服小功者抵達家門才哭泣，服緦
麻者就要等到就位以後才哭泣。這些都是以喪服代表不同親疏關係作為說明
喪禮儀節的例子。

孔子處理子弟喪禮的態度亦說明喪禮親疏之等的分別。

> 顏淵死，顏路請子之車以為之椁。子曰：才之不才，亦各言其子也。
> 鯉也死，有棺無椁。吾不徒行以為之椁，以吾從大夫之後，不可徒
> 行也。（《論語·先進》）

孔子面對顏路的請求，一則以為顏路向外求賻，違反喪禮稱財行禮，不求貸
於他人的原則。又考慮到顏路可能因為喪子而悲慟忘禮，因此婉言拒絕，並
且以自己葬伯魚的情況向顏路解釋。二則，孔子想要以對待兒子的態度對待
顏淵，〔註49〕因此認為顏淵的喪禮應該「稱家之有亡」（《禮記·檀弓上》），
所以不願意變賣車馬替顏淵辦喪事。可是孔子遇到舊館人的喪事時卻願意以
車馬作為弔問的賻贈之禮，〔註50〕這中間其實有親疏的考量在內。喪伯魚、
喪顏淵是至親者的喪禮，因此要「喪之以禮」（《論語·為政》）不使至愛者受
辱。而贈舊館人以驂，於禮是太重，但是孔子是以弔問者的身分，有感於喪
家以厚恩待孔子，因而孔子以厚禮回報。這是因為親疏不同而作的考量，並
非錢財厚者就足以代表親情一定較濃。

無服者聞喪時的哭泣位置，也說明喪禮因為親疏而有的差異。

> 伯高死於衛，赴於孔子，孔子曰：「吾惡乎哭諸？兄弟，吾哭諸廟；

〔註49〕《論語·先進》：「顏淵死，門人欲厚葬之。子曰：不可！門人厚葬之。子曰：
回也，視予猶父也，予不得視猶子也，非我也，夫二三子也。」

〔註50〕《禮記·檀弓下》：「孔子之衛，遇舊館人之喪，入而哭之哀。出，使子貢說
驂而賻之。子貢曰：『於門人之喪，未有說驂，說驂於舊館，無乃已重乎？』
夫子曰：『予鄉者入而哭之，遇一哀而出涕。予惡夫涕之無從也。小子行之。』」

父之友，吾哭諸廟門外；師，吾哭諸寢；朋友，吾哭諸寢門之外；
所知，吾哭諸野。於野，則已疏，於寢，則已重。夫由賜也見我，
吾哭諸賜氏。」遂命子貢爲之主，曰：「爲爾哭也來者拜之；知伯高
而來者，勿拜也。」（《禮記‧檀弓上》）

鄭玄注《禮記‧奔喪》「哭父之黨於廟；母妻之黨於寢；師於廟門外；朋友於
寢門外；所識於野張惟。」云：「此因五服喪而哭，列人恩諸所當哭者也。」
哭兄弟、父友，恩情由先祖而來，但是親疏有別因此有哭於廟和哭於廟門外
的差異。哭母妻、師友，恩情由自己而來，可是情有深淺所以有哭於寢和哭
於寢門外的差別。於禮，聞師之喪哭於廟，因爲是承父命而受教，孔子不承
父命而受教於師，所以哭於寢。孔子聞伯高死訊，認爲哭於寢室，恩情還不
夠如此，如果哭於野外，又太過疏遠了。因此在考量親疏深淺之後，以爲在
子貢家哭他是比較合宜的，因爲是子貢介紹他們認識的。可見喪禮哭泣之位
充分顯現生者與死者的親疏關係。

二、貴賤之別

貴賤所代表的是社會地位，地位高者爲貴，低者爲賤。喪禮對於貴賤之
別有明顯的規定，荀子云：

天子棺槨七重，諸侯五重，大夫三重，士再重，然後皆有衣衾多少
厚薄之數，皆有翣菨文章之等，以敬飾之，使生死終始若一，一足
以爲人願，是先王之道，忠臣孝子之極也。天子之喪，動四海，屬
諸侯。諸侯之喪，動通國，屬大夫。大夫之喪，動一國，屬修士。
修士之喪，動一鄉，屬朋友。庶人之喪，合族黨，動州里。刑餘罪
人之喪，不得合族黨，獨屬妻子。棺槨三寸，衣衾三領，不得飾棺，
不得晝行，以昏殣。凡緣而往埋之，反無哭泣之節，無衰麻之服，
無親疏月數之等，各反其平，各復其始。已葬埋，若無喪者而止，
夫是之謂至辱。（《荀子‧禮論》）

社會地位不同，行禮的內容也不一樣，所以「禮不下庶人，刑不上大夫」（《禮
記‧曲禮上》）貴賤之間行禮就有差別。貴如天子有隆重的喪禮，因爲天子的
恩惠是普及天下的，而犯罪者沒有隆重的喪禮，就是給犯罪者最大的侮辱。
荀子云：「禮者以財物爲用，以貴賤爲文，以多少爲異。」（《荀子‧禮論》）
禮是依貴賤作爲文飾的依據，其中又有以"多、少、大、小、高、下、文、

素"〔註51〕爲貴的區別，並不是最多的都是最好的，但是不管如何，貴者一定是受到最好的文飾。

在喪禮儀節的進行中，常常因爲貴賤的分別而有不同的處理方式。荀子云：「君於大夫，三問其疾，三臨其喪；於士，一問一臨。諸侯非疾弔喪，不之臣之家。」（《荀子‧大略》）即說明臣下有大故時，天子問喪的次數依等級而有差異，大夫貴於士，所以問疾臨喪的次數多於士。

大斂的形制也象徵社會生命的等級，〔註52〕「大斂，君大夫士祭服無算，君褶衣褶衾，大夫士猶小斂。」（《禮記‧喪大記》）天子地位尊貴，斂衣較多，因此有不同於士大夫的規定。

棺槨的形制也說明貴賤相異的情況，《荀子‧禮論》記載天子棺槨有七重，諸侯五重，大夫三重，而士則只有二重。《禮記》記載：

> 天子之棺四重：水兕革棺被之，其厚三寸，地棺一，梓棺二，四周皆周，棺束縮二衡三，衽每束一。柏槨以端長六尺。（〈檀弓上〉）

> 君大棺八寸，屬六，椑四寸；上大夫棺八寸，屬六寸；下大夫大棺六寸，屬四寸；士棺六村。（〈喪大記〉）

依《禮記》所記載棺槨制度是天子四重，諸侯三重，大夫二重，士一重。雖然這樣的棺槨制度和荀子的說法有數目上出入，然而皆是以重數多的代表地位高者，以下的逐次遞減。

停殯時間的長短也是依貴賤而分。

> 士三月而葬，是月也卒哭；大夫三月而葬，五月而卒哭；諸侯五月而葬，七月而卒哭。（《禮記‧雜記下》）

地位愈高，交遊愈廣，要較多的時間通知親友奔喪，而且喪禮器具比較隆重所需要的準備時間較長。因此諸侯停殯、卒哭的時間都比士大夫久。

升柩朝祖、送葬時的方式也依貴賤有分別。

> 升正柩，諸侯執綍者五百人，四綍皆銜枚，司馬執鐸，左八人，右八人，匠人執羽葆御柩。大夫之喪，其升正柩也，執引者三百人，執鐸者，左右各四人，御柩以茅。（《禮記‧雜記下》）

〔註51〕《禮記‧禮器》：「禮，有以多爲貴，……有以少爲貴，……有以大爲貴，……有以小爲貴，……有以高爲貴，……有以下爲貴，……有以文爲貴，……有以素爲貴。」

〔註52〕參見林素英，〈從古代的生命禮儀透視其生死觀——以《禮記》爲主的現代詮釋〉，《師大國文所研究集刊》，第三十八號，1994年6月，頁428。

諸侯地位高於大夫因此升柩朝祖、送葬的人數多於大夫。

以上是舉其大要略加說明喪禮儀節所表現的貴賤差異。再者，因為社會地位的不同，可以辦喪禮的能力也不一樣，因此有貧富的分別。《孟子》書上記載魯平公原本要訪求孟子，而後聽信小臣臧倉說孟子"後喪踰前喪"，因此改變主意不願意去找孟子。樂正子得知此事後，對魯平王說明孟子"後喪踰前喪"的道理。

> 樂正子入見曰：「君奚爲不見孟軻也？」(魯平王) 曰：「或告寡人曰：
> 孟子之後喪踰前喪。是以不往見也。」曰：「何哉？君所謂踰者。前
> 以士，後以大夫；前以三鼎，而後以五鼎與？」曰：「否。謂棺槨衣
> 衾之美也。」曰：「非所踰也，貧富不同也。」(《孟子・梁惠王下》)

在此樂正子指出孟子因為貧富不同，所以為母親準備的棺槨、斂衣比父親的還要好。然則貧富的分別，實以貴賤 (前以士，後以大夫) 作為分別的依據，假若因為經商而致富，可是社會地位不足，也不可踰禮。

說明親疏之等、貴賤之別後，另外再就別吉凶、別男女、別貴始、別積厚四點來談。1、吉凶異道，所以不以人殉。明器備而不用。君臨臣喪，以巫祝桃茢執戈。〔註53〕2、男女有別，所以始卒，女子不死於男子之手，男子不死於女子之手。〔註54〕叔嫂不相撫。〔註55〕男女的哭泣方式和位置也不同。3、別貴始，指的是以自然為貴，即是喪禮"尚切"的精神 (按：詳見本章第五節)。4、別積厚則是依祖先德澤厚薄分別祭祀的範圍 (按：詳見本章第六節)。

綜合而言，喪禮表現各類不同的分別。就守喪來談，孝子為雙親守喪，有為父斬衰、為母齊衰其中包涵親疏、尊卑差別。臣為君守喪，則是依貴賤、尊賢的分別而來的。魯哀公曾經問孔子何謂大禮，孔子云：「民之所由生，禮為大，非禮無以節事天地之神也，非禮無以辨君臣、上下、長幼之位也，非禮無以別男女、父子、兄弟之親，昏姻、疏類之交也。」(《禮記・哀公問》)正說出禮以別異的細密內容。

禮以別異的內容，有些是不可改變的，例如長幼、親疏、男女等的分別。有的卻是可以改變，例如尊卑貴賤可以異位，「天下無生而貴者」(《禮記・郊

〔註53〕《禮記・檀弓下》：「君臨臣喪，以巫祝桃茢執戈——惡之也；所以異於生也。喪有死道焉，先王之所難言也。」
〔註54〕見《儀禮・既夕禮記》和《禮記・喪大記》。
〔註55〕《禮記・雜記下》：「嫂不撫叔，叔不撫嫂。」

特牲》）“貴”是需要後天學習努力的。荀子云：「雖王公士大夫之子孫也，不能屬於禮義，則歸之庶人，雖庶人之子孫也，積文學，正身行，能屬於禮義，則歸之卿相士大夫。」（《荀子・王制》）人皆同樣生於天地之間，只要靠後天努力才有君子與小人，貴賤和貧富之分別，禮即是要分別君子與小人，貴賤和貧富，使不足者知道上進以求得滿足。

　　本章以標舉的各基本意涵之間，並非各自獨立或是互相排斥，而是互有關聯、互相融合的關係。首先舉例說明，守喪時以寢苫枕塊表達哀傷之情，這是合於情的表現，但是如果哀毀過度而不合於禮亦是不可以的，「喪不慮居，毀不危身。喪不慮居，為無廟也。毀不危身，為無後也。」（《禮記・檀弓下》）守喪也必須顧及到自身的安危，免得讓父母以後沒有“慎終追遠”的人，「祭之以禮」（《論語・為政》）的孝心也就無法實現。

　　再者，就禮以別異的方面來說，早期儒家喪禮對於人之親疏遠近、地位貴賤有明顯劃分，無非是要讓人明白每個人在社會中所處的角色為何，因此同樣是服三年之喪，地位不同，詳細的服制卻有差別。然而，禮是依各階層所有財物狀況而制定合適的儀節，因此禮的文飾並不是要求舖張浪費。禮文規定具有等級即是考慮到何種身分的人具有多少的能力辦理怎麼的喪事，才有「禮不下庶人」（《禮記・曲禮上》）的說法，因為庶人貧困無足夠的財力備禮。這是從正常的狀況下衡量各階層財物狀況有制定的儀節。如果有禮制允許，財物不足者的情況，亦不可以靠借貸辦理喪事。如因個人財富充足而超過禮制的規定，亦是不合於禮的。

　　另外，就埋葬父母是應該厚葬或是薄葬這個問題來談。如果從孝子回報父母親情的角度來說，應該是厚葬父母，但是從適情權變的角度來看，如果家計較貧困無法事事備禮，那麼只要哀戚之情表達出來就可以了。如果不是因為貧窮的原因，而是財富充足，可以事事具備，也不應該奢侈浪費，而忽略親情的表現。在“合於禮分”、“合於人情”的情況下厚葬父母，不使父母遺體太靠近泥土，或者守喪回報父母恩情都是可以的，這其中的拿捏的標準，依早期儒家說法就要靠人自發的仁心以及遵守禮義的規範。

　　又例如孟子答齊宣王「禮為舊君有服」（《孟子・離婁下》）的問題時，雖然是"適情權變"，但是孟子顯然是以仁義爲論述的原則，符合喪禮"仁義爲重"的意涵。

　　大體而言，喪禮是考量各種情況而制定的。

> 凡禮之大體，體天地，法四時，則陰陽，順人情，故謂之禮。訾之者，是不知禮之所由生也。夫禮，吉凶異道，不得相干，取之陰陽也。喪有四則，變而從宜，取之四時也。有恩、有理、有節、有權，取之人情也。（《禮記・喪服四制》）

喪禮的制定各有其相應的道理，一般人所以會對喪禮有所批評，都是因爲不明白其中的意涵。

> 禮之所尊，尊其義也。失其義，陳其數，祝史之事也，故其數可陳弛，其義難知也。知其義而敬守之，天子之所以治天下也。（《禮記・禮器》）

禮的文飾容易呈現，也容易僵化，知道禮意，而將禮意傳承下去是最重要的。喪禮最主要還是哀情的表達，「禮，與其奢也，寧儉；喪，與其易也，寧戚。」（《論語・八佾》）太過奢華而無哀敬的喪禮，倒不如簡省禮文而能表達哀敬的喪禮。當禮的文飾無法完全具備之時，則要求哀情的表達要足夠，不可追求外在的禮文而忽略禮的眞意。孔子云：

> 喪禮，與其哀不足而禮有餘也，不若禮不足而哀有餘也。祭禮，與其敬不足而禮有餘也，不若禮不足而敬有餘也。（《禮記・檀弓上》）

禮文、哀情無法俱足之時，寧願以哀情爲主。子游曰：「喪致乎哀而止。」（《論語・子張》）孟子云：「親喪，固所自盡也。」（《孟子・滕文公上》）《禮記》則記載「喪，與其不當物也，寧無哀。」（〈檀弓上〉）、「喪禮；哀戚之至也。」（〈檀弓下〉）、「喪禮唯哀爲主矣。女子哭泣悲哀，擊胸傷心；男子哭泣悲哀，稽顙觸地無容，哀之至也。」（〈問喪〉）皆清楚說明喪禮以表達哀情爲重。

第三章　早期儒家喪禮儀節的意義

　　此章論述內容為從始死到三年之喪各階段的喪禮儀節及其意義。早期儒家喪禮的詳細內容因個人地位不同而有差異，大體而言，士人之上依地位尊卑貴賤而有隆殺之別，庶人貧困無以為禮，則參照士人之喪禮加以簡省。可是不論國君、諸侯、卿大夫、士及庶人的喪禮儀節，皆有相同的節目必須進行，即是本章第一節至第十節的內容。另外早期儒家喪禮有等級的區別誠然是事實，這樣的區別是承繼周人注重人文之美，希望透過儀節作用，強調人倫階層的區分，並且以此作為賞罰的依據，以求達到井然有序的社會。〔註1〕但是本章對於不同階級繁簡不一的喪禮並不刻意著墨，而將重點放在生者如何對待親人死亡這件事上面，亦即是喪禮儀節必須關照的三方面——死者遺體、死者靈魂、生者情感，才是我們今日更應該去了解的。

　　生命是人類生存下去最重要的本錢，只要生命繼續存在，一切的價值與理想就有可能實現。但是，人的生命有限；無法永恒的存在，一旦親人亡故之後，平常習以為常的甜蜜與溫馨，剎那間已成為過往雲煙，人的心靈在此時頓然失去依靠，那種彷徨無依、焦慮不安的情緒如何化解呢？「喪事主哀」（《禮記·少儀》）喪禮主要是藉由儀節表達人類喪親的哀情，「禮之大凡，事生，飾驩也；送死，飾哀也。」（《荀子·大略》）早期儒家喪禮即是藉由儀式的進行，一步一步逐漸舒解不安與焦慮，使生者接受親人死亡的事實，重新面對生活，並且恢復以往的和諧與安寧。失去親人的哀情是天下皆同的，穆公的母親去世，派人問曾子應該如何辦喪事，曾子回答說：「申也聞諸申之父

<hr />

〔註1〕參見林素英，〈從古代的生命禮儀透視其生死觀——以《禮記》為主的現代詮釋〉，《師大國文研究所集刊》，第三十八號，1994年，頁445。

曰：哭泣之哀，齊斬之情，饘粥之食，自天子達。」（《禮記・檀弓上》）以哭泣表達悲哀，穿斬衰裳回報恩情，悲傷的只能喝稀飯而吃不下東西，這是天下悲傷時共同的反應，因此有相同的喪禮。

我們需要抒發面對親人死去的悲慟情感，可是如果每個人各行其事，就一個家族或社會而言，如何順利處理喪葬的事情？況且哀情的表達也要有所節制以免傷及生者的生命。

> 辟踊，哀之至也，有算，爲之節文也。袒、括髮、變也；慍，哀之變也。去飾，去美也；袒、括髮，去飾之甚也。有所袒、有所襲，哀之節也。（《禮記・檀弓下》）

孝子及家人喪失親人，哀痛到了極點，男跳躍女撫心的哭泣，如果不加節制，反而會傷害到生者的身體造成另一個悲劇。孫希旦解釋上面這段話時說：「袒、括髮者，飾之變於外也；慍者，情之變於中也。」早期儒家所論的喪禮儀節是"至情至文"的，不僅考慮到內心情感的渲洩，也注意到外在的表現。"文"即是禮文，「禮自外作，故文，……升降上下，周還、裼，襲，禮之文也。」（《禮記・樂記》），"文"是"情"的外在文飾，缺乏"文"而表現出來的"情"會粗率且雜亂。但是"情"與"文"的表現不可有所偏重，"質（情）勝文"或"文勝質（情）"都不是恰當，最好使用內在的"情"與外在的"文"能互相配合，而達到融洽的中庸之道，孔子云：「質勝文則野，文勝質則史，文質彬彬，然後君子。」（《論語・雍也》）劉寶楠正義：「禮有質有文，質者，本也。禮無本不立，無文不行，能立能行，斯謂之中。」鄙略如野人，浮誇如史官，都是有所偏頗，情文並重才是禮的最佳詮釋。以下就喪禮儀節呈現早期儒家情文並重的精神。

第一節　從瀕死到死亡——盡力陪伴、哀毀形變

死亡是人生必經之路，無人能夠倖免，但是何以有的人死的坦然，有的人卻死的萬分痛苦呢？精神科醫師庫伯勒・蘿絲（Kuebler Ross）在研究臨終病人瀕死前心理狀況時指出；當臨死者知道自己將要死亡時通常會經歷——否認與孤立、忿怒、磋商、憂鬱及接受五個階段。〔註2〕經過後來學者的研究，

〔註 2〕 參見庫伯勒・蘿絲（Kuebler Ross）、謝文斌譯，《論死亡與瀕死》，台北：牧童，1973 年，頁 28。

這五個階段的發生並無一定順序，而且可能重複或同時候發生，也不一定每一階段都會經歷。有的人能發展到接受死亡的階段，有的人卻不能，所以有的人可以坦然面對死亡或消極接受死亡，有的人卻始終害怕、畏懼死亡。早期儒家「壽終正寢」〔註3〕的思想可以說是期望一個人盡應盡的責任，然後坦然面對死亡。

> 曾子寢疾，病，樂正子春坐於床下，曾元、曾申坐於足，童子隅坐而執燭。童子曰：「華而睆，大夫之簀與？」子春曰：「止！」曾子聞之，瞿然曰：「呼！」「華而睆，大夫之簀與？」曾子曰：「然。斯季孫之賜也。我未之能易也，元起易簀！」曾元曰：「夫子之病革矣，不可以變。幸而至於旦，請敬易之。」曾子曰：「爾之愛我也不如彼。君子之愛人也以德，細人之愛人也以姑息。吾何求哉？吾得正而斃焉，斯已矣。」舉扶而易之，反席未安而沒。（《禮記‧檀弓上》）

"得正而斃焉，斯已矣"一個人能夠死得所，死得無愧於心，那麼死亡就沒有什麼可怕的，因此曾子在死前無論如何一定要曾元為他更換不合他身分地位的華美草席。曾子病重時曾經告訴弟子說：「啓予足！啓予手！詩云『戰戰兢兢，如臨深淵，如履薄冰。』而今而後，吾知免夫！小子！」（《論語‧泰伯》）曾子在臨死前所擔心的不是"他要死了"這件事，而是"他是否死得其所"、"是否盡了孝道保護好自己的身體"。由於曾子將面對未知的死亡時的壓力轉移到對這一生的檢討，在了解自己已盡一生的責任，了無牽掛之後，就能坦然的面對死亡。只要這一生無愧於心，那麼死亡並沒有什麼可怕的，那只不過是生命的結束，像草枯花落一樣的自然。一個人盡一生的責任，然後死於"正寢"才可算是人生完滿的結束。

〔註3〕 「正寢」原指齋戒、治事或疾病時居住的地方，和平常燕息時的「燕寢」不同。《周禮‧天官‧宮人》：「掌王之六寢之脩。」鄭玄注：「六寢者，路寢一，小寢五。」又《禮記‧玉藻》：「朝辨色，始入。君日出而視朝，退適路寢聽政，使人視大夫，大夫退，然後適小寢釋服。」而《公羊傳‧莊公三十二年》：「公薨于路寢。路寢者何？正寢也。」就天子而言，路寢即是正寢，是治理朝政的地方。就卿大夫、士而言，「正寢」指的是「適室」，《儀禮‧士喪禮》：「死于適室」鄭玄注：「適室，正寢之室也。」孔穎達疏：「若對天子諸侯謂之路寢，卿大夫士謂之適室。」可見「正寢」依地位不同而有分別。因此當我們使用「壽終正寢」一詞時，所謂「正寢」可以概括解釋為死得其所；死於這個人一生應盡責任的地方，本文所用的「正寢」即是此意。至於婦女的「正寢」則是跟丈夫相同。《禮記‧喪大記》：「君夫人卒於路寢，大夫世婦卒於適寢，內子未命，則死於下室。遷尸就寢，士之妻皆死於寢。」

　　以上是從死者角度說明瀕死至死亡這段時間瀕死者的心理。可是，談到死亡必須面對的另外一個問題——什麼情況才稱爲"死"。生死之間的界線到底有多"寬"，我們如何確定一個人已經死亡？以何種情況作爲生與死之間的判斷標準呢？這是一個難以解答的問題。在現今醫療科技進步的情況下，我們或許可以借助於儀器細密的偵測以"功能死亡、腦部死亡、細胞死亡、心臟死亡"等對死亡下定義，〔註4〕然而在科技未發達之時，要如何在生與死的劃分難以確定的情況下證明一個人已經死亡？早期儒家喪禮以何種方法來說明一個人已死亡，使喪禮儀節有一個開始的標準？

> 士處適寢，寢東首于北墉下。有疾疾者齊。養者皆齊。徹琴瑟。疾病，外內皆埽。徹褻衣，加新衣。御者四人，皆坐持體。屬纊以俟絕氣。男子不死婦人之手，婦人不死於男子之手。乃行禱于五祀。（《儀禮·既夕禮記》）

> 疾病外內皆埽。君大夫徹縣，士去琴瑟。寢東首於北牖下。廢床。徹褻衣，加新衣，體一人。男女改服。屬纊以俟氣絕。男子不死婦人之手，婦人不死於男子之手。（《禮記·喪大記》）

"屬纊以俟氣絕"是生死之間判斷的準則，也使喪禮有一個開始的標準。鄭玄注：「纊，今之新綿，易動搖，置口鼻之上以爲候。」拿著受風吹拂易動搖的新綿，放在病重者的口鼻上面，作爲判斷一個人是否還有生氣的徵兆。當新綿不再動搖，表示已無氣息，也就是去世了，就算再怎麼不忍心承認病重的親人已經死去，也只得開始辦理喪事，不能一直辯說他還沒有死。可是親人氣絕之時，孝子仍然不肯放棄親人再次甦醒的希望，因而「行禱于五祀」（《儀禮·既夕禮記》）鄭玄注：「盡孝子之情」，孝子不忍親人死去，因而到處祭祀，只求親人能復生。另外，基於男女不隨便有肌膚之親的忌諱，如果死者爲女性則由女性作"屬纊"這件事，如果爲男性則由男性爲之，這也是希望死得其正，死得不苟且隨便的用意。

　　再者，就死者瀕死之時，生者的情況來談。家中有人病重之時，不可有使用樂器取樂的事情，讓病重者可以安心養病，「父母有疾，冠者不櫛，行不翔，言不惰，琴瑟不御，食肉不至變味，飲酒不至變貌，笑不至矧，怒不至詈，疾止復故。」（《禮記·曲禮上》）這些都說明家中有人病重時，家人憂心忡忡，因

〔註4〕參見黃天仲，《死亡教育概論Ⅱ——死亡教育課程設計之研究》，台北：業強，1992年，頁71。

而行事小心，全心全意的照顧病人直到病好爲止。如果到了彌留之際，家中內外都要打掃乾淨，一方面免得病菌滋生，一方面因家中即將有變故，會有許多親戚朋友來到家中，怎麼可以不注意到居家的整潔，而遭到別人的指指點點；認爲這一家的父母管教子女不當，這樣豈不是讓父母蒙羞。生者讓病重者躺在屋裡幽靜北面牆下，頭向東以吸收朝陽的生氣。脫掉內衣，再換上新的衣裳，讓病人保持清爽，也避免引起探病者對病人感到厭惡。瀕死者四肢各有一個人抓住，以免手腳痙攣。這時家中男女都要改變平常的服飾，因爲家中即將發生異於平常的事情。這些都是家中即將有親人逝去時所必需注意的事情，亦是從外在行爲的改變說明家人對病重者的關愛。

　　死者臨死之時，家人多半希望能陪在他身邊，如前文所舉曾子易簀的故事中，我們可以看出，曾子病疾之時，兒子及弟子都陪伴在身邊，把握最後相聚的時刻。直到親人氣絕之時，家人悲從中來，忍不住啼哭。

　　　始卒，主人啼，兄弟哭，婦人哭踊。(《禮記‧喪大記》)

人的感情、悲哀有深淺的不同，因此有不同的哭泣方式。孝子面對父母死亡就像嬰兒找不到母親，難過到哭不聲音來。因此親人剛死的那一刻，孝子已傷心得嗚咽不成聲。

　　　親始死，雞斯，徒跣，扱上衽，交手哭。惻怛之心，痛疾之意，傷
　　　腎乾肝焦肺，水漿不入口，三日不舉火，故鄰里爲之糜粥以飲食之。
　　　夫悲哀在中，故形變於外也，痛疾在心，故口不甘味，身不安美也。
　　　(《禮記‧問喪》)

親人氣絕之時，孝子原本壓抑在心中的悲哀，再也無法控制的爆發出來，雙手撫著心，不斷的哭泣，哭得非常激動，連帽子、鞋子都丟到一邊去。因而二、三天都吃不下東西，所以廚房都沒有升火，後來在鄰人的幫助以及勸告下才勉強吃一些稀飯。心中萬分悲哀自然而然有撫心痛哭、吃不下食物、拉扯衣服的外在表現。喪禮哭踊等儀節的規定有助於喪親者抒發心中椎心刺骨的哀慟，讓喪親者從死亡的束縛中解脫出來。據精神病理學家的臨床研究指出，居喪者悲傷的反應過度或反應不足都有不良的影響。反應過度使喪親者身體受到損傷，或者馬上可以清楚發現喪親者對實際生活適應不良的情況。因壓抑情緒而反應不足的傷害則出現於日後未預料的時刻，此種悲傷不足的現象，在死亡事件發生時並不引人注目，但是後來卻極具毀滅性。〔註5〕因此

─────────────────

〔註5〕參見艾瑞希‧林德曼（Erich Lindeman），〈極度悲傷的複合症狀及其診治〉，收錄

喪禮規定各種不同的哭泣方式，〔註6〕一方面讓過度悲傷者能得到節制，一方面使無法自然表現悲傷者有遵循的規範，將悲傷的情緒宣洩出來，以免壓抑在心中造成日後不良的影響。

　　就情的表現而言，生命的最後一刻，能得到親人的陪伴是最值得安慰的一件事。生者也希望能把握最後的機會盡量陪伴瀕死者走完最後的旅程。就文的表現而言，瀕死者病重之時，家人改變平常居家生活習慣，全心全意的照顧瀕死者。直到親人撒手離開人世，生者內心的哀慟只好藉著不停哭泣、跳踴的外在動作來舒解。喪禮規定三日不食、哭踴等儀節是順著孝子「悲哀在中，故形變於外也，痛疾在心，故口不甘味，身不安美也」(《禮記‧問喪》)的情況來設計。

第二節　招魂的復禮——最後希望、舉衣尋魂

　　招魂復禮表現“盡人事”的心理。人子對親人的逝世，一時之間感到難以接受，希望藉著復禮使死者的魂魄相合，〔註7〕讓死者起死回生。此儀節與人有靈魂的觀念有關。史前時代，人骨塗朱和甕底鑿孔的埋葬制度，皆說明靈魂的存在為人類自古以來普遍的觀念。〔註8〕但是，復禮的招魂儀節，卻不從死者真能起死回生的迷信觀念來解釋，而是表達仁人孝子親愛親人的道理。

　　　復，盡愛之道也，有禱祠之心焉；望反諸幽，求鬼神之道也；北面，
　　　求諸幽之義也。(《禮記‧檀弓下》)

“復”，招魂復魄之禮，是人子盡其孝親的道理，祈求親人再生。人子於親人始死，情緒激動，希望用盡各種方法讓親人不要死去，因而有招魂儀節向幽陰的北面祈禱親人的靈魂再回到肉體，使親人復生。復禮是表達禱祠的心情，而非行復禮之後死者真的會復活，雖然死者真能復活是生者的希望，但

　　　於威克科克斯(Wlicov，Sandra Grldier)、蘇頓(Sutoon，Marilyin)著，嚴平譯，
　　　《死亡與垂死》國際文化思潮第二輯，北京，光明日報，1990年，頁152～167。

〔註6〕《禮記‧間傳》：「斬衰之哭，若往而不反；齊衰之哭，若往而反；大功之哭，
　　　三曲而偯；小功、緦麻哀容可也。」

〔註7〕《儀禮‧士喪禮》：「復者一人。」鄭玄注：「復，有司招魂復魄也。」孔穎
　　　達疏：「招魂復魄者，出入之氣謂之魂，耳目聰明謂之魄。死者魂神去離於魄，
　　　今欲招取魂來復歸于魄，故云招魂復魄也。」

〔註8〕參見蒲慕州，《墓葬與生死——中國古代宗教之省思》，台北：聯經，1993年，
　　　頁32。

是復禮與死而復活之間並沒有必然的關係，復禮只是"盡愛之道也，有禱祠之心焉"。

復禮進行的方式如下；

> 復者一人，以爵弁服簪裳，于衣左何之，扱領于帶。升自東榮，中屋，北面，招以衣曰：皋某復。三。降衣于前。受用篋，升自阼階，以衣尸。復者降自後西榮。（《儀禮‧士喪禮》）

> 復，有林麓，則虞人設階；無林麓，則狄人設階。小臣復，復者朝服。君以卷，夫人以屈狄；大夫以玄赬，世婦以襢衣；士以爵弁，士妻以稅衣。皆升自東榮，中屋履危，北面三號，卷衣投於前，司服受之。降自西北榮。其爲賓，則公館復，私館不復；其在野，則升其乘車之左轂而復。復衣不衣尸，不以斂。婦人復，不以袡。凡復，男子稱名，婦人稱字。唯哭先復，復而後行死事。（《禮記‧喪大記》）

可知復禮大致進行的情況是，死者近臣穿著朝服行復禮。用來招魂的衣服則因身份不同而有區別，但是都用死者生前最尊貴的衣服，代表對死者的敬重。招魂者一律從東南面的屋翼上屋，而爬上屋子的階梯則由掌林麓的虞人或掌樂中職位最低的狄人準備。招魂者走到屋棟正中央，拿著衣服向北方喊著死者的名字，喊三次成禮之後，將衣服捲好往前丟，掌管衣服者就拿著篋接住衣服由東階登堂把衣服蓋在尸上，但是不用這件衣服作爲大小斂之用。招魂者再由西北面的屋翼下屋。

復者（招魂者）爲什麼採用小臣穿朝服，據孔穎達疏，取其親近之意；小臣者死者親近之臣，朝服者死者日常所穿的衣服，希望死者魂神看到熟悉的人、物能知道回來的方向。[註9] 復者喊死者名字時，男子稱名、婦人稱字，婦人如果沒有字則稱姓再上加伯仲，不知道姓則稱氏。[註10] 另外復者"升自東榮"、"降自西北榮"，表示自東榮而上爲求生之意，既然求之不得，不忍空虛的從所求不得的地方回去，所以從幽陰的西北方下屋，不從正東、正北則因爲東西屋翼的中間偏高不方便升降。[註11] 從登上屋頂、招魂的方向以及招魂時用的衣服、說的話都表示希望死者復生的深切期望。

〔註 9〕詳見《儀禮‧士喪禮》：「復者一人。以爵弁服簪裳，于衣左何之，扱領于帶。」之孔穎達疏。及《禮記‧喪大記》：「小臣復，復者朝服。」之孔穎達疏。

〔註10〕《禮記‧喪服小記》：「復與書銘，自天子達於士，其辭一也。男子稱名，婦人書姓與伯仲，如不知姓則書氏。」

〔註11〕詳見《禮記‧喪大記》：「降自西北榮。」之孔穎達疏。

至於行復禮的地點，除了自己家中的屋子之外，因身分地位不同、去世的地方不同，也有在其它地方行復禮的。

> 君復，於小寢、大寢；小祖、大祖；庫、四郊。（《禮記‧檀弓上》）
>
> 諸侯行而死於館，則其復如於其國。如於道，則升其乘車之左轂，以其綏復。……大夫士死於道，則升其乘車之左轂，以其綏復。如於館死，則其復，如於家。……爲君使而死於公館，復；私館不復。公館者，公官與公所爲也。私館者，自卿大夫以下之家也。（《禮記‧雜記上》）

到死者生前曾經居住或死去的地方行招魂的儀節，主要出發點是認爲死者靈魂可能留連在熟悉的或死去的地方並未離開。死者氣絕之時，孝子及家人已難過得哭泣，哭過之後行復禮。如果行復禮之後，死者還沒甦醒，大家應該可以接受親人恐怕眞的是去世的事實，那麼復禮之後的飯含、襲、斂的喪禮儀節也可以再進行下去。〔註12〕

生命消失的那一刹那，除了悲哀痛哭，心中還抱有一絲絲復生希望，舉衣尋魂的復禮則是滿足孝子祈求親人復生的最後希望。經過舉衣尋魂的外在儀節之後，親人無法回生，孝子就應該接受親人亡故的事實。

第三節　飯含、襲與斂——事死如生、錦衣玉食

有關死亡的情緒是極端複雜的，其中包含敬愛死者、恐懼死亡和厭惡屍體等互相矛盾的心情。「喪有死之道焉，先王之所難言也」（《禮記‧檀弓下》）鄭玄注：「言人之死有如鳥獸死之狀，鳥獸之死人賤之。聖人不明說爲人甚惡之。」聖人雖然不明說人厭惡死亡的心理，但是藉由喪禮儀節將因爲失去生命而變形的屍體洗淨、裝飾，以減低人對死亡的厭惡。荀子云：

> 喪禮者，以生者飾死者也，大象其生以送其死也，故事死如生，事亡如存，〔註13〕終始一也。始卒，沐浴、鬠體、飯含，象生執也。不沐則濡櫛三律而止，不浴則濡巾三式而止。（《荀子‧禮論》）

〔註12〕《禮記‧喪大記》：「唯哭先復，復而後行死事。」鄭玄注：「氣絕則哭，哭而復，復而不蘇，可以爲死事。」

〔註13〕原作「如生如生，如亡如存」，俞樾以爲義不可通，上兩「如」字誤也，當作「事死如生，事亡如存」。並引篇末「哀夫敬夫，事死如事生，事亡如事存」，證此文之訛，今據以訂正。

喪禮是以生人之道文飾死者，儘量仿效原本對待生者的態度對待死者，即是事生事死，始終如一，不因死亡而異於以前活著時對待他的態度。一個人氣絕之後，就開始幫他洗澡、整理頭髮、修剪指甲、將米貝放入死者口中，就像他還活著的時候侍奉他的樣子來做這些事情，讓他保持整齊清潔的外貌以及不會餓著肚子。沐浴的地點是「掘中霤而浴。」（《禮記‧檀弓上》），就在正室中，孔穎達疏：「中霤，室中也。死而掘室中之地作坎，一則言此室於死者無用，二則以床架坎上，尸於床上浴，令水入坎中也。」在正室中挖個洞，雖然破壞房間地面，但是也表示死者已不會再用這間房間，而且可以就近將床架在坎上，浴尸的水就可以直接倒入坎中。

整個浴尸的詳細過程如下：

> 管人汲，不說繘，屈之，盡階不升堂，授御者。御者入浴，小臣四人抗衾。御者二人浴，浴水用盆，沃水用枓，浴用絺巾，挋用浴衣，如它日。小臣爪足。浴餘水棄于坎。其母之喪，則內御者抗衾而浴。管人汲，授御者，御者差沐于堂上。君沐粱，大夫沐稷，士沐粱。甸人為垼于西牆下，陶人出重鬲。管人受沐，乃煮之；甸人取所徹廟之西北厞薪，用爨之。管人授御者沐，乃沐。沐用瓦盤，挋用巾，如它日。小臣爪手翦須。濡濯棄于坎。（《禮記‧喪大記》）

由這段記載我們知道浴尸可細分為“浴”、“沐”二部分，前者是用水擦拭身軀、四肢，後者指用煮過的洗米水擦拭頭髮及臉部。據《儀禮‧士喪禮》記載浴尸是一定要進行的儀式，但是荀子云：「不沐則濡櫛三律而止，不浴則濡巾三式而止。」（《荀子‧禮論》）恐怕是世人有略過此儀節，〔註14〕故荀子以為就算不做到仔細浴尸過程，至少將梳子沾溼在頭髮上梳三下，用溼毛巾在死者身上擦三下才可以。其實在整個浴尸的過程中我們必須注意到“如它日”的意思，孔穎達正義：「它日，謂平生尋常之日也。」孫希旦集解：「如它日者，如生時之常法。」即是如同死者生前的情況，以平常的態度為死者沐浴。親人活著的時候如果生病無法自己沐浴，你可以因為愛他而幫他洗淨身體，現在如果因為親人已死就略去不做，豈不是欺侮無知覺的人，因此幫死者洗淨身體是必須的。但是，再怎麼說，親人確實已經死亡，身體也因為死亡而變形，人本能對屍體感到厭惡，或者不忍看到親人變成毫無感覺的、

〔註14〕《荀子‧禮論》：「不沐則濡櫛三律而止，不浴則濡巾三式而止。」揚倞注：「士喪禮尸無有不沐浴者，此云「不」，蓋末世多不備禮也。」

可怕的樣子，因而浴尸的喪禮由二人執行，旁邊還用四個人拿衣被遮住，不讓死者的樣子讓其他人看到。〔註15〕

　　除了浴尸之外，還有楔齒、綴足、飯含等儀節也是同一段階段進行的連續動作。

　　　　復，楔齒，綴足，飯，設飾，帷堂並作。（《禮記‧檀弓上》）

楔齒，用角質的匙撐開死者的嘴巴，讓死者嘴巴不會因為僵硬而緊閉，以方便行飯含之禮。綴足；「毀灶以綴足。」（《禮記‧檀弓上》）以灶几固定死者的腳，可以方便替死者穿鞋子。孔穎達疏：「毀灶以綴足者，一則示死者無復飲食之事，二則死人僵冷，足辟戾不可著屨，故用毀灶之甓，連綴其足令直，可著屨也。」死者已不需用灶煮食，所以可以毀灶綴足。飯含；以生米、貝類放入死者口中，其含意有二，一是荀子云：「飯以生稻，唅以槁骨，〔註16〕反生術矣。」（《荀子‧禮論》）以將生的稻米和白色貝類放入死者口中是希望死者能反於生的方法。一是；「飯用米貝，弗忍虛也；不以食道，用美焉爾。」（《禮記‧檀弓下》）即認為飯含用米具是不忍死者空著肚子，至於不用煮熟的食物，則是因為生米為天然的食物，具有自然的生機，而熟食放久會改變味道，不夠精美。飯含時用米的數量因為不忍死者空虛，因此以放滿死者嘴巴為準，〔註17〕至於放貝的數目因為貴賤貧富不同而有差別，〔註18〕但是飯含「弗忍虛則無致死之不仁，不以食道則無致生之不知。」〔註19〕的用意是生者為死者著想的"仁"、"知"表現。設飾，即是襲，指為死者穿衣、整理儀容之事，荀子云：「設褻衣，襲三稱，縉紳而無鉤帶矣。」（《荀子‧禮論》）衣服沒有鉤帶則表示死者不需要脫掉這些衣服。帷堂是張帷於堂上。以上這些事都是一時並起，同一階段連續完成的動作。

　　依《儀禮‧士喪禮》記載，帷堂之後有二次"卒斂徹帷"的動作，可見

〔註15〕《禮記‧喪大記》：「御者入浴，小臣四人抗衾。……內御者抗衾而浴。」鄭玄注：「抗衾，蔽上，重形也。」又孫希旦集解：「抗，舉也。四人舉衾，四隅各一人也。舉衾，可令浴而不至於形也。」

〔註16〕楊倞注：「槁骨，貝也。」劉師培云：「骨，貝之訛，槁當作皓，白色也。」

〔註17〕《儀禮‧士喪禮》：「主人左扱米，實于右，三。實一貝，左、中亦如之，又實米唯盈。」孔穎達疏：「唯盈取滿而已者，以經左右及中各三扱米，更云實米唯盈則恐不滿是以重云唯盈也。」

〔註18〕《禮記‧雜記下》：「天子飯，九貝；諸侯七，大夫五，士三。」

〔註19〕金鶚，《求古錄禮說‧喪禮飯含考》，續經解三禮類彙編，台北：藝文，1986年，頁146。

設帷堂有二個時候，一個是小斂時的帷堂，設在戶內。一個是大斂時的帷堂設在阼階。〔註20〕第一次徹走帷堂是在小斂之後，曾子曰：「尸未設飾，故帷堂，小斂而徹帷。」〔註21〕（《禮記・檀弓上》）依曾子的意思，帷堂是因為尸還沒有裝飾完畢恐怕引人厭惡而設置的，小斂之後，尸已裝飾完備所以徹走帷堂。第二次徹走帷堂則是大斂之後，其理由恐怕同於小斂徹帷之意。至於大、小斂的區別則因為斂尸的地點、替死者穿衣的繁簡不同等而分。大體而言，襲指的是替死者穿在最裡面的那件衣服，並且用"冒"包好遺體，小斂則再加外面的一層衣服，大斂則依死者生前的地位再多加幾件衣服，並將死者移入棺中。"冒"的設置也是為了掩藏死者遺體不讓人產生反感，避免死者遭受到輕視。

> 冒者何也？所以掩形也。自襲以至小斂，不設冒則形，所以襲而後
> 設冒也。（《禮記・雜記下》）

孔穎達疏：「冒所以掩，蓋尸形未襲之前，事須沐浴，自既襲以後，以至小斂，雖已著衣，若不設冒，則尸象形見，為人所惡，是以襲而設冒也。至小斂之時，則以衣總覆於冒上。」正明白說出設"冒"的用意。其實，從另一角度來說，"冒"也說明生者對死者的敬重與關愛，不忍死者死後讓別人鄙棄。

從襲到小斂大約需要三天的時間，小斂以後即可大斂。

> 或問曰：死三日而后斂〔註22〕者何也？曰：孝子親死，悲哀志懣，
> 故匍匐而哭之，若將復生然，安可得奪而斂之也。故曰三日而后斂
> 者，以俟其生也；三日不生，亦不生矣。孝子心亦益衰矣；家室之
> 計，衣服之具，亦可成矣；親戚之遠者，亦可以至矣。是故聖人為

〔註20〕　《禮記・喪大記》：「小斂於戶內，大斂於阼。」故知小斂時的帷堂設在戶內，大斂時的帷堂設在阼階。

〔註21〕　《禮記・檀弓上》於曾子曰之後又記載：「仲梁子曰：夫婦方亂，故帷堂，小斂而徹帷。」鄭玄注已言「方亂」非也。孫希旦集解又以男女同在尸側應該在小斂徹帷之後，馮尸之時。因此小斂徹帷的原因應該是曾子所說的「尸未設飾」。

〔註22〕　「三日而后斂」的「斂」應指小斂而言。孔穎達疏：「三日斂者，以士言之則大斂也；以大夫言之，則小斂也。」孫希旦集解：「三日而后斂，謂小斂也。士雖以二日而斂，雖死有早晚，如日晚而死，死日不及襲，則明日乃襲，又明日及斂，固事之所必至矣。記者欲明斂之遲，故總據三日發問也。」依「三日而后斂」後文記載的內容來看，之所以三日後才斂第一個理由為孝子等待親人是否可以醒來所以不忍馬上行斂禮，而孔氏之說以為「以士言之則大斂」那麼對士而言，大斂之前已行的小斂是否意味士人已忍心親人的離去，既然小斂時已忍心，大斂時則沒有不忍心的理由，故應以孫希旦之說較為合理。

以斷決以三日爲之禮制也。(《禮記·問喪》)

聖人爲什麼以"三日而后斂"爲禮制呢？其原因有三，一是親人剛死，孝子及家人滿懷悲哀，趴在遺體上痛哭，好像死者會因爲他們的痛哭叫喊而能復活，這時怎麼忍心從孝子及家人手中奪走遺體急著入斂呢？所以等三日後再入斂，讓孝子及家人有時間可以等待親人的甦醒，經過三天還不甦醒，也就大概不會醒了，他們也應該逐漸放棄期待復生的信心。二是家裡準備辦喪事的工作和衣服器具經過這段時間也可以完成。所謂「喪具，君子恥具，一日二日而可爲也者，君子弗爲也。」(《禮記·檀弓上》)仁人君子不事先準備好喪具，因爲這樣好像在期待他人趕快死亡似的，因此從始死之後才開始準備喪具，到斂之前的時間應該可以大致準備好喪具。三是復禮之後，叔伯或堂兄已派人向遠親報喪，〔註23〕遠親要奔喪者，三天時間應該也可以趕到。因此三日而斂，配合生者的情感的轉變，應該是合情合理的儀節。

從襲到斂，生者懷著"事死如生"的心情對待死者，能多盡一分心意，也就多一分心安，因此以完好的服飾、精美的食物爲死者穿戴整齊，不讓死者餓肚子。而且經過層層的裝飾，無疑將死者與生者之間的距離逐漸拉開，讓生者接受死者已不可以再親近的事實。所以喪禮飯含、襲與斂的儀節是以錦衣玉食的外在文飾表現生者"事死如生"的情感。

第四節　殯以待葬——調適感情、足期備物

"殯"指大小斂之後，遺體放入棺中，棺柩停放在殯廟，然後進入停殯以等待埋葬的儀節。遺體即將入棺，孝子及家人的心情更是悲傷到極點，他們的情感如何渲洩？

> 三日而斂，在床曰尸，在棺曰柩，動尸舉柩，哭踊無數。惻怛之心，
> 痛疾之意，悲哀志懣氣盛，故袒而踊之，所以動體安心下氣也。婦人
> 不宜袒，故發胸擊心爵踊，殷殷田田，如壞牆然，悲哀痛疾之至也。
> 故曰：辟踊哭泣，哀以送之。送形而往，迎精而反。(《禮記·問喪》)

將移動死者或將尸移入空棺中的時候，孝子都會忍不住的哭泣跳躍。由於孝子心中的不忍，痛心疾首，悲哀滿懷，傷心之情已升到最高點，悲哀煩悶充

〔註23〕《禮記·檀弓上》：「復，……父兄命赴者。」孫希旦集解：「孝子喪親。悲痛迷亂，故凡赴告之人，皆父兄爲命之。惟赴於君則親命，敬君也。」

塞胸中，所以要脫去上衣、用力踩腳，使孝子因為身體的動作逐漸安定情緒、平靜血氣。婦女不適合脫去上衣，所以敞開一點胸口，用手搥著心胸，像雀鳥一樣的跳躍，那種"殷殷田田"的聲音，就好像益土築牆時，〔註24〕發出"砰！砰！"的響聲，這是悲哀、痛苦之情的最高表現。搥胸、頓足、痛哭流涕，以悲哀的心情送走親人的形體，再接回親人的精神。「樂以迎來，哀以送往」(《禮記·祭義》)孝子以哭泣、踩腳的方式發洩心中的悲傷與煩悶，正如同《禮記·樂記》形容人快樂時發洩心情的情況一樣：「歌之為言也，長言之也。說之，故言之；言之不足，故長言之；長言之不足，故嗟歎之；嗟歎之不足，故不知手之舞之，足之蹈之也。」快樂時可以高興得手舞足蹈，那麼孝子不忍親人離去，傷心得搥胸、踩腳實在是悲哀心情的最高表現。但是哭得太過份又會傷害生者的身體，所以「哭盡哀而止」(《禮記·奔喪》)。又；殯之前可以隨時哭泣，但是殯之後只能朝夕哭，平常若忍不住的還想哭泣則不可在他人的前面哭泣，〔註25〕即是要懂得逐漸控制悲傷的情緒，這是先王作禮樂以節制人情的表現。〔註26〕

　　小斂在戶內，大斂在阼階，停殯的地點則有不同，《禮記》曾記載孔子死前七日與子貢的一段相處情形；

> 孔子蚤入，負手曳杖，消搖於門，歌曰：『泰山其頹乎！梁木其壞乎！哲人其萎乎。』既歌而入，當戶而坐。子貢聞之曰：『泰山其頹，則吾將安仰？梁木其壞，哲人其萎，則吾將安放？夫子殆將病也。』遂趨而入。夫子曰：『賜！爾來何遲也？夏后氏殯於東階之上，則猶在阼也；殷人殯於兩楹之間，則與賓主夾之也；周人殯於西階之上，則猶賓之也。而丘也殷人也。予疇昔之夜，夢坐奠於兩楹之間。夫明王興，而天下其孰能宗予，予殆將死也。』蓋寢疾七日而沒。〈檀弓上〉

〔註24〕　王夢鷗將「如壞牆然」的「壞」是訛字，應作「坏」才是正確，「坏牆」即是益土築牆之意。以益土築牆解釋婦人「發胸擊心爵踊，殷殷田田。」的聲音和形態，較孔穎達疏：「言將欲崩倒。」更好解釋清楚。詳見王夢鷗，《禮記今註今譯》，台北：商務，1992年，頁902。

〔註25〕　《儀禮·士喪禮》：「朝夕哭，不辟子卯。」鄭玄注：「既殯之後朝夕及哀至乃哭」孔穎達疏：「殯後阼階下，朝夕哭，廬中思憶則哭。」又《禮記·檀弓上》：「父母之喪，哭無時，使必知其反也。」孔穎達疏：「哭無時有三種；一是未殯之前，哭不絕聲；二是殯後，除朝夕哭之外，廬中思憶則哭；三是小祥之後，哀至則哭，或一日二日，而無朝夕之時也。」

〔註26〕　《禮記·樂記》：「先王之制禮樂，人為之節；衰麻哭泣，所以節喪紀也。」

孔子死前是否真的做了這樣一個神奇的夢，我們不得而知，但是這段記載告訴我們有關停殯地點的訊息。夏人以為死者剛死，和活著沒有很大的區別，所以停殯在東階的主人之位，還把死者當作一家人看待。周人以為死者已死不同於生，所以殯在西階的賓客之位，將死者視為客人。殷人以為鬼神應居於尊位，所以將死者停殯在堂上最尊貴的位置——兩楹之間。這是不同朝代的人對死亡的看法不同所以有不同的停殯的地點。據《儀禮・士喪禮》記載大斂卒斂徹去帷堂之後：「主人奉尸斂于棺……乃蓋。」鄭玄注：「檀弓曰殯於客位。」鄭氏注引用《禮記・檀弓上》之言，認為殯於西階客位上。細察《儀禮・士喪禮》在殯後的儀節活動範圍，鄭氏殯於西階的說法是合理的。

至於停殯的時間要多久呢？荀子以為士大夫停殯三個月才出葬，諸侯五個月，天子七個月。

> 三月之殯，何也？曰：大之也，重之也，所以致隆也，所致親也，將舉錯之，遷徙之，離宮室而歸丘陵也，先王恐其不文也，是以縣其期，足之日也。故天子七月，諸侯五月，大夫三月，皆使其須足以容事，事足以容成，成足以容文，文足以容備，曲容備物之謂道。

（《荀子・禮論》）

士停殯三個月最主要的原因即是對於喪事不敢草率，所以要重大其事。為什麼對喪事要慎重不可草率呢？因為最尊敬、最親愛的人即將被搬動，要離開生前居住的宮室遷徙到丘陵埋葬，先王擔心禮文不夠周備以致於草率成事，所以使喪期延長，讓時間充裕足以準備所需的事項。〔註 27〕天子七月，諸侯五月，大夫三月是依據死者生前地位、備禮能力的不同而作的規定，然而都是讓時間寬裕從容，可以成事成文，使禮文完備，所謂道（禮）即是委曲從容使事物完備。這是崇尚禮文，謹慎處理死事的表現。

停殯的期間，需要在日出及日落之前舉行奠祭，像活著時早晚吃飯的樣子。〔註 28〕其實設奠在始死之時即開始，只不過始死之時，因為設奠食物來不及準備，而且不忍馬上改變死者生前的飲食習慣，因此以家中現藏的醃漬食物為主。〔註 29〕小斂時的奠祭則加上豬的特牲，大斂則同於小斂再加上魚

〔註27〕《禮記・檀弓上》：「既殯，旬而布材與明器。」

〔註28〕《禮記・檀弓上》：「朝奠日出，夕奠逮日。」孫希旦集解：「喪既殯以後，未葬以前，每日朝夕設奠於殯宮。……朝夕奠，以象生人之朝夕食。生人日已出而朝食，日未入而夕食，故奠亦放之。」

〔註29〕《禮記・檀弓上》：「曾子曰：始死之奠，其餘閣也與！」孫希旦集解：「朱

類食物，〔註 30〕殯後的朝夕奠亦如同始死奠祭的食物，遇到朔望才用豬、魚等物品如同死者生前吃豐盛的食物一樣。〔註 31〕

　　我們知道從斂、殯到葬有一連串的等待過程，其中的意義可以由荀子的話作爲總結說明：

> 禮者，謹於吉凶不相厭者也。紸纊聽息之時，則夫忠臣孝子亦知其
> 閔已，然而殯斂之具，未之有求也；垂涕恐懼，然而幸生之心未已，
> 持生之事未輟也；卒矣，然後作具之。故雖備家必踰日然後能殯，
> 三日而成服。然後告遠者出矣，備物者作矣。故殯久不過七十日，
> 速不損五十日，是何也？曰：遠者可以至矣，百求可以得矣，百事
> 可以成矣；其忠至矣，其節大矣，其文備矣，然後月朝卜日，月夕
> 卜宅，然後葬也。當是時也，其義止，誰得行之！其義行，誰得止
> 之！故三月之葬，其貌以生設飾死者也。殆非直留死者以安生也，
> 是致隆思慕之義也。（《荀子·禮論》）

荀子以爲殯的時間最久不超過七十天，最快不少於五十天。因爲禮是謹愼於吉凶的分別。在親人病革，孝子拿著新綿觀察親人氣息的時候，忠臣孝子已經知道情況很危急了，然而還不去準備殯斂用具。原因是忠臣孝子雖然哭泣恐懼，但是盼望親人甦醒的心仍然還沒有絕望，養生的事情還沒有停止，因此不準備喪具，不讓吉凶之事互相侵掩。一直等到氣絕身死，才開始準備喪具，所以就算是富有的人家也要超過一天後才殯斂，三天才成服，赴告喪事的人才出門，一切物事才能準備。未葬之前需要一段時間停殯以等待埋葬，讓遠親可以來得及奔喪，而喪事的各種需要也可以具備，這是忠臣孝子忠誠、愼重其事使禮文具備的表現。在埋葬之前還要卜筮決定埋葬的日期和地點，如果埋葬的日期有先後，則選擇離現在較遠的那一天。〔註 32〕到這時候，該做的都做了，誰還有理由不讓死者安葬呢？所以三月而葬的意思是從生者需

　　子曰：自葬以前，皆謂之奠，其禮甚簡。蓋哀不能文，而於新死者亦未忍
　　遽以鬼神之禮事之。愚謂鬼神依於飲食，始死即設奠，所以依神也。〈士喪
　　禮〉「脯、醢、醴酒，升自阼階，奠於尸東」，是也。餘閣者，用閣上所餘
　　脯、醢以奠，一則以仍其生前之食而不忍遽易，一則以用於倉卒之頃而不
　　及別具也。」
〔註 30〕詳見《儀禮·士喪禮》禮文。
〔註 31〕《禮記·檀弓上》：「有薦新，如朔奠。」孫希旦集解：「殯後朝夕奠，醴、酒、
　　脯、醢而已。朔奠視大斂，士則特牲三鼎，其禮盛，象生人朔食則盛饌也。」
〔註 32〕《禮記·曲禮》：「凡卜筮日，……喪事先遠日，吉事先近日。」

要時間準備喪葬時所用的器物，及等待遠親的奔喪，並不是真的留下著死者來安撫生者，這實在是要讓忠臣孝子可以從容的表現最高的尊敬與思念的道理。這是從理智上說明何以需要停殯等待入葬。

如果從情感的表現上來說，移尸入棺，難免觸動生者情感。入棺之後，親人的遺體又離得更遠，更加不可親近，如何不會傷心，因此停殯到入葬之間需要時間讓生者的心靈得到調適。而且經過這一連串的等待過程，死者還不會復活，生者在心靈上應該更能接受親人死亡是無可挽回的事實。

總之，殯以待葬這段時間讓生者可以調適情感，這是為生者情緒著想。有足夠的時間處理準備喪具、通知親友等事情則是配合情感的外在文飾。

第五節　啟殯至下葬——深深牽引、從柩及壙

據《儀禮・既夕禮》記載啟殯至下葬的大概過程；有司向主人請示啟殯的日期，到啟殯那天熟習商禮的祝喊三聲"噫興"詔告死者魂神"要啟柩了"共喊三次。然後用軸車遷柩于祖廟。到祖廟時要設祖奠。商祝用布帷裝飾、固定柩車以便出發。柩車在廟中直到下葬之前，喪家要輪流哭泣，不能讓哭聲停頓。下葬之時先除去前面飾棺的物品，再綁上下棺的繩子。下葬之後返回祖廟哭泣。

啟殯至埋葬之間先有遷移靈柩到祖廟朝拜祖先的儀節代表死者的孝心，《儀禮・既夕禮》「遷于祖」鄭玄注：「象平生將出必辭尊者。」朝祖廟的儀節就像是平常出門時要向長者辭行，讓長者知道你的行蹤，所謂「父母在不遠遊，遊必有方」（《論語・里仁》）、「為人子者，出必告，反必面」（《禮記・曲禮上》），因此在靈柩要啟程下葬之前先到祖廟祭拜，表示死者如同活著的時候一樣的孝順，出門一定告訴長者。

> 喪之朝也，順死者之孝心也。其哀離其室也，故至於祖、考之廟而
> 后行。殷朝而殯於祖，周朝而遂葬。（《禮記・檀弓下》）

將要埋葬之前，生者以車子載靈柩前往祖廟祭拜，是順著死者為人子出門、回家必定告訴長者的孝心。死者靈魂會因為他即將要永遠離開家中而感到難過，所以要先到祖、考之廟辭行，然後才能安心的離開。《儀禮・既夕禮》「升自西階」鄭玄注：「猶用子道，不由阼也。」即是讓死者用為人子的態度告別長上。殷人較質樸，他們敬畏鬼神，所以人死就視為鬼神，因此在葬之前先

朝祖廟，然後就直接殯於祖廟。周人崇尙禮文，親人雖然亡歿，仍然以活著的態度對待死者，不忍心馬上將死者視爲鬼神，因此先殯於屋室，等朝祖廟之後再下葬。這是殷周二代喪禮的不同，但是皆說明生者爲死者設想的心意，而《儀禮·既夕禮》所記載正是周代的喪禮。

朝祖廟之後，靈柩必須啓程前往下葬的地點，這是一段有去無回的旅程，所謂迭葬，指的就是此儀節而言。因爲棺柩沈重，而且這一趟不歸的旅途，將送走多少親情與悲哀，大家的腳步也不知不覺的沈重。這時候最需要親情、友情互相扶持，因而在這段過程中有執引、執紼的儀節。

　　　　弔於葬者必執引，若從柩，及壙，皆執紼。（《禮記·檀弓下》）

鄭玄注：「示助之以力。車曰引，柩曰紼。」顯然執引、執紼指的都是大家出力幫助柩車前進以及靈柩下葬。至於引、紼的區別，《儀禮·既夕禮》「屬引」鄭氏注：「屬，猶著也。引所以引柩車，在軸輴曰紼。」孔穎達疏：「引，謂紼繩屬著於柩車。云在軸輴曰紼者，士朝廟時用軸，士大夫以上用輴，故並言之。言紼見繩體，言引見用力，故鄭注周禮亦云在車曰紼，行道曰引。」依此，"引"；以力引柩車前進的意思。"紼"；指柩車上的繩索而言。那麼前文所引的鄭注「車曰引，柩曰紼。」如何解釋清楚？如果我們要將鄭注「車曰引，柩曰紼。」解釋爲在車子稱爲引，在靈柩稱爲紼，則與鄭注周禮「在車曰紼，行道曰引。」之言相違背。如果我們將「車曰引」的「車」視爲動詞，那麼「車曰引」可解釋成引車的動作稱爲引，但是如此一來「柩曰紼」將不得其解。實際上要將「引」、「紼」做一個明顯的劃分，必須從使用的時間場合來談。

《禮記·典禮上》「助葬必執紼」孔穎達正義：「繩屬棺曰縮，屬車曰引，引、紼亦通名。」《禮記·檀弓下》「弔於葬者必執引，若從柩，及壙，皆執紼。」孫希旦集解：

> 引、紼一物也。在塗時屬於柩車，謂之引；載時及至壙，說載除飾皆屬於棺，謂之紼。〈王制〉疏云：「停住之時，指其繒體，則謂之紼；若在塗，人挽而行之，則謂之引。」是也。

因此"引"、"紼"是同一種東西在不同狀態下的不同稱呼，依此解釋，那麼鄭注的「車曰引，柩曰紼。」「引所以引柩車，在軸輴曰紼」、「在車曰紼，行道曰引。」皆可以說得清楚。然而"引"、"紼"雖然指的是同樣物品，卻不宜將"引"、"紼"混合稱呼，應該說「繫在柩車上便於牽引車子的繩索爲『引』，繫在棺柩上便於移動棺柩的繩索爲『紼』。」〔註33〕送葬者在到道路上幫助柩車前進稱爲執引，跟隨靈柩到達墓地，幫助靈柩下葬則稱執紼。

陪死者走完最後一段旅途，以及入葬後返家的過程中，孝子心情是如何轉變呢？

> 其往送也，望望然汲汲然如有追而弗及也。其反哭也，皇皇然若有求而弗得也。故其往送也如慕，其反也如疑。（《禮記・問喪》）

跟隨親人靈柩前往埋葬的地點，孝子心中有著深深的孺慕之情。葬畢返家的途中，孝子不忍心將已故親人獨自留在那裡，亦擔心親人的魂神沒有跟隨著他回家，因而頻頻回頭，遲疑不行。

> 孔子在衛，有送葬者，而夫子觀之，曰：「善哉爲喪乎！足以爲法矣？小子識之。」子貢曰：「夫子何善爾也？」曰：「其往也如慕，其反也如疑。」子貢曰：「豈若速反而虞乎？」子曰：「小子識之，我未之能行也。」（《禮記・檀弓上》）

孔子以爲某個衛國人的送葬儀節可以作爲榜樣的原因是；孝子在送葬時，他的神情就像小孩子急急的跟隨著父母啼哭的樣子。下葬後回來，孝子耽心親人遺體孤獨的在那裡沒有親人陪伴，又害怕親人的神靈不知道是否有跟著回來，因而在回家的路上遲疑不前。但是子貢以爲照喪禮儀節的進行應該趕快回家舉行虞祭安頓親人的靈魂，怎麼反而遲疑不前呢？子貢提出的疑惑正是禮的文飾與禮的本質的問題，孔子則以「祭祀者禮之文，哀戚者乃禮之本。」〔註34〕解決子貢的疑惑，亦即是孔子以爲在情文無法俱備的情況下，情感的表現更勝於禮的外在文飾，因此深深讚美在衛國看到的送葬儀節，認爲孝子能做到"其往也如慕，其反也如疑"已經眞切達對父母的愛慕與思念，這也就是喪禮的最重要意義。

啓殯至下葬是一段不歸的旅程，生者心中深深眷戀已故的親人，因此喪禮安排朝祖、執引、執紼等外在儀節，讓生者幫助死者達到「出必面，反必告」（《禮記・曲禮上》）的孝心，也使生者跟隨靈柩陪死者走完眞正的不歸路。

〔註33〕參見周何，《古禮今談》，台北：國文天地，1992年，頁178。

〔註34〕《禮記・檀弓上》：「子貢曰：「豈若速反而虞乎？」子曰：『小子識之，我未之能行也。』」清孫希旦集解：「子貢恐反遲則虞祭或違於禮，而不知祭祀者禮之文，而哀戚者乃禮之本也。夫子言己未能行，自抑以深善之。」

第六節　葬與墓——珍藏遺體、飾棺封墓

　　喪禮說明生死之間的區別，讓生者表達悲哀、尊敬的情感，也讓死者的遺體得到周密的珍藏，荀子云：

> 喪禮者，無它焉，明死生之義，送以哀敬而終周藏。故葬埋，敬藏
> 其形也。(《荀子・禮論》)

埋葬遺體應該以最誠敬、珍愛的態度。中國社會自古以來就流行土葬，依現今的考古資料來看，新石器時代多樣的喪葬習俗中，至少有土葬和用陶器日用品陪葬這兩點是從黃河流域到長江流域大體一致的。或許新石器時代的人有其它處理遺體的方式，在現今考古材料中不容易看得出來，但普遍一致的土葬，顯然是當時所接受的、最正統的葬法，這是中國人"入土為安"的喪葬傳統源頭。〔註35〕

　　其實，談到以土葬珍藏遺體的方式，可以從棺槨制開始說起。

> 有虞氏瓦棺，夏后氏堲周，殷人棺槨，周人牆置翣。(《禮記・檀弓上》)

有虞氏用的是瓦作的棺，夏后氏則在瓦棺外面加一層燒過的土，殷人有內棺外槨的分別，到周人禮文加盛，在棺槨外立屏障作為牆，牆上再裝飾著畫有彩繪類似扇子的翣。可見從有虞氏到周人，埋葬的形制隨著環境不同有逐漸隆重的趨勢。孔穎達正義說明整個演變的過程：

> 古之葬者厚衣之以薪，葬之中野；有虞氏造瓦棺，始不用薪。然有
> 虞氏瓦棺，則未有槨也。夏后瓦棺之外堲周，殷則梓棺以替瓦棺，
> 又以木為槨，以替堲周，周人更於槨傍置柳、置翣扇，是後王之制
> 以漸加文也。

周人以棺槨之外再加裝飾，已為周代以後的人所接受，例如孔子死時，弟子公西赤即是用周人方式替孔子準備棺槨。〔註36〕何以周人棺槨形制為人接受呢？孫希旦集解：「古時喪制質略，至後世而漸備，為之棺槨而無使土親膚，為之牆、翣而使人勿惡，凡以盡人子之心，而非徒為觀美而已。」古時喪制較簡略，「蓋上世未嘗有不葬其親者，其親死，則舉而委之於壑。」(《孟子・滕文上》)古人見到親人遺體受到動物的摧殘，不禁難過的從額頭流下汗來，也不敢正視這種場面，趕快回到家中拿了工具將親人埋在泥土之下。漸漸人

〔註35〕　參見王明珂，〈慎終追遠——歷代的喪禮〉，《敬天與親人》中國文化新論宗教
　　　　　禮俗篇，台北：聯經，1982 年，頁 311。
〔註36〕　《禮記・檀弓上》：「孔子之喪，公西赤為志焉。飾棺牆翣設披，周也。」

類對器具的使用更加進步，可以製作更好的東西，在此情況下，基於人子的孝心，用內棺外槨的層層保護使親人遺體不要與泥土太接近，又用牆、翣裝飾使別人看了不會產生厭惡的心理，以免親人死了還受到輕視，這實在是孝子敬愛親人想要好好珍藏親人遺體的表現。

另外，據齊國大夫國子高的說法，葬埋遺體其實只是為了掩藏遺體而已：

> 葬也者，藏也；藏也者，欲人弗得見也。是故，衣足以飾身，棺周
> 於衣，槨周於棺，土周於槨；反壤樹之哉。（《禮記‧檀弓上》）

國子高崇尚節儉，以為人死之後只要準備衣服棺槨，將遺體掩藏好，再埋入土中就可以，何必封壤、種樹作為標誌。孔子則主張堆起土堆以標示墓地，讓孝子找得思念親人的地方。

> 子既得合葬於防，曰：「吾聞之，古墓而不墳；〔註37〕今丘也，東西
> 南北人也，不可以弗識也。」於是封之，崇四尺，孔子先反，門人
> 後，雨甚，至，孔子問焉曰：「爾來何遲也？」曰：「防墓崩。」孔
> 子不應。三。孔子泫然流涕曰：「吾聞之：古不修墓。」〔註38〕（《禮
> 記‧檀弓上》）

如果這段記載屬實，那麼封壤種樹的喪禮實自孔子開始。孔子認為古時的墓，表面與地齊平，並沒有堆高泥土成為墳的習慣，但是孔子封親人之墓的理由——自己是到處行走、居無定處的人，以後恐怕會不記得親人埋葬的地點，因而封壤做為標誌，希望以後有個地方可以追念親人。可是這個願望冥冥之中亦不得成全。對於這件事孔子感傷自己先不合禮於前，所以接著發生弟子修墓，違背喪事即遠的意義。〔註39〕

可是，由於封墓具有提供孝子日後尋找親人墓地，以及避免別人重複挖同樣墓地的意義，後來封壤種樹的封墓就成為大家遵行的喪禮之一。至孔子死時，子夏即用斧的形式為孔子封墓。

> 孔子之喪，有自燕來觀者，舍於子夏氏。子夏曰：「聖人葬人與？人

〔註37〕《禮記‧檀弓下》：「天子七日而殯，七月而葬。諸侯五日而殯，五月而葬。大夫，士庶人，三日而殯，三月而葬。三年之喪，自天子達，庶人縣封，葬不為雨止，不封不樹，喪不貳，自天子達於庶人。」

〔註38〕《禮記‧檀弓上》：「易墓，非古也。」

〔註39〕《禮記‧檀弓上》：「古不修墓」孫希旦集解：「古不修墓，蓋亦喪事即遠之意。〈喪服四制〉曰：『苴衰不補，墳墓不培，示民有終也。』言此者，自傷其不能謹之於始，以致違禮而脩墓也。」

之葬聖人也。子何觀焉？昔者夫子言之曰：吾見封之若堂者矣，見若
坊者矣，見若覆夏屋者矣，見斧者矣。」從若斧者焉，馬鬣封之謂也。

今一日而三斬板，而已封，尚行夫之志乎哉。（《禮記‧檀弓上》）

子夏認爲應該爲孔子封墓，但是又不宜用的太奢華，因此用斧的形制，狹小
又容易做，就像當時所說馬鬣封的樣子，在一天內板築三次就可以完成，可
算是繼承孔子「與其奢也，寧儉」〔註40〕的教誨。

　　至於葬的地點則因爲鬼神尚幽暗通常在北方，並且以尸首向北的方式埋
葬，不同於殯的時候孝子以活人態度對待死者，不忍遽然將死者視爲鬼神，
所以尸首向南。〔註41〕孝子並且希望能將新死的親人和以前死去的親人合
葬。《禮記‧檀弓上》曾記載季武子准許杜氏將親人合葬在他屋子西階下，並
且准許他們在屋子裡哭泣，季武子的理由是「合葬非古也，自周公以來，未
有改也。」〔註42〕自周以來，合葬即爲人所接受，孔子曰：「衛人之祔也，離
之；魯人之祔也，合之，善夫。」（《禮記‧檀弓下》）據孔穎達正義；衛人以
生時男女須隔開居處，死時應該各藏一棺一壙，魯人則將夫婦之棺槨同藏一
壙之中，意思是死不同於生，不須隔開，所謂 "穀則異室，死則同穴" 所以
孔子以爲魯人的合葬方式較好。《周禮》記載：

墓大夫掌凡邦墓之地域，爲之圖。今國民族葬而掌其禁令，正其位，
掌其度數，使皆有私地域。凡爭墓地者，聽其獄訟。（〈春官‧墓大夫〉）

已說明合族而葬是當時的需求，也符合生時聚族而居，死時同穴而葬的親愛
之情。

就整個葬與墓的儀節來看，情與文之間要互相配合才是恰當，並不是
只要用隆重的牆翣裝飾靈柩就可以。《禮記》記載這樣一件事情；延
陵季子適齊，於其反也，其長子死，葬於嬴博之間。孔子曰：「延
陵季子吳之習於禮者也。」往而觀其葬焉。其坎深不至於泉，其斂以時

〔註40〕《論語‧八佾》：「林放問禮之本。子曰：『大哉問！禮，與奢也，寧儉。喪，
　　　　與其易也，寧戚。』」
〔註41〕《禮記‧檀弓下》：「葬於北方，北首，三代之達禮也，之幽之故也。」孔穎
　　　　達疏：「葬於國北及北首者，鬼神尚幽闇，往詣幽冥故也。殯時仍南首者，孝
　　　　子猶若其生，不忍以神待之。」
〔註42〕《禮記‧檀弓上》：「季武子成寢，杜氏之葬在西階下，請合葬焉，許之。入
　　　　宮而不敢哭。武子曰：『合葬非古也，自周公以來，未有改也。吾許其大而不
　　　　許其細，何居？』命之哭。」又《禮記‧檀弓上》：「舜葬於蒼梧之野，蓋三
　　　　妃未之從也。季武子曰：周公蓋祔。」季武子以爲合葬始於周公。

服。既葬而封，廣輪揜坎，其高可隱也。既封，左袒，右還其封且號
者三，曰：「骨肉復于土，命也。若魂氣則無不之也，無不之也。」
而遂行。孔子曰：「延陵季子之於禮也，其合矣乎。」（〈檀弓下〉）

吳國延陵季子在昭公二十七年時出使齊國。在回國的路上，他的長子死了，
只好將長子葬在齊國境內的嬴博（今泰山縣）之間。延陵季子是當時吳國熟
習於禮的人，孔子前往弔喪，並且看看季子如何埋葬他的長子。在倉促無法
備禮的情況下，季子參照常禮而有所簡省，墓穴的深度只要不碰到泉水，而
墓穴大小足以放得下棺木就可以了，斂的時候就以當時平常穿的衣服。封墓
的高度不太高，以人俯身碰得到高度做為標準。封墓之後，季子左手袒，然
後從墓的東邊面向西，先向南走再自向北走，圍繞墓墳走三圈，並且一邊走
一邊說：「我的骨肉，你會被會埋在此是無可奈何的事，這實在是你的命。
你的尸柩不能跟我回去吳國，但是魂氣是無所不往的，希望你的魂氣能跟著
我回去。」這樣的做法雖然簡略，但是，在環境不允許的情況下，季子的做
法已經做到安葬遺體，接回死者魂神的意義，因此得到孔子合於禮的讚美。
可見以棺槨、牆翣、封墓等形制珍藏遺體是生者的希望爲死者做到的事，但
是如果因此忽略禮意的表達，只注意形式上的華美也是不合禮的。

　　喪禮葬與墓的儀節，就情的表現來談，是生者想要珍藏親人遺體。就文
的表現來說，即是經由棺槨、牆翣、封墓以達到生者珍藏親人遺體的意義。

第七節　虞祭──安頓靈魂、特豕饋食

　　親人遺體已經埋入土中，這是從有形轉變到無形的變化，孝子及家人悲
從中來，在返家途中不斷哭泣，回到家中，看見景物依舊，卻再也尋不著親
人，此時更加感受到親人已經永遠離開的事實。

　　　反哭升堂，反諸其所作也；主婦入于室，反諸其所養也。（《禮記‧
　　　檀弓下》）

孝子返回到親人生前平時祭祀祖先，以及爲他舉行冠禮、昏禮（古稱“婚禮”
爲“昏禮”）的地方，卻再也無法看見親人再做這些事情。主婦回到平常孝
養親人的地方，悲哀的是她再也不能奉養親人了。未埋葬之前，哭泣時還有
遺體在身邊，還有一點點祈求親人復活的希望，現在堂上找不到，室中也尋
不著，什麼都沒有了，失去親人感受更加確實，他們哀傷的情緒，只能藉由

哭泣來發洩。

> 其反哭也，皇皇然若有求而弗得也。……。求而無所得之也，入門
> 而弗見也，上堂又弗見也，入室又弗見也。亡矣！喪矣！不可復見
> 矣！故哭泣辟踊，盡哀而止矣。心悵焉、愴焉、惚焉、愾焉，心絕
> 志悲而已矣。祭之宗廟，以鬼饗之，徼幸復反也。（《禮記・問喪》）

親人眞的是逝去，除了哭得搥胸踩腳之外，也沒有其它的辦法，此時孝子及
家人心中悵恨悽愴、恍惚愾歎，再也無可奈何、想不出任何辦法了。這時所
能做的不是祈望親人復生，而是以鬼神之道祭祀已故的親人。因此，葬後返
家就以安魂的虞祭，接替埋葬前在殯宮舉行的有如事生的朝夕奠。

> 朝夕哭，不奠。三虞，卒哭，明日以其班祔。（《儀禮・既夕禮》）

鄭玄注：「虞，喪祭名。虞，安也。骨肉歸于土，精氣無所不之。孝子爲其彷
徨，三祭以安之。」肉眼可以看見的形體已歸於大地，孝子及家人相信親人
的精氣無所不再，可以跟隨著他們回到家中，因而在原本停殯的地方舉行的
祭拜儀式，希望能安頓親人的鬼魂。試觀三虞時的祝辭云：

> 始虞用柔日。曰哀子某，哀顯相，夙興夜處不寧。敢用絜牲剛鬣、
> 香合、嘉薦、普淖，明齊溲酒，哀薦祫事，適爾皇祖某甫。再虞，
> 皆如初，曰哀薦虞事。三虞，卒哭，他用剛日，亦如初，曰哀薦成
> 事。（《儀禮・士虞禮記》）

用比較淺白的話來說，第一次虞祭時的祝辭，哀子某（喪主），哀顯相（眾主人），
他們早晚都因爲思念您（已故親人）而感到不安，冒昧的用洗乾淨的豬、黍、
菹醢以及用乾淨的新水釀的酒哀祭，您將要與家族的祖先同在一起，永遠受到
子孫的尊敬，如此安排，您應該可以安心。〔註43〕請再多用一些食物。第二次
虞祭時的祝辭和始虞的時候一樣，只有最後一句改爲"哀薦虞事"其意爲告訴
親人的鬼魂請他安心享受食物。第三次虞祭時的祝辭和始虞的時候相同，只是
最後一句改成"哀薦成事"，告訴親人鬼魂虞祭結束，明天就可以合於祖廟爲
神，可以永遠待在祖廟，請他安心。一而再，再而三的虞祭祝辭，無非表達孝
子祈求親人的鬼魂能得到安頓的希望。而且孝子及家人不忍親人的鬼魂有一天
的時間四處游離不知道往何處去，因此埋葬的當天就急著要舉行虞祭。

> 即反哭，主人與有司視虞牲，有司以几筵舍奠於墓左，反，日中而

〔註43〕《儀禮・士虞禮記》：「哀薦祫事」鄭玄注：「始虞謂之祫事者，主欲其祫先祖
　　　　也，以與祖先合爲安。」

　　虞。葬日虞，弗忍一日離也。是日也，以虞易奠。(《禮記‧檀弓下》)
「送形而往，迎精而反」(《禮記‧問喪》)，孝子及家人傷心的送走親人的遺
體之後，在彷徨無依的失落中，希望能接回親人的魂神，不忍心讓親人有一
天的時間無所依靠，因此在入葬後，反哭到回家時即舉行虞祭。虞祭是為了
讓孝子及家人可以安頓死者的靈魂而設計的。對於人死後靈魂是否存在，依
現今人類的智慧似乎還是無法得到確定的答案，然而在不知有無的情況下，
人們心中還是存著一絲絲希望，因此孝子及家人在遍尋親人不著，確定親人
外在形體已不再可以見到時，轉而希望親人的鬼魂能得到適當的安頓，因而
在親人的鬼魂可能流連未去的殯宮舉行虞祭，請他安心使用食物。

　　到虞祭這天就可以改"奠"為"祭"。據《儀禮‧士喪禮》及〈既夕禮〉
的記載，埋葬之前的皆稱為"奠"，例如始死之奠、小斂之奠、大斂之奠、……
朝祖之奠到葬奠為止都稱為"奠"，意思是喪禮中設置酒食以定鬼神的位
置，因為人死之後遺體不能代表鬼神，所以陳設脯醢醴酒在遺體的東邊，作
為奉獻供養的定位，也使孝子及家人哭拜時有憑依的對象。〔註44〕到虞祭時，
附於祖先的"神主"〔註45〕還沒有做好，親人遺體又已埋葬，因而找孫姪輩
作為祭拜時的對象，〔註46〕如果沒有孫姪輩則以衣服代替，〔註47〕這時的情
況就不同於埋葬之前，因此稱"祭"而不稱"奠"。

　　就情感表現而言，虞祭是為孝子想要安頓死者靈魂的願望而設計。至於
禮文的表現上，根據《儀禮‧士虞禮》的記載則是以"特豕饋食"來祭祀死
者，使死者靈魂有所歸依。

第八節　卒哭與祔祭——昇華感情、以吉易喪

　　虞祭之後主要是卒哭、祔祭二項儀節。

　　　三虞，卒哭，明日以其班祔。(《儀禮‧既夕禮》)

鄭玄注：「卒哭，三虞之後祭名，始朝夕之間哀到則哭，至此祭止也，朝夕哭

〔註44〕參見周何，《古禮今談》，台北：國文天地，1992年，頁220～221。
〔註45〕《左傳‧僖公三十三年》：「凡君薨，卒哭而祔，祔而作主，特祀於主。」
〔註46〕《儀禮‧士虞禮》「祝迎尸」鄭玄注：「尸，主也，孝子之祭不見親之形象，
　　　必無所繫，立尸而主意焉。」
〔註47〕《儀禮‧士虞禮》「祭成喪者必有尸……，無尸，則禮及薦饌，皆如初。」鄭
　　　玄注：「禮謂衣服即位升降。」

而已。」又「祔，卒哭之明日，祭名，祔猶屬也，祭昭穆之次而屬之。」虞祭之時，孝子已真正的體會到親人形體永遠消失的事實，難過悲傷之餘，轉而將原本祈求親人復生的念頭，改為希望親人的鬼魂能得到永遠的安息，即是以神明的態度對待親人的鬼魂，這種悲傷情緒的昇華，主要表現在喪禮卒哭和祔祭之中。

　　孝子為親人的逝世，發自內心的難過、哭泣，並不是哭給別人看的，是真情的流露，可是如果一直哭泣，恐怕不知如何停止，因而有卒哭的儀節，告訴孝子，親人的遺體已經埋葬，親人的鬼魂也即將列於祖廟，事情已暫時告一段落，應該可以停止哭泣。

> 卒哭曰成事，是日也，以吉祭易喪祭，明日，祔於祖父。其變而之
> 吉祭也，比至於祔，必於是日也接——不忍一日末有所歸也。殷練
> 而祔，周卒哭而祔。孔子善殷。（《禮記‧檀弓下》）

鄭玄注：「成祭事也，祭以吉為成。」卒哭後，即是完成祭事，以吉祭的方式代替喪祭，第二天就接著舉行祔祭，將代表親人鬼魂的“神主”附於祖廟，之所以在卒哭隔天就舉行祔祭實在是孝子不忍親人的鬼魂有一整天的時間不知往何處去。其實，照喪禮儀節的進行，“神主”之前，先有“銘”、“重”代表死者的身分與鬼魂。人死了以後，我們不知道如何分別形貌，於是先有銘旌〔註48〕作為識別的標誌。據《儀禮‧士喪禮》記載，銘在復禮之後，依死者身分不同而製作的。如果是沒有任命的士，則用長一尺寬三寸的緇布，再綴上長二尺寬三寸的橙色布，並且在橙色布的部分寫上「某氏某之柩」。〔註49〕因為愛他，尊敬他，所以用代表他身分的布帛記下他的姓名作為象徵。〔註50〕另外，與“銘”相關的“重”，則於襲之後製作。鄭玄注《儀禮‧士喪禮》以為“重”是用木頭做的，並且鑿洞懸掛銘旌，取其重累之意所以稱為“重”；孔穎達疏：「重與主皆是錄神之物」。〔註51〕“主”；

〔註48〕《禮記‧檀弓上》：「設崇，殷也。綢練設旐，夏也。」孔穎達疏：「案〈既夕〉，士禮有二旌：一是銘旌，初死，書於上，曰：「某氏某之柩」，葬則入壙。二是乘車之旌。」

〔註49〕《儀禮‧士喪禮》「為銘，各以其物。亡。則以緇長半幅，經末長終幅，廣三寸，書銘于末曰：「某氏某之柩」。」

〔註50〕《禮記‧檀弓下》：「銘，明旌也，以死者為不可別已，故以其旗識之。愛之，斯錄之矣；敬之，斯盡道耳。」

〔註51〕《儀禮‧士喪禮》：「重，木刊鑿之。……祝取銘，置于重。」鄭玄注：「木也，縣物焉曰重，刊斲鑿之為縣簪孔也。」孔穎達疏：「重與主皆是錄神之物」

指祔祭時所用的"神主"，在祔祭之前並無"主"讓親人魂神可以依託，因而有"重"暫時代替"主"，「重，主道也」(《禮記·檀弓下》) "重"也是代表死者靈魂的意思。"銘"綴在"重"上面，但是埋葬時"銘"跟著埋入壙中。〔註52〕至於"重"呢？根據殷人的做法將"重"和"主"綴在一起。周人則是做好"主"之後將"重"埋在門外的左邊。〔註53〕

在喪禮儀節中"主"即是神祖，其材料雖然依地位尊卑有木、石、草、帛等區別，〔註54〕但是不管材料為何其意義皆是代表一個無限永恒生命的存在。《左傳·僖公三十三年》記載：「凡君薨，卒哭而祔；祔而作主，特祀於主。」杜預注：「以新死者之神祔之於祖。尸柩已遠矣，孝子思慕，故造木主立几筵焉。」孔穎達正義：「祔是以新死之神，祔之於祖也。於此之時，葬已多日，尸柩既已遠矣，孝思慕彌篤，彷徨不知所至，故造木主立几筵以依神也。」皆說明"神主"讓親人的鬼魂可以依託，也讓孝子在以後的追思中有一個憑藉的對象，而祔祭則是將新死的親人鬼魂合於祖廟的實際行動。依周人的喪禮祔祭之後，"神主"就直接置於祖廟，殷人則先迎回正寢，直到小祥之後才置於祖廟。孔子以為殷人的做法比較好，因為殷人的作法讓孝子有時間漸漸接受親人已成為鬼神的事實。〔註55〕然而不管殷人或周人的作法，祔祭的儀節皆是為了使孝子將親人視為鬼神，讓悲傷情感能得到昇華，不要再那麼難過。

另外要提到「卒哭乃諱」(《禮記·曲禮上》) 這件事情。

> 卒哭而諱，生事畢而鬼事始已。(《禮記·檀弓下》)

卒哭代表吉祭和喪祭之間的轉變，卒哭之後的避諱也是因為生者之事與鬼神之事的不同而來。據人類學家的研究"諱"可解釋為，人們害怕觸怒鬼魂，因而不敢提起死者的名字。〔註56〕另外則是解釋成一種地位的轉變，並非畏

〔註52〕《儀禮·既夕禮》：「祝取銘置于茵。」茵為下葬時所用來墊棺木的器物，銘置茵上，可見銘亦葬入壙中。

〔註53〕《禮記·檀弓下》：「重，主道也，殷主綴重焉；周主重徹焉。」鄭玄注：「始死未作主，以重主其神也。重，既虞而埋之，乃後作主。……殷人作主，而聯其重縣諸廟也，……周人作主，則埋其重於門外之道左。」

〔註54〕參見章景明，《殷周廟制論稿》，台北：學海，1979年，頁120～132。

〔註55〕《禮記·檀弓下》：「重，主道也，殷主綴重焉；周主重徹焉。」孫希旦集解引朱子曰：「吉凶之禮，其變有漸，故始死全用事生之禮，既卒哭祔廟，然後神之。然猶未盡變，故主復於寢，至三年而遷於廟也。」

〔註56〕參見弗雷澤（J.G.Frazer）著，汪培基譯，《金枝》(上)，台北：桂冠，1991年，頁376～382。

鬼而有諱。何謂地位的轉變？即是對死者而言，他已失去存在的意義。對生者而言，隨著死者的逝去，生者的責任義務亦隨之改變。例如三代同堂的家庭中，祖父去世，祖母或父親就必須有一人接替祖父生前的地位成為一家之主，掌管家中大大小小的事情。〔註57〕因此，從人類學的角度來說，"諱"有畏鬼而諱，或是代表家庭地位轉變這兩種可能。

　　孟子對於"諱"卻有不同於人類學家的看法。公孫丑問孟子何以曾子不吃羊棗而吃美味的肉食，孟子回答說：

　　　　膾炙，所同也；羊棗，所獨也。諱名不諱姓，姓所同也，名所獨也。

　　《孟子·盡心上》）

原來是曾晳生前喜歡吃羊棗，曾子在曾晳死後因為吃羊棗就會想到父親，因而不吃羊棗。吃肉是大家喜歡吃的，吃羊棗則是曾晳特別的嗜好，就如同避尊親的諱只避名不避姓，因為姓是大家共有的，名則是尊親獨有的。因而曾子避父親的名，也不吃父親喜歡吃的羊棗，實在是一提到父親的名或吃到羊棗就會想到父親，所以不忍心提起父親的名或吃羊棗。從孟子的觀點來看，卒哭之後的避諱實在是人子對已故親人親情的自然流露，而這種流露方式和親人始死時激烈的哭泣相比，顯然是溫和多了。

　　當親人遺體已葬埋；靈魂也已安頓好，喪禮也該有一個段落，「卒哭曰成事，是日也，以吉祭易喪祭」（《禮記·檀弓下》），喪親者應該收拾悲傷，不要常常哭泣，將內心的傷痛昇華為對已故親人的追思。所以"以吉易喪"的卒哭儀節是喪親者昇華感情的外在禮文。卒哭後的祔祭即屬於吉祭，將死者祔於祖先，永遠懷念死者，更是情感昇華的具體表現。

第九節　三年之喪——孝心永續、居廬服勤

　　"三年之喪"指的是為父母守喪三年。《論語·陽貨》曾記載孔子與弟子宰我對三年之喪有不同的看法。宰我以為三年之喪，時間太久，如果君子三年的時間不為禮樂，那麼必會禮壞樂崩。〔註58〕因此認為如同舊穀新穀的更換以一年為期就可以。但是，孔子以為君子在居喪期間，感念父母的恩情，對父母的逝去發自內心的難過，因而吃好吃的食物不覺得甜美，聽到好

〔註57〕　參見李亦園，《信仰與文化》，台北：巨流，1985年，頁151～153及157。
〔註58〕　《禮記·檀弓上》：「父母之喪，三年不從政。齊衰、大功之喪，三月不從政。」

聽的音樂也不覺得快樂，也不會想到居住的地方是否安適，所以才會不吃好吃的食物、不聽美好的音樂、不住舒適的地方。孝子願意爲父母守喪三年，是爲了回報父母養育的恩情，這完全是發自內心的孝心行爲，因此孔子提倡三年之喪。然而，宰我並不能體會這一層用意，孔子只能反覆告訴宰我"女安則爲之"，並且感嘆宰我的"不仁"。暫且放下孔子與宰我的看法，孰是孰非的問題，孔子主張以三年之喪表達孝子對父母孝心的延續，而就喪禮儀節進行來算，所謂三年只是概略的稱呼，並不是眞的足足滿三十六個月。

> 期而小祥，又期而大祥，中月而禫。（《儀禮・士虞禮記》）

孔穎達正義：「自祔以後至十三月小祥，故云期而小祥。……二十五月大祥祭，故云復期也。」據此從祔祭到第十三個月行小祥祭，第二十五個月大祥祭，而禫則是在第二十七個月。據鄭玄注：「中，猶間也。禫祭名也，與大祥間一月，自喪至此月二十七月，禫之言，澹澹然平安意也。」又孔穎達疏：「知與大祥間一月，二十七月禫，徙月樂，二十八月復平常。」第二十七個月的禫有歸於平淡之意，到第二十八個月才一切恢復平常，因此從祔祭到禫的喪期實際計算則有二十七個月，而非三十六個月。

但是孔子云三年之喪，應當指的是二十五個月而不是二十七個月。即是到大祥結束就算是三年之喪，而不是算到禫。

> 魯人有朝祥而暮歌者，子路笑之。夫子曰：「由，爾責於人，終無已
> 夫？三年之喪，亦已久矣夫。」子路出，夫子曰：「又多乎哉，踰月
> 則其善也。」（《禮記・檀弓上》）

雖然魯人"朝祥而暮歌"的情況受到子路的嘲笑，孔子也以爲如果再多守喪幾天，讓時間跨過一個月則更好，但是孔子也對子路說魯人的"朝祥而暮歌"已稱得上是難能可貴，因爲"三年之喪，亦已久矣夫"。可見到大祥就可算是三年之喪。另外，《禮記・檀弓上》記載子夏、子張除喪見孔子這件事，鄭玄注：「除喪，既祥也。」因此到大祥之後就算是三年之喪完畢，可以食肉、彈琴、唱歌。〔註59〕荀子亦云：「三年之喪，二十五月而畢。」（《荀子・禮論》）因此三年之喪到第二十五個月的大祥就算結束。至於大祥之後是隔一個月禫，或是大祥那個月即禫，可能與喪事筮日的情況有關。例如，假設大祥在一月二十日，禫的日期依卜筮結果可能在八日後有吉日，或者在十二日後有

〔註59〕《禮記・檀弓上》：「孔子既祥，五日彈琴而不成聲，十日而成笙歌。」〈檀弓上〉又云「是月禫，徙月樂。」〈喪大記〉：「祥而食肉。」

吉日，如果取前者則是當月禫，取後者則是大祥的下一個月禫，據「喪事先遠日」（《禮記・曲禮》）的原則來看應該取遠日爲佳。但不論如何，從大祥到可以歌樂應該至少跨過一個月的時間，讓除喪服到變爲吉服之間不至於那麼倉促。〔註60〕又，大祥之後「非喪之正」，〔註61〕只是緩衝孝子未盡的悲哀，因此從禫到樂可以再延二個月的時間。

孝子何以守三年之喪呢？荀子云：

> 創巨者其日久，痛甚者其愈遲，三年之喪稱情而立文，所以爲至痛極也。齊衰、苴杖、居廬、食粥、席薪、枕塊，所以爲至痛飾也。（《荀子・禮論》）

三年之喪的時間那麼長，其實是爲了撫平最重的傷痛設計的，因爲傷痛愈深，需要平復的時間也愈久。孝子在服喪期間穿喪服、拿喪杖、只吃粥以及居住在不舒適的地方，應該都是孝心的自然表現。

> 成壙而歸，不敢入處室，居倚廬，哀親之在外也；寢苫枕塊，哀親之在土也。故哭泣無時，服勤三年，思慕之心，孝子之志也，人情之實也。（《禮記・問喪》）

孝子因爲親人被埋在外面的泥土之下，心中感到不忍，也因爲失去父母而思念不已，因此需要三年的時間平復思慕與不忍的心情。從居處的環境也可以看出喪禮如何以漸進的方式改變孝子心情，使他漸趨於平靜。

> 父母之喪，居倚廬，寢苫枕塊，不說絰帶。既虞卒哭，柱楣翦屏，芐翦不納。期而小祥，居堊室，寢有席。又期而大祥，居復寢。中月而禫，禫而床。（《禮記・閒傳》）

父母始死，孝子住臨時搭起的住所。卒哭之後住好一點，所以有屏障。小祥住在堊室，睡覺有席子，但是不睡床。〔註62〕大祥則搬回原來的寢居，還是不睡床，直到禫之後才睡床。飲食方面，「既虞，……食疏食水飲；既練，……始食菜果，飯素食」（《儀禮・喪服傳》），亦是有漸進的過程。

〔註60〕《禮記・檀弓上》：「孟獻子禫，縣而不樂，比御而不入。夫子曰：『獻子加於人一等矣。』」孫希旦集解：「祥後所以有禫者，正以大祥雖除衰杖，而餘哀未忘，未忍一日即吉，故再延餘服，以伸其未盡之哀，以再期爲正服，而以二月爲餘哀，此變除之漸而制禮之意也。」

〔註61〕《禮記・檀弓上》：「孟獻子禫，縣而不樂，比御而不入。夫子曰：『獻子加於人一等矣。』」孔穎達疏：「〈三年問〉：『三年之喪，二十五月而畢。』據喪事終，除衰去杖，餘哀未盡，更延兩月，非喪之正也。」

〔註62〕《荀子・子道》：「子貢曰：『練而床，禮邪？』孔子曰：『非禮也。』」

孝子服三年之喪，照常理來說，應該是孝子發自內心思念父母，心甘情願的為父母守喪，這是對父母孝心的延續，孟子云：

> 不亦善乎，親喪，固所自盡也。曾子曰：「生事之以禮，死葬之以禮，祭之以禮，可謂孝矣。」諸侯之禮，吾未之學也，雖然，吾嘗聞之矣，三年之喪，齊疏之服，飦粥之食，自天子達於庶人，三代共之。
>
> （《孟子‧滕文公上》）

孟子以為三年之喪是自三代以來，從天子到一般百姓，為了表達內心對父母的親愛而共有的行為。如果說只為利益關係而不守三年之喪，那麼連孔子也不知道如何說了。〔註63〕其實我們可以從一個人的行為知道他是真的稱得上服三年之喪；

> 免喪之外，行於道路，見似目瞿，聞名心瞿。弔死而問疾，顏色戚容必有以異於人也。如此，而后可以服三年之喪。其餘，則直道而行之，是也。（《禮記‧雜記下》）

孝子除喪之後，走在路上，看到長像類似已故親人的人，或聽到和已故親人相同的名字，心中不自主感到一種莫名的難過。去弔喪或慰問病重的人，他戚哀的面容必定有異於無喪事的人，這樣的情況可以說真的做到三年之喪，至於其它的情況只能算是憑著良心做事罷了。孟子曾經說過；守三年之喪是人子為回報父母恩情而來，如果一個人不能守三年之喪，反而去細察三個月的緦服，和五個月的小功服，實在是不知親疏遠近、不懂輕重緩急。〔註64〕可見三年之喪是孝子表達孝心的重要儀節。

從情的表現而言，三年之喪代表人子孝心延續，而父母山高水深的恩情亦值得我們守三年之喪以回報。就文的表現而言，孝子因為親人埋在外面冰冷的地下而感到哀傷，因此不忍自己住在舒適的地方，所以"居廬食粥"、"寢苦枕塊"、"哭泣無時"，如此服勤三年，以表達對父母的思慕之心。

〔註63〕《禮記‧曾子問》：「子夏問曰：『三年之喪卒哭，金革之事無辟也者，禮與？初有司與？』孔子曰：『夏后氏三年之喪，既殯而致事，殷人既葬而致事。記曰：君子不奪人之親，亦不可奪親也，此之謂乎？』子夏曰：『金革之事無辟也者，非與？』孔子曰：『吾聞諸老聃曰：昔者魯公伯禽有為為之也，今以三年之喪，從其利者，吾弗知也。』」

〔註64〕《孟子‧盡心上》：「孟子曰：『知者無不知也，當務之為急；仁者無不愛也，急親賢之為務。堯舜之知而不遍物，急先務也。堯舜知人不遍愛人，急親賢也。不能三年之喪，而緦、小功之察；放飯流歠，而問無齒決；是之謂不知務。』」

第十節　喪服——血濃於水、變服致哀

　　喪服在喪禮儀節中佔有很重要的地位，也是喪禮中最難理解，最不易說明白的一部分，《儀禮》即有〈喪服〉一篇專門記載和說明有關喪服制度的種種規定。而談到喪服，除衣服形制的內容外，與喪期、宗法制度也有密切相關，章景明《先秦喪服制度考》一書皆有詳細考證與說明，〔註65〕因而本節將不在這些方面多加著墨，而將重點放在由喪服的安排使我們得知"喪服表現了以親疏遠近、尊卑作爲表達哀情的依據"這一點上加以論述。人與人之間關係的複雜，也許無法完全由親疏遠近以及尊卑作爲感情濃厚的論據依據，然而早期儒家藉此規定卻凸顯一個人在家族團體中應該扮演的角色，讓人各盡其分，因而有助於家族的團結，再推而廣之，則有助於社會的安定。

　　喪服可以說完全根據某人與死者親疏遠近、尊卑的關係以規定某人應該爲死者服怎麼樣的喪服，因此我們可以由喪服看出某人與死者的血緣關係爲何。這裡所說的血緣關係範圍較廣，即是除了自己家族直系、旁系血親外，還包括藉由婚姻行爲而來的與另外一個家族的親疏關係，是間接的血緣關係。不同等級的喪服代表不同程度的親疏關係，服重則血緣關係較近，服輕則疏。

　　喪服制定有六種主要原則：

> 服術有六：一曰：親親；二曰：尊尊；三曰：名；四曰：出入；五
> 曰：長幼；六曰：從服。（《禮記‧大傳》）

這六項原則，其實都可以概括在血緣關係、尊卑關係之內。以下就逐一敘述；

　　（一）"親親"：鄭玄注：「親親，父母爲首。」即是爲父母服最重的喪服，其它的再根據親疏遠近有所增減。《禮記》對"親親"的內容有詳細的說明：

> 親親，以三爲五，以五爲九。上殺，下殺，旁殺，而親畢矣。（〈喪
> 服小記〉）

親人之間的親疏遠近應該如何算呢？以自己爲主，加上父親及長子爲三，再加上祖父、孫子則爲五，再推到曾祖、高祖、曾孫、玄孫則爲九。由爲父斬衰三年到爲高祖齊衰三月是"上殺"。由爲長子齊斬衰三年到爲玄孫緦麻三月是"下殺"。至於"旁殺"則指是自己之外的其它昆弟，包括同父的昆弟，同祖父的從父昆弟、同曾祖的從祖昆弟，及同高祖的族昆弟共四世。這樣上

〔註65〕章景明《先秦喪服制度考》一書中共分"敘論"、"喪期"、"服制"三部分，而在敘論中即有一節論"喪服與宗法制度之關係"。參見章景明，《先秦喪服制度考》，台北：中華，1986年，頁5～11。

下推衍之後，有血統關係的人也算是都包括在內了。所以「四世而緦，服之窮也。五世祖免，殺同姓也。六世，親屬竭矣。」(《禮記‧大傳》) 五世以後，雖然同姓，但是血緣關係太遠，「喪多而服五，上附下附列也」(《禮記‧服問》)，所以五世之親無喪服，只有祖免而已。到六世則更遠，血統關係可以說是竭盡。如果再將從父母之親如何上推到祖父的關係說清楚，

> 自仁率親，等而上之至于祖，名曰輕。自義率祖，順而下之，至于
> 禰，名曰重。一輕一重，其義然也。(《禮記‧大傳》)

循著仁愛的道理說明親人的關係，父母對自己恩重，故服重。祖父對自己之恩輕，故為祖父齊衰不杖期。若從義理來說，為高祖三月到為父母三年是加重，然而在"一輕一重"的隆殺之間，「仁主於恩厚，義主於斷制」〔註66〕的道理盡在其中。

(二) "尊尊"：可由兩方面說明"尊尊"的含義，一是鄭玄注：「尊尊，以君為首。」二是孫希旦集解：「親親者所以下治子、孫，尊尊者所以上治祖禰。」由親愛的道理所以為子、孫有服，從尊敬長上的道理所以為父、祖有服。若擴充"尊尊"的原則，臣為君服斬衰三年。其實臣對君服喪的制定原則尊卑，成份更勝於親疏遠近的關係。子為父服三年之喪是依恩情而制定的，臣為君亦服三年之喪則是以"義"為主。

> 資於事父以事君，而敬同，貴貴尊尊，義之大者也。故為君亦斬衰
> 三年，以義制者也。(《禮記‧喪服四制》)

將事父的孝心向外推到對君的忠敬，君與臣的關係就因為「用下敬上」、「用上敬下」〔註67〕的"義"而相連繫。一國一君的觀念則是由家無二尊〔註68〕的觀念向外推，孔子曰：「天無二日，民無二王。」(《禮記‧服問》)《禮記》亦云：

> 天無二日，土無二王，國無二君，家無二尊，以一治之。(〈喪服四制〉)

依照天上只有一個太陽推論，人民應該只有一個國君，家庭中應該只有一個最尊貴。相類比之下，君臣關係等同父子關係，讓上下各安其位，各盡其職，

〔註66〕《禮記‧大傳》：「自仁率親，等而上之至于祖，名曰輕。自義率祖，順而下之，至于禰，名曰重。一輕一重，其義然也。」孫希旦集解：「仁主於恩厚，義主於斷制。」

〔註67〕《孟子‧萬章下》：「用下敬上，謂之貴貴；用上敬下，謂之尊賢；貴貴尊賢，其義一也。」作者案：此處的"義"指意義的義。「一」本是本文所指的義。

〔註68〕此點可由父在為母服齊衰三年，改竹杖為桐杖的情況得知。《禮記‧問喪》云：「或問曰：杖者何也？曰：竹桐一也。故為父苴杖，竹也；為母梢杖，桐也。」

各守其份，社會自然和諧安定。可是在此必須說明，早期儒家所謂一國之君，應指聖君、仁君而言，不行仁政、不以仁道待臣治民的國君，臣子則不視他爲國君。君臣之間的 "義"，不是下對上絕對服從的關係，而是指互相對待的關係，所謂「君使臣以禮，臣事君以忠。」（《論語‧八佾》）因而君臣之關的關係應是；君能盡爲君之責保民愛民，臣則盡爲臣之職助君治國。因此孟子認爲君以禮待臣，臣才爲君有服。〔註69〕

（三）「名」：指的是由婚姻行爲而來的血緣關係。孫希旦集解：「名，謂異姓之女，來嫁於己族，主母、歸名而爲之服也。」依婚姻名義而有各種喪服的規定。

> 異姓主名，……其夫屬乎父道者，妻皆母道也。其夫屬乎子道者，
> 妻皆婦道。謂弟之妻婦者是嫂，亦可謂之母乎。名者，人治之大者
> 也，可無愼乎。（《禮記‧大傳》）

異姓男女藉由婚姻行爲使兩家族有相接觸的機會，這兩家族的親疏關係有一定名義，服喪服的輕重即依此名義而來。例如；「世母、叔母何以亦期也？以名服也。」又「從母」，「何以小功也？以名加也。」（《儀禮‧喪服傳》）都是依婚姻關係而有喪服。

（四）"出入"：即是依歸屬的宗族作爲喪服隆殺的標準。孔穎達正義：「出入者，若女子子在室爲入，適人爲出，及出繼爲人後者也。」又孫希旦集解：「未適人及反而在室者曰入，適人曰出。」女子未嫁人或者出嫁之後因爲無子或被休棄等原因而回到本姓宗族者爲 "入"。若男子過繼爲人後或者女子出嫁者爲 "出"。在喪服的規定上 "入" 者服喪服時依本姓宗族爲主，"出" 者依異姓宗族爲主。例如；女子在室爲父斬衰三年，出嫁之後則改爲齊衰一年，爲公婆也是齊衰一年。

（五）"長幼"：鄭玄注：「長幼，成人及殤。」成人爲長，喪服較重，未成人爲幼，喪服較輕。例如；父爲長子斬衰三年，爲長殤、中殤則降爲大功九月、七月，爲下殤則降爲小功五月。另外，孫希旦集解：「長，謂旁親屬尊者之服。幼，謂旁親屬卑者之服也。」即是依旁系親屬的尊卑爲原則。例

〔註69〕《孟子‧離婁下》：「王（齊宣王）曰：『禮，爲舊君有服；何如斯可爲服矣？』
　　　　（孟子）曰：『諫行，言聽，膏澤下於民；有故而去，則君使人導之出疆，又
　　　　先於其所往；去三年不反，然後收其田里；此之謂三有禮焉。如此，則爲之服
　　　　矣。今也爲臣，諫則不行，言則不聽，膏澤不下於民；有故而去，則君搏執之，
　　　　又極之於其所往；去之日，遂收其田里；此之謂寇讎。寇讎，何服之有？』」

如；男子為兄弟齊衰一年，為堂兄弟則大功九個月。鄭氏及孫氏之說皆有理。

　　（六）"從服"：鄭玄注：「從服，若夫為妻之父母，妻為夫之黨服。」
"從"即是因某人關係而有的喪服，從服原則有六項：

> 有屬從，有徒從，有從服有服而無服，有從無服而有服，有從重而
> 輕，有從輕而重。（《禮記・大傳》）

不管是那一種"從"，從人者與被從者之間都有血緣或尊卑的關係，例如"徒
從"孔穎達正義：「徒，空也，與彼無親，空服彼之支黨。」臣為君、妻為夫
之父，都是"徒從"，臣為君有尊卑關係，妻為夫之父則因婚姻而來的間接
血緣關係。

　　"親親"依親疏遠近；"尊尊"和"長幼"依尊卑之序；"名"、"出
入"、"從服"皆與宗族有關，宗族則不脫離血緣關係，因此，我們可以說
喪服的制定原則實在不出血緣關係、尊卑關係。即是不管何種情況和自己有
親屬關係的人，不論親屬關係多遠都勝於毫無一點關係的路人。

　　生者根據和死者不同親疏關係服喪服以表示哀傷程度的深淺不同，故人子
為回報父母恩情所以服父母的喪服最重，又根據父尊於母的宗法制度，〔註70〕
以及「家無二尊」〔註71〕的原則，因而孝子為父服斬衰三年，父在為母齊衰杖
期，父卒為母齊衰三年。生者與死者親屬關係較遠者，感情沒有那麼濃因而服
輕，例如男子為族曾祖父母、族兄弟則緦麻三月。

　　就情的表現來談，喪服的制定將有親屬關係的人緊密結合在一起，只要
有一點點血緣關係的人都勝於毫無關係的陌生人，所以是"血濃於水"的情
感表現。就文的表現來談，生者感傷親人的逝去，改變平常服飾，穿上喪服
來表示哀情。

　　經由本章的描述，可知喪禮的設計在於藉由一連串的精細儀節，使喪親
者能充份宣洩內心的哀慟，又能達到珍藏親人遺體的目的。我們可以就死者

〔註70〕章景明云：《儀禮・喪服》所規定的喪服制度，表現了宗法制度最重要的五個
　　　　特徵——「父系的、父權的、父治的、長子繼承、族外婚制」，是一套完整的
　　　　宗法制度。參見章景明，《先秦喪服制度考》，台北：中華，1986年，頁6～8。
〔註71〕《禮記・喪服四制》：「天無二日，土無二王，國無二君，家無二尊，以一治
　　　　之。」

遺體、死者靈魂、生者情感三方面做總結論述。首先從死者方面來說，即是有關死者遺體、死者靈魂的處理方式。我們無法確定人死之後是否眞能了解生者如何對待他，但是一個人在未死之時，如果知道死後將被丟棄，心中除了面對死亡的恐懼之外，又加上被遺棄的悲哀，無疑的會更加畏懼死亡。早期儒家喪禮對於死者遺體、死者靈魂的謹愼處理，讓人面對死亡時不會那麼恐懼，反而因爲遺體得到珍藏，靈魂附於祖廟得到永遠的安頓而安然接受死亡。人死後的遺體有衣服、棺槨的保護不會直接與大地接觸。在一般相信死後靈魂仍然存在的心理下，有"重"、"主"作爲依靠的對象，讓死者靈魂不會毫無歸屬。可以說將一個人面對自己死亡後會碰到兩個主要問題——遺體與靈魂，做了妥善的關照。

就孝子面對失去父母時的悲傷情緒而言，孝子喪親時心情轉變，

> 始死，充充如有窮。既殯，瞿瞿如有求而弗得。既葬，皇皇如有望而弗至。練而慨然，祥而廓然。(《禮記・檀弓上》)

魯人顏丁居喪的樣子即是：

> 始死，皇皇焉如有求而弗得。及殯望望焉如有從而弗及。既葬，慨焉如不及其反而息。(《禮記・檀弓下》)

此段記載雖然與《禮記・檀弓上》有些許不同，但是皆敘述出孝子失去父母時情感表現。孝子在居喪未葬時是有"求之不得，如有所失"的心情。殯後，親人遺體放入棺中，孝子已經再也看不到親人，因此孝子茫茫然的，好像想要追隨著親人，卻是不可能的樣子。埋葬之後，連哭泣時依託的對象也沒有了，因此孝子眼珠不停的轉動，到處尋找，希望能再看親人，但是又看不到。回到家中，還是找不到親人，這時心中感慨萬千，轉而希望親人靈魂能安息。小祥之時，感歎時間過得這麼迅速，距離喪親的時候也有一段時間，也該認清萬物興滅，人類生老病死的事實。至大祥，心中雖然因爲思念父母而不快樂，也只能淡然處之。其實從整個喪禮儀節我們可以看出，早期儒家更著重生者對死者情感的表達，下表中即清楚列出，從生者的立場而言早期儒家喪禮至情至文的儀節：

儀　　節	情　的　表　現	文　的　表　現
一、瀕死至死亡	盡力陪伴	哀毀形變
二、招魂復禮	最後希望	舉衣尋魂
三、飯含、襲與斂	事死如生	錦衣玉食

四、殯以待葬	調適感情	足期備物
五、啓殯至下葬	深深牽引	從柩及壙
六、葬與墓	珍藏遺體	飾棺封墓
七、虞祭	安頓靈魂	特豕饋食
八、卒哭與祔祭	昇華感情	以吉易喪
九、三年之喪	孝心永續	居廬服勤
十、喪服	血濃於水	變服致哀

　　瀕死至死亡之時，死者即將離開人世，生者無不陪伴在身邊，能多相聚一刻也感到安慰。到死者氣絕之時，男女哭踴、改變平常服飾，已說明家中有重大變故不同於日常的情況。死者既已氣絕，魂神已失，因此復禮即是讓生者拿著衣服，登上屋頂招回死者魂神，這是生者祈望死者復活的最後希望。如果死者還不復生，生者也只能暫時接受事實，不得阻止復禮之後喪禮儀節繼續進行。

　　到飯含、襲與斂的儀節，雖然死者已死，生者不忍馬上視死者為死，仍然以活著的態度對待死者，怕死者會餓、會冷，因此用精美的米貝讓死者不會餓肚子，用層層的衣服保護死者的遺體，讓死者不會被凍著。殯後，死者的遺體已入棺，生者再也看不到、摸不著，因此有殯以待葬的時間讓生者的心情得到緩衝，讓生者慢慢接受見不到死者形體的事實，並且讓生者有足夠的時間可以為死者準備埋葬時所需要的喪具，不讓喪事因為時間不足而草率處理，造成日後的悔恨。

　　啓殯至下葬之前，生者考慮到死者的孝心，讓死者向祖先辭行表示孝順，然後親朋好友陪死者走完最後一段路程，這是生者處處為死者著想的心意，讓生者做個孝順的人，也使死者在最後的一段路途不會感到寂寞。葬與墓的儀節則說明生者不忍死者遺體暴露在外受鳥獸摧殘，因此需要內棺外槨的重重保護，又怕送葬過程中遭到別人的厭棄，所以有牆翣做為裝飾，整個棺槨的形制可以說是非常周密。而封墓則是讓生者以後可以找到追念死者的地方。埋葬後返回家中，生者再也找不到死者可見的形體，難過之餘想到如何安頓死者的靈魂，因此以食物告慰死者，請他安心，這是虞祭的重要意義。

　　人死已不能復生，再難過也要有休息的時候，因此有卒哭的儀節讓生者的悲傷暫告一個段落。為了避免生者常常想起死者，因而有避死者名諱的制定，讓生者比較容易平息思念死者的心情。祔祭時已將死者視為鬼神，讓代表死者靈魂的神主合於祖廟，永遠受後代子孫祭祀。而孝子爲了回報父母的恩情，爲父母守三年之喪。在守喪期間，因爲心情的沈重，吃不下飯，想到父母在冰冷的地下，孝子也不忍心自己住到舒適的地方，所以只吃粥、住在臨時搭建的茅草屋。這是孝子對父母孝心至情至文的表現。至於其它親屬關係的人，則有各種喪服表示不同的哀傷的程度。因爲人情濃厚難以估量，因而以血緣關係的親疏遠近、尊卑做爲標準，血緣愈近、地位愈尊則喪服愈重。臣爲君服三年之喪，則是因爲君王照顧百姓生活，如民之父母，以"義"推之，所以臣爲君守三年之喪。

早期儒家喪禮一個儀節接著一個的儀節的進行方式，其實是很有道理的，據人類學家布留爾的調查報告說：

> 南非的巴克溫人當不幸的病人只要剛斷氣，就急急忙忙把他抬出去埋了。爲了節省挖墳的勞動，常常選食蟻獸的穴來埋人。我有兩次親眼見到這種匆忙埋葬的結果：活著被埋葬的土人甦醒過來，回到家裡，使自己的親屬大受驚嚇。

> 北美阿比朋人當垂死的人有呼吸有一會兒聽不見了……就宣布他死了……立刻就把死者的心和舌頭挖出來……餵狗吃……我十分懷疑，當人還是半死半活時就把心挖出來了。〔註72〕

早期儒家喪禮從屬纊以俟氣絕到復禮、三日而后斂、停殯待葬，無不表現生者期待死者復活的心情，也讓生者由原本的不確定、不忍相信親人已死的心情，逐漸轉變到接受親人死亡的事實。如果由南非的巴克溫人、北美阿比朋人的實際埋葬情況來看，早期儒家喪禮漸進的過程不管對生者或死者而，顯然是有必要的。而且在醫學不發達的時代，依「屬纊以俟氣絕」（《儀禮·既夕禮記》）作爲死亡的證明，說服力實在是太單薄，因而在埋葬之前的等待過程，從某一角度來說，是讓人更加確定死亡的事實。

孝子在辦理父母喪事時應該是"必誠必信"的心情，子思曰：

> 喪三日而殯，凡附於身者，必誠必信，勿之有悔焉耳矣。三月而葬，凡附於棺者，必誠必信，勿之有悔焉耳矣。喪三年以爲極，亡則弗之忘矣。故君子有終身之憂，而無一朝患。故忌日不樂。（《禮記·檀弓上》）

〔註72〕參見布留爾，《原始思維》，台北：商務，1987年，頁301。

從殯到葬，都是"必誠必信，勿之有悔焉耳"。孫希旦集解：「誠者，盡其心而無所苟；信者，當於禮無所違。蓋送死大事，人子之心之所能自盡者，惟在此時，苟有幾微之失，將有悔之而無可悔者矣。」死是一個人一生只有一次的事，孝子爲父母辦理喪事，必定盡他的心意不敢隨便，使一切合於體而不敢有違背，因爲如果有任何的差錯，連後悔的機會都沒有了。喪事雖然要趕快處理，但是也不敢太隨便，或者太造作，所以「喪事欲其縱縱爾，吉事欲其折折爾。故喪事雖遽不陵節，吉事雖止不怠。故騷騷爾則野，鼎鼎爾則小人，君子蓋猶猶爾。」（《禮記·檀弓上》）一切必使情文兼顧才是恰當。

第四章 早期儒家喪禮所顯示的生死觀

　　早期儒家的喪禮儀節雖然表面上看來是生者處理死者的事，但是在這些儀節中卻透露早期儒家對於生死的觀點。就人類死亡概念的發展來說；死亡概念是一個人人格的主要統合，它包含個人過去、現在、未來的概念——情感的、社會的、認知的、身體的和心靈的領域。死亡概念對一個人來說並沒有完成的時候；會隨著個人成長過程、生活環境不斷修正，直到肉體的生命終結爲止，而且人類的獨特性、人性尊嚴、生命的意義與價值與一個人的死亡概念皆有密切關聯。〔註1〕早期儒家喪禮所透露的死亡概念是可以由儀節得知的既定看法，因此我們可以說早期儒家喪禮所顯示的"死亡概念"，更是"生死觀"——可以明確指出有關生命、死亡的種種觀點。

　　以喪禮作爲探討早期儒家生死觀的依據，我們可以從下列兩方面切入，一是瀕死者的態度；二是生者對待死者的態度。前者是藉著人面臨死亡時態度，說明早期儒家認爲人對生命應有的觀點。後者則是由生者處理死者遺體的態度，說明早期儒家如何看待人的生命自然結束這件事情。

第一節　瀕死者的態度

　　若是以嚴謹的態度說明喪禮的儀節，我們可以說「屬纊以俟氣絕」（《儀禮·既夕禮記》）之後的"復禮"才是整個喪禮儀節眞正的開始。但是要由喪禮探討生死觀由"復禮"以後的儀節開始談，恐怕是不足的。喪禮所處理的問題包含

〔註1〕 參見王諱等譯，《人類發展學——人生過程整體探討》上冊，台北：華杏，1991年，頁564。

一個人從瀕死到死亡，以及生者如何對待親人死亡的問題，因此我們可以分爲死者在瀕死之時對生命、死亡觀點，以及生者在處理死者的態度兩方面加以闡述。在這一節中我們即是從瀕死者的態度探討早期儒家的生死觀。

　　大體而言，人面對死亡時的情緒反應有一個發展過程，這個過程正如下圖〔註2〕所示，當瀕死之前的焦慮達到最高點時，則因爲是否能成功排解焦慮而造成危機，會有坦誠接受死亡或是無法釋懷的、勉強的、掙扎的對抗死亡的分別。

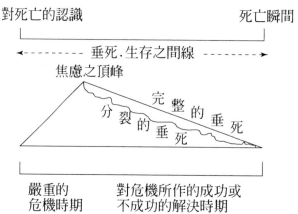

　　人在"嚴重的危機時期"面臨多重恐懼，例如；對未知物、孤獨、失去家人和朋友、失去身體、失去自我控制、失去同一性及回歸的恐懼，〔註3〕我們也可以看出這些恐懼中以失去一切的孤立感是最明顯的。人如果能順利排除這些恐懼，則能有尊嚴的面對死亡，得到完整的垂死過程，反之則否。

　　面對死亡的種種恐懼，瀕死者有不同的情緒反應，根據庫伯勒‧蘿絲（Kuebler Ross）研究兩百位絕症病人的結果所顯示，瀕死者的心理反應過程有——否認與孤立、忿怒、磋商、憂鬱、接受。〔註4〕這五個過程實際上並不一定按照固定順序或時間發生，但是不管接受的方式爲何，大部分的病人最

〔註2〕 此圖引自威克科克斯（Wlicov, Sandra Grldier）、蘇頓（Sutoon, Marilyin）著，嚴平譯，《死亡與垂死》國際文化思潮第二輯，北京：光明日報，1990年，頁78。

〔註3〕 「同一性」指垂死之人期待自己和生者擁有相同的東西，特別是對社會有用這一點。「回歸」指生命脫離，回到原本我們來到這個世界的地方。參見威克科克斯（Wilcov, Sandra Grlider）、蘇頓（Sutoon, Marilyin）著，《死亡與垂死》國際文化思潮第二輯，北京：光明日報，1990年，頁79～87。

〔註4〕 參見庫伯勒‧蘿絲（Kuebler Ross）著；謝文斌譯，《論死亡與瀕死》，台北：牧童，1973年。

後都能接受死亡的事實。若是由瀕死者的需求上來說，庫伯勒·蘿絲的研究結果是以期待生者為瀕死者付出更多的關懷與愛心做為結束。因此，瀕死者在生理上或心理上，確實需要更多的照顧是可以肯定的。由早期儒家喪禮中，我們可以得知生者對於瀕死者的細心照顧，讓瀕死免除孤獨面對死亡時的恐懼。雖然這樣的照顧只說出子女對父母瀕死時的處理，顯然沒有顧及到人在各年齡皆有可能生病死亡也同樣需要照顧，但是我們若以生命的常態來看，子女比較會碰到面對父母的死亡，而早期儒家喪禮只就一般的情況立說，至於其它的情況則需要看情形再做適當的處理。

第三章第一節我們曾經說明親人病重，家中不可舉樂取樂，要讓病人有安靜的環境休息：

> 父母有疾，冠者不櫛，行不翔，言不惰，琴瑟不御，食肉不至變味，
> 飲酒不至變貌，笑不至矧，怒不至詈，疾止復故。（《禮記·曲禮上》）

病者除了身體上的不適之外，心理上也是比較脆弱的。因為病者要忍受身體的痛苦，還要面對疾病所帶來不可知的未來。病者虛弱的躺在床上無法自由行動之時，生者的一舉一動往往會引起病者無限的幻想。病者會藉由生者的行為來猜測自己是否被遺棄。以中國社會的家庭結構來說，父母有疾病時，看護的重擔即落在子女的身上。子女太放縱的行為會妨礙到到父母的休養，讓父母懷疑子女是否正為了他們的生病而高興著，因而可以大聲笑、無限制的吃喝、還可以調琴弄瑟，完全忘記父母正生著重病這件事，所以子女在父母病危之時要謹言慎行。如果父母的病已經到了無法挽回的地步之時，親人應盡可能的陪伴在身邊，聽一聽瀕死者最後想說的話，也讓生者一同陪伴著瀕死者走完生命的最後一刻，使瀕死者不致於在冰冷、無人理會的情況下充滿怨恨的離開人世。

早期儒家喪禮處理遺體的方式，以及死者死後可以得到子孫的祭祀這兩方面，也讓瀕死者面臨死亡時感到安心。前者撫慰瀕死者失去身體的恐懼，後者則滿足瀕死者失去家人朋友、孤獨的精神恐懼。瀕死者認為自己可以得到安葬，而且可以有子孫永遠的記得他、懷念他，也就不會那麼害怕面對死亡，因為他不會被所有的人遺棄，至少有家人不會因為他的死而忘了他。家人的親情有助於化解瀕死者孤獨無依的恐懼，而被孤立的感覺也是瀕死者最難以排解的。

然而我們也必須承認早期儒家對於生死是抱著"未知生，焉知死"的觀點。

> 季路問事鬼神。子曰：「未能事人，焉能事鬼？」曰：「敢問死。」

曰：「未知生，焉知死？」（《論語・先進》）

「子不語：怪力亂神」（《論語・述而》）孔子以為“鬼神”、“死”是不需要清楚的解釋，因此並沒有正面回答子路的問題。也就是孔子認為死亡即是死亡，是自然發生的既定事實，並沒有什麼可談的，最重要的是掌握“生”的意義，既然人在活著的時候已獲得生命的價值，“死”也就不值得恐懼。這種迴避的答話態度，難免讓人以為孔子是不重視死亡，正如傅偉勳從一個人如何面對「實存主體」〔註5〕死亡的態度，認為孔子有輕視或忽視死亡的傾向。〔註6〕如果我們更深切的了解孔子所言“未知生，焉知死”就會知道這句話更積極的意義是為了勸人重視活著的時間，因為死後的世界是未知的，我們能掌握的只有生存的時刻。如果我們活著的時候是積極的、有智慧的，清楚自己所做的有意義之事，不讓自己虛度此生，在獲得生命的尊嚴之後，也就能獲得死亡的尊嚴──死得有意義、有價值。也就是傅氏所云：

> 一旦有了儒家的生死智慧，我們自然會去了悟人生是一種任務或使
> 命，同時會在不斷地貫徹人生使命（即天命或正命）的短暫生命歷程
> （即氣命或命數）當中獲致「朝聞道，夕死可矣」的解脫之道。〔註7〕

生死問題乃是一體的兩面，若是從死亡學與宗教學的觀點，重新考察“未知生，焉知死”，也許孔子只說對了一半道理。然而我們也肯定孔子確實建立了他自己的生死智慧，所以孔子云：「朝聞道，夕死可矣」（《論語・里仁》）。儘管孔子的“道”是偏重世俗之間的倫理道德，他所關注的問題是真實生命的問題，不是死亡問題。〔註8〕這正是說明孔子關注於“生”之精神遠勝過“死”，即是要求人在有限的生命內，將重心放在締造生命的意義與價值上面，必要的時候即使是「殺身以成仁」〔註9〕也是在所不惜的。曾子曰：

> 士不可以不弘毅，任重而道遠。仁以為己任，不亦重乎！死而後已，

〔註5〕 依傅偉勳在《死亡的尊嚴與生命的尊嚴》一書中的用法，所謂「實存主體」指的是具有生命的自我肉體及思想而言。參見傅偉勳，《死亡的尊嚴與生命的尊嚴》，台北：正中，1994年。

〔註6〕 傅偉勳云：「偏重人間現實生活的孔子，則乾脆說『未知生，焉知死』，避談死亡。由於孔子以來的儒家影響，一般中國知識份子就有輕視或忽視死亡的問題傾向，認為無關緊要。」傅偉勳，1994年，《死亡的尊嚴與生命的尊嚴》，台北：正中，頁28。

〔註7〕 參見傅偉勳，《批判的繼承與創造的發展》，台北：東大，頁193～194。

〔註8〕 參見傅偉勳，《死亡的尊嚴與生命的尊嚴》，台北：正中，1994年，頁100～101。

〔註9〕 《論語・衛靈公》：「子曰：志士仁人，無求生以害仁，有殺生以成仁。」

不亦遠乎！（《論語・泰伯》）

士以行仁作爲終身的職志，必求終食之間，顛沛、造次之時不違背仁，[註10]何來心力擔心“死”的問題，[註11]因而“死”是不足以恐懼，應該害怕的是「沒世而名不稱」。[註12]體現道德的價值是比“死”更爲重要的一件事情，孟子云：「君子有終身之憂，無一朝之患。及若所憂則有之：舜人也・我亦人也，舜爲法天下可傳後世，我由未免爲鄉人也，則是可憂也。」（《孟子・離婁下》）完成生命意義與價值比死亡更爲重要，君子置個人生死於度外，在魚與熊掌不可得兼的情況下，「所欲有甚於生者，所惡有甚於死者」（《孟子・告子上》），一切以成仁取義作爲生命的價值與意義。正如康韻梅所言，早期儒家將死亡視爲生命的結束是一種“以生制死的理性”，也就是以造就生命價值與意義來克服死亡。[註13]因爲個體的生命雖然受到限制，但是精神生命卻可透過畢生的德行功業而克服存在的有限性，將自我融入歷史文化的累積中，個體的生命也獲得不朽。[註14]可見早期儒家的“不朽”建立在生者現世生活中，從“生”的世界取得“不朽”的意義，而非“死”的世界。

當我們認清死亡是普遍的事實，因而認眞對待生命中的每一刻之時，“死”並不可怕。因此孔子即使在病重之時，也不求助於鬼神。

子疾病，子路請禱。子曰：「有諸？」子路曰：「有之；誄曰：禱爾於上下神祇。」子曰：「丘之禱久矣！」（《論語・述而》）

一個人平常言行就要心存誠敬，無愧於心，何以要等到有疾病的時候才想到要求福於鬼神呢？而且祈禱時唯有懷著誠敬心情才能與鬼神交通，達到天人合一的境地，並不需要別人代禱。孔子注重的是平時自身的修養，而非在危急之時才要求助於不可知的鬼神。當人反求諸己，以盡其在我的心態實踐道德之時，則能無求於鬼神而且超越禍福利害得失的觀念。[註15]這也就是爲

[註10]　《論語・里仁》：「君子無終食之間違仁，造次必於是，顛沛必於是。」
[註11]　所謂「『死』的問題」：指的是當生命離開肉體的那一刹那，人的感覺爲何？是痛苦的還是可怕的或是其他的感覺，以及死後的世界爲何？人死後是以何種形態存在等等問題，這些早期儒家是沒有加以注意的。
[註12]　《論語・衛靈公》：「子曰：君子疾沒世而名不稱焉。」
[註13]　參見康韻梅，《中國古代死亡觀之探究》，台北：台灣大學文學院，1985年，頁198～236。
[註14]　參見林素英，〈從古代的生命禮儀透視其生死觀——以《禮記》爲主的現代詮釋〉，《師大國文研究所集刊》，第三十八號，1994年6月，頁561。
[註15]　參見唐君毅，〈論中國始宗教信仰與儒家天道之關係——兼釋中國哲學之起

什麼孔子明白又肯定的告訴子路「未知生，焉知死」(《論語・先進》)的道理。

可是，生命的結束確實是一件無可奈何的事情，當孔子真正面對死亡之時也不免感嘆生命的消逝。《論語・雍也》記載孔子對顏淵的死發出「不幸短命死矣！」的感慨，甚至曾經難過的說「天喪予！天喪予！」〔註16〕至於慰問生有重病已快要離開人世的伯牛，則從窗戶外握著伯牛的手，感傷的說：「亡之，命矣夫！斯人也，而有斯疾也！斯人也，而有斯疾也！」生死畢竟是人力難以控制的，人既出生，自然免不了死亡的自然現象。子夏云：「生死有命，富貴在天。」(《論語・顏淵》)生死窮達既然不是人為的力量可以加以控制的，又何需多費心呢？連主張人定勝天，制天命而用之的荀子也曾說過；「人之命在天。」(《荀子・天論》)、「死生者，命也。」(〈宥坐〉)可見面對死亡，人往往都會對自己無法控制生命而感到束手無策、無可奈何。

不過，早期儒家認為人活在世上，除了"自然生命"之外，還有"價值生命"需要完成，人生於世的使命在於選擇某一理想，以成全其價值生命，這是對死亡採取主動的態度。〔註17〕人既然無法控制自己何時死亡，能得知天命，利用有限生命創造無限價值，就成為早期儒家關注的焦點。孔子云：

> 不知命，無以為君子也。(《論語・堯曰》)

能看清自然生命的消長，「不怨天，不尤人」〔註18〕才是真正的君子。孟子云：「盡其心者，知其性也。知其性，則知天矣。存其心養其性，所以事天也。殀壽不貳，修身以俟之，所以立命也。」(《孟子・盡心上》)孟子以人能夠存心養性為事天的方法，人能存心養性就能知道自己受於天地之間的使命，因而不敢輕忽自己的生命故意去做危險的事情，因此孟子又云：「莫非命也，順受其正。是故，知命者不立乎巖牆之下，盡其道而死者，正命也；桎梏死者，非正命。」可見孔孟強調"生"的意義來化解人對死的恐懼，所以，「死而不弔者三：畏、厭、溺。」(《禮記・檀弓上》)對於無法承擔生命意義與價值，逃避生命而死的人是不值得弔問的。

「知天命」〔註19〕是早期儒家對生命無常的處理態度，其意乃指人道德

源〉，《中國哲學思想論集・總論篇》，台北：牧童，1979 年 12 月，頁 180。

〔註16〕《論語・先進》：「顏淵死，子曰：噫！天喪予！天喪予！」

〔註17〕參見傅佩榮，〈對「儒家哲學中的生命觀」一文之評論與補充〉，《哲學與文化》，第十三卷第 4 期，1986 年 4 月，頁 21～22。

〔註18〕《論語・憲問》：「子曰：不怨天，不尤人，下學而上達，知我者，其天乎！」

〔註19〕《論語・為政》：「吾十有五而志於學；三十而立；四十而不惑；五十而知天

生命的無限，而生命的意義即在本著有限的"命"，去實現無限之德的"天命"。〔註20〕孔子到五十歲已經知道天命的道理，因而能夠坦然的面對死亡。據《禮記》記載孔子瀕死之前的情況：

> 孔子蚤作，負手曳杖，消搖於門，歌曰：「泰山其頹乎！梁木其壞乎！哲人其萎乎！」既歌而入，當戶而坐。子貢聞之，曰：「泰山其頹乎，則吾將安仰？梁木其壞乎，哲人其萎乎，則吾將安放？夫子殆將病也。」……寢疾七日而沒。（〈檀弓上〉）

由孔子感歎而歌，然後當戶而坐，以平靜接受死亡的情況來看，孔子對死亡並不感到恐懼。在孔子看來死亡並不可怕，因為不管如何都是生命自然消逝的結果而已。人所能控制的不在於何時何地死亡會來臨，而在於讓自己死得其所死得有意義，死得無愧於天地之間，最後則要求死後有一個合於禮的喪禮。《論語》的記載讓我們知道孔子不只是謹慎於生前的事物，並且將這種態度延續到死後的喪禮，因而要求一個合於禮的喪禮儀節：

> 子疾病，子路使門人為臣。病閒。曰：「久矣哉，由之行詐也，無臣而為有臣，吾誰欺？欺天乎？且予與其死於臣之手也，無寧死於二三子之手乎！且予縱不得大葬，予死於道路乎？」（《論語・子罕》）

即使在生命的最後一刻，有為的君子亦是不讓自己僭越禮分，而使自己蒙受不知禮的惡名。因此孔子寧願死在馬路上，也不願意自己一生的言行，到最後因為沒有合於禮的喪禮而染上污點。早期儒家將禮視為道德生命的準則，〔註21〕不依禮而行，個人的道德生命即無法顯現。曾子瀕死前也同樣表現出不因為死而姑息自己僭越禮分的堅定意志；

> 曾子寢疾，病，樂正子春坐於床下，曾元、曾申坐於足，童子隅坐而執燭。童子曰：「華而睆，大夫之簀與？」子春曰：「止！」曾子聞之，瞿然曰：「呼！」「華而睆，大夫之簀與？」曾子曰：「然。斯季孫之賜也。我未之能易也，元起易簀！」曾元曰：「夫子之病革矣，不可以變。幸而至於旦，請敬易之。」曾子曰：「爾之愛我也不如彼。君子之愛人也以德，細人之愛人也以姑息。吾何求哉？吾得正而斃

命：六十而耳順，七十而從心所欲，不踰矩。」

〔註20〕參見王邦雄，〈由論語「天」「天命」「命」之觀念論生命之有限與無限〉，《鵝湖》，第一卷第 5 期，1975 年 11 月，頁 32。

〔註21〕參見李杜，〈孔子對傳統生死觀的繼承與發展及對後代的影響〉，《哲學年刊》，第 10 期，1994 年 6 月，頁 3～4。

　　焉，斯已矣。」舉扶而易之，反席未安而沒。（《禮記・檀弓上》）
曾子病疾之時，兒子、弟子都陪伴在身邊。在這生死之間的分別時刻，做兒子
的希望儘量讓父親得到休息，因此曾元不希望移動曾子，不讓曾子因爲移動而
感到不舒服。但是在生命中的最後一刻，曾子得知自己身體健全，對得起父母
之後，〔註22〕並無其它的要求，如果有的話只有希望能死在一個合於禮的場所。
可見曾子面臨死亡，所擔心的不是生命離開肉體會不會帶來痛苦，或是死後的
世界是痛苦還是快樂的，而是擔心是不是對得起父母，或是可不可以在合於禮
的情況下死去。曾子關心活著時候的生命意義更勝於去了解"死"爲何物，以
及死後會如何的問題。因爲早期儒家重視現世的關懷，以積極用世的態度實踐
人生的理想，而以死亡爲一個人一生努力的最終靜息，〔註23〕荀子云：「望其壙，
皋如也，嵮如也，鬲如也，此則知所息矣。」（《荀子・大略》）生命的意義與價值，
也就只能在"生"的世界得到實現，而非"死"的世界。

　　在關注生命的意義多於死亡的情況下，人在瀕死之時無不希望自己可以
依正命而死，也就是希望能得到壽終正寢，而不是死於非命。子張、成子高
的遺言都表現在面對死亡時，對"生"的關注更勝對於"死"。

　　　子張病，召祥而語之曰：君子曰終，小人曰死。吾今日庶幾乎！（《禮
　　　記・檀弓上》）
子張關心的是否能無愧生命，讓生命自然終了而死。

　　　成子高寢疾，慶遺入，請曰：「子之病革矣，如至乎大病，則如之何？」
　　　子高曰：「吾聞之也：生有益於人，死不害於人。吾縱生無益於人，
　　　吾可死害人乎哉？我死，則擇不食之地而葬我焉。」（《禮記・檀弓上》）
成子高希望自己死後就算不能爲後人留下什麼，也不要對後人有害，說出重
視生存價值的訊息。

　　另外，值得一提的是，孔子"未知生，焉知死"（《論語・先進》）的話
並不表示早期儒家不談死亡，或者是不重視死亡。一個人唯有在肯定生命，
將死視爲安息的情況下，才能把握有限的生命去實踐有意義、價值的事情。「大
哉死乎！君子息焉，小人休焉。」（《荀子・大略》）人的一生其實有許多責任

〔註22〕《論語・泰伯》：「曾子有疾，召門弟子曰：『啓予足！啓予手！詩云：戰戰兢
　　　兢，如臨深淵，如履薄冰。而今而後，吾知免夫！小子！』」
〔註23〕參見林素英，〈從古代的生命禮儀透視其生死觀——以《禮記》爲主的現代詮
　　　釋〉，《師大國文研究所集刊》，第三十八號，1994年6月，頁560。

等待完成，因此對君子而言，死亡不只是生命停止的意義而已，更是卸下重任後的安息。這也就爲什麼曾子擔心自己是否"得正而斃"，子張希望得到"善終"的原因。所以早期儒家雖然強調"生"的價值，甚少談論"死"爲何物？但是對於"死"卻是極爲重視的。〔註 24〕這一點由早期儒家喪祭之禮的細密安排即可得知，從"事死如生"到守喪三年，從葬前的"奠"以至葬後的"祭"，無不表現早期儒家以禮來謹慎處理"死"。因此孔子對子路不是避談死亡，而是不談"死後"爲何？人已能自覺自己之所以成爲一個人，進而實踐人生的使命，死亡即是自然生命的結束與完成，何來"死後"可言？所以孔子對鬼神之事是不加以評論的。

孔子瀕死前立於門外而歌，孟子捨生取義的主張皆表現對死從容不迫的高貴情操。大體，人面對死亡有因恐懼而企圖逃脫，有勇敢接受死亡的。前者並無生命的尊嚴可言，後者依態度不同，亦有層次上的不同。一爲血氣方剛的少年面對此困境的慷慨激昂。一爲心灰意冷，萬念俱灰，因厭倦人生而對死亡麻木。一爲睿智者在參透人生與死的哲理後，在不可避免的死亡面前表現出來的高度通達與內心的寧靜，〔註 25〕這正早期儒家生死觀所要求達到的目標。事實上人類永遠不可能完全擺脫死而自由，但是隨著人類精神的發展，人們卻可以在精神上達到對死的某種超越，從而獲得一定程度的精神自由。〔註 26〕早期儒家企圖以理性擺脫死亡而得到精神的自由，因而將生命的重心放在"生"；而不是"死"的意義上，所以孔子向子路說「未知生，爲知死」(《論語・先進》)以強調"生"的重要。可是面對生命的無常與不可預測，孔子亦不免有所感嘆。子夏則說：「生死有命，富貴在天。」(《論語・顏淵》)孟子云：「君子行法以俟命而已矣。」(《孟子・盡心下》)荀子云：「知命者不怨天。」(《荀子・榮辱》)人能知天命不畏懼死亡，又肯定自身具有行仁義的能力以求得精神上的不朽是早期儒家的生死觀。

第二節　生者對待死者的態度

　　早期儒家喪禮從"招魂復禮"，"事死如生"的儀節，到以明器陪葬將死

〔註24〕 參見傅佩榮，〈對「儒家哲學中的生命觀」一文之評論與補充〉，《哲學與文化》，第十三卷第 4 期，1986 年 4 月，頁 22～23。
〔註25〕 參見趙遠帆，《"死亡"的藝術表現》，北京：群言，1993 年，頁 112～113。
〔註26〕 參見趙遠帆，《"死亡"的藝術表現》，北京：群言，1993 年，頁 21。

者視爲神明（按：詳見第三章第二至八節），表現的是生與死之間的轉換過程。這個過程減輕生者面對親人死亡，不知如何看待死亡，因而手足無措的恐懼。早期儒家喪禮在處理生死之間的問題時，以「仁死喪」〔註27〕的態度教人尊重生命，但是給予生者更多的關注，畢竟死者已經逝去，死後的世界如何？誰也沒有肯定、絕對的答案，但是生者的生活卻是必須繼續下去的。因此，早期儒家更重視面對親人逝去的生者如何調節情緒，從悲傷的環境中走出來。從瀕死到三年之喪的種種儀節即是爲了逐漸化解生者的情緒而設計的。

　　早期儒家"稱情立文"、"斷長續短"的喪禮教導生者尊重死者，但是又不宜完全將死者視爲活著的樣子，因此從襲、飯含、斂到殯葬，雖然以"事死如生"的態度對待死者，仍然要生者知道親人死亡的事實，所以飯含的時候不用生者吃的、煮熟的飯，而是用未煮過的米。襲的時候則不加張弛用的鉤帶，因爲穿在死者身上的衣服是不用再脫下來的。〔註28〕埋葬之後的卒哭儀節更是讓生者知道節制感情，不要一直沈浸在無法接受死亡的悲慟中。而卒哭後的日子則是以祭祀表示思念的心情，祭祀之日，君子需要散齋七日、致齋三日，即是要以澄靜的心情追思祖先、不忘祖先的教導。

　　因此就生者對待死者的態度來看，早期儒家以爲"死"即是生命的結束，"生"與"死"之間必須有明顯的區分。區分的方式是漸進的，不是斷然的分隔，這就是喪禮"與時推移──節哀順變"的重要意涵。喪禮開始是以"事死如生"的態度，讓生者表現對死者逝去的不忍之情，而後再讓死者逐漸遠離家人，直到將死者視爲神明，〔註29〕祔於祖廟，受到子孫永遠的祭祀（按：詳見第三章第四節）。

　　早期儒家並不是眞的相信鬼神之說，但是在一般人皆相信人有靈魂的觀念下，招魂復禮，滿足生者祈求死者回生的期盼，因而有存在的必要。以事

〔註27〕《禮記・仲尼燕居》：「子貢退，言游進曰：『敢問禮也者，領惡而全好者與？』子曰：『然。』然則何如？子曰：『饋奠之禮，所以仁死喪也。』」

〔註28〕《荀子・禮論》：「設褻衣，襲三稱，縉紳而無鉤帶矣。」

〔註29〕此"神明"之意當如錢穆所云：「人能不朽，斯謂之神。人之成神，則全藉其生前之一種明德，一種靈法。故既謂之神靈，又謂之神明。實則所謂神者，即是其人之明德與靈性之作用無窮不測而常在之謂也。」「人之所祭皆屬神。雖一庸人，當其生，若碌碌無所表其異，然其子女，生之育之，撫之翼之，生前既心相通，死後必神相感。故古者不墓祭，獨奉神主以供祭祀。神主即死者生前神魂所棲。死者之魂，何以能棲於此木，此乃父母子女想感而若見如此，所以謂之神。」

死如生的態度爲死者飯含、襲、斂，著眼於生者一時之間無法馬上接受親人死亡的事實而設計，並非迷惑生死之別，更正確的說，早期儒家喪禮將"事死如生"作爲"生"與"死"之間轉換的過渡心情，讓生者可以緩慢接受親人死亡的事實，以免造成生者精神上難以調適。至於早期儒家喪禮"將死者視爲神明"，或者"以明器陪葬死者"的態度，其實亦是不含有任何崇拜鬼神，或是相信死後世界的意味在內。

首先就"將死者視爲神明"來談。在神話記載中我們可以看到中國人對死亡恐懼的描寫，即是以變形來代表死亡的事實，認爲死亡只是可見形體的轉變，人在原本可見的形體消滅之後，靈魂依然存在，只不過寄寓于其他物體之上，〔註30〕這是以靈魂不滅解決死亡的恐懼。而早期儒家喪祭之禮的過程我們可以說是靈魂成爲祖先（此祖先已有"神明之"的意味）的轉換儀式。然而這樣的儀式並不是說明早期儒家相信人死後靈魂是以另外一種形式存在，或者是想要藉著靈魂不滅來解決對死亡產生的恐懼。因爲早期儒家將祭祀的主體指向生者本身的誠敬之意而非死者靈魂的有無。

> 祭如在，祭神如神在。孔子曰：「吾不與祭，如不祭。」（《論語・八
> 佾》）

早期儒家祭祀天地、祖先的思維基礎，不在靈魂不朽的信念，也不在想要向超越自然力禱告賜福與淨化罪惡、避免災難等心理，而是建立在盡其在我的道德感上。換句話說，早期儒家祭祀的本質是道德的表現，是祭祀者以其整個生命去面對客體對象（祭祀對象），而祭祀者整體生命的徹底實踐——「吾與祭」，則有賴於祭祀者（祭祀主體——吾）對自己本質的眞正占有。〔註31〕也就

〔註30〕這類變形神話主要有三則。1、女娃變精衛鳥：《山海經・北山經》：「發鳩之山，其上多柘木。有鳥焉，其狀如鳥，文首、白喙、赤足，名曰精衛，其鳴自詨。是炎帝之少女，名曰女娃。女娃游於東海，溺而不返。故爲精衛，常銜西山之木石，以堙于東海。」《述異記》：「今東海精衛誓水處，曾溺于此川，誓不飲其水。一名誓鳥，一名冤禽，又名志鳥，俗呼帝女雀。」2、鯀死後化爲黃熊。《尚書・堯典》：「鯀治水九載，績用弗成。」《山海經・海內經》：「洪水滔天，鯀竊帝之息壤以堙洪水，不待帝命。帝命祝融殺鯀于羽郊。」《國語・晉語》：「鯀者違帝命，殛之于羽山。化爲黃熊，以入于羽淵。」《吳越春秋・越王無余外傳》：「鯀投于水，化爲黃熊，因爲羽淵之神。」3、帝女化爲䔄草。《山海經・中山經》：「又東二百里，曰姑媱之山。帝女死焉，其名曰女尸，化爲䔄草。其汁胥成，其華黃，其實如菟丘，服之媚于人。」改變形體，以得再生，除了將死解釋爲不死之外，還包涵將生前未盡之情借再生之物來實踐。

〔註31〕參見王祥齡，〈儒家的祭祀禮儀理論〉，《孔孟學報》，第63期，1992年，頁69。

是說，鬼神只不過是祖先生前的精神象徵，鬼神存在於祭祀者的"想像"之中，

> 奠以素器，以生者有哀素之也；唯祭祀之禮，主人自盡焉爾；豈知
> 神之所饗，亦以主人有齊敬之心也。(《禮記·檀弓下》)

祭祀的價值與意義在於祭祀者本身是否體現誠敬的心意，而不是在於已故親
人是否真的成為鬼神，或者鬼神是否有來享用，因此早期儒家對於鬼神的存
在與否是不予評論的。

> 凡治人之道，莫急於禮。禮有五經，莫重於祭。夫祭者，非自外至
> 者也，自中出生於心也；心怵而奉之以禮。是故，唯賢者能盡祭之
> 義。……賢者之祭：致其誠信與其忠敬，奉之以物，道之以禮，安
> 之以樂，參之以時。明薦之而已，不求其為，此孝子之也。(《禮記·
> 祭統》)

祭祀是祭祀者憑著主觀想像，回想祖先生前的種種事蹟，這是發自內心的誠
敬行為，並不是向外有所要求，因此唯有能體會祭祀之意的賢者，才能真正
表達祭祀祖先的誠敬之意。

　　祭者只是以祭祀表現自身的誠敬，並不是要求被祭者給予任何的回饋。
然而祭祀者與被祭者之間的關係是非常微妙的，祭祀已被早期儒家理想化和
理論化，祭祀之客體（被祭者）已經不再是實際存在的客體，而是由祭祀主
體（祭者）主觀自由的形式所觀照的客體，因而這個客體帶有主體的價值與
意義。從另一角度來說，客體的存在雖然經由主體賦予價值與意義，但是主
體也必須經由客體的對象化形式，才能體現主體的內在本質，否則主體本質
將會黯而不彰。因為，一個具有自我意識的人，總是希望把自身看不見的精
神感情和意志作一種客觀的體現，在這層意義上，乃是人為追求自我在宇宙
中的地位和自我存在的意義。〔註32〕也就是說早期儒家並沒有靈魂不朽的觀
念，但是確有立德、立言、立功〔註33〕作為精神上的不朽。認知生理性死亡
的同時，相信精神不朽的信念可能是另一種保護性應付機轉，因為即使對一
位能抽象思考的人，"不存在"的概念是令人難以接受的。〔註34〕相信人有
不朽之處，對肉體死亡、不存在的擔心與憂慮將得到化解。

〔註32〕參見王祥齡，〈儒家的祭祀禮儀理論〉，《孔孟學報》，第 63 期，1992 年，頁 73。

〔註33〕《左傳·襄公二十四年》：「太上有立德，其次立功，其次立言，雖久不廢，
此之謂不朽。」《左傳》十三經注疏本，台北：藝文，頁 608。

〔註34〕參見王諟等譯，《人類發展學——人生過程整體探討》上冊，台北：華杏，1991
年，頁 574。

　　除了立德、立言、立功，本身人格的不朽之外，祭祀行為的本身也表現另一種方式的不朽。因為一個人是否能成為祖先，並不是由他的死亡而決定，而是取決於他有沒有後嗣可以祭祀他、想念他。喪祭之禮的重要意涵——"慎終追遠"，即說明死者的生命由新生的生命所繼承，祖先長存在子孫的心中，這是精神生命的延續，人人皆在子孫的記憶中得到不朽。〔註35〕也就是說個人生命有窮盡的時候，家族的生命卻是無窮，人可以將子孫的存在視為自己生命未嘗朽壞的直接證明。〔註36〕孟子云：「不孝有三，無後為大。」(《孟子‧離妻上》)沒有子孫之所以能成為不孝的首要因素，即在於家族的生命由子孫繼承，無後代子孫就是讓此一家族的所有祖先失去成為祖先的條件。

　　若詳細而論，早期儒家的不朽觀念包含(一)道德事功言論上的不朽，(二)家族血統、精神傳承上的不朽。前者安慰鼓勵人類以有限的肉體生命去建立無限的精神生命。後者著眼於大我群體的延續，使人人得知一己之善惡及生命對家族及自身的重大影響，進而能躬自修身，在子孫心中獲得不朽。〔註37〕不管前者或後者，都是從現世的生活建構不朽的觀念，因此，早期儒家的不朽觀念實源自情感的安頓與理智的發揮，〔註38〕是合情合理、不含迷信鬼神的觀念。

　　再就"以明器陪葬"來說。原始人的死亡概念仍停留在五至六歲的小孩的階段，認為死亡就是停止活動的事實，但幻想死者在墓中雖不能動，仍有情緒和生物的功能，因此原始人將食物、日常用品、僕人、妻子等與死者一同放入墓中。〔註39〕在實際墓葬考古資料中也證實此一說法，新石器時代的人以生活用具、生產工具、裝飾品等作為陪葬的物品，夏商時代則有以人殉葬的殉葬墓。〔註40〕有學者以為利用日用陶器陪葬，讓死者在冥冥之中使用，

〔註35〕馮友蘭云：「特別注重喪祭禮，則人人皆得在其子孫之記憶中，得受人知之不朽。此儒家所理論化之喪禮祭禮所應有之涵義也。」馮友蘭，〈儒家對於婚喪祭禮之理論〉，《燕京學報》，第3期，1928年6年，頁357。

〔註36〕參見唐君毅，《中國文化之精神與價值》，台北：正中，1965年，頁322。

〔註37〕參見錢穆，《靈魂與心》，台北：聯經，1979年，頁8～13。

〔註38〕參見呂實強，〈儒家不朽觀念與現代化〉，《中華文化復興月刊》，第十五卷第11期，1992年11月，頁96。

〔註39〕參見王諱等譯，《人類發展學——人生過程整體探討》上冊，台北：華杏，1991年，頁570。

〔註40〕參見李玉洁，《先秦喪葬制度研究》，河南：中洲古籍，1991年，頁25～30、

這種喪葬習俗在世界上其它民族中也很普遍，這是先民社會"靈魂不滅"的原始宗教信仰。〔註41〕而早期儒家喪禮則是從人文精神解釋明器的使用原因，不帶有迷信鬼神，或者是相信死後世界的色彩。孔子云：

> 之死而致死之，不仁而不可爲也；之死而致生之，不知而不可爲也。
>
> 是故竹不成用，瓦不成味，木不成斲，琴瑟張而不平，竽笙備而不和，有鐘磬而不簨虡。其曰明器，神明之也。（《禮記·檀弓上》）

人死後以何種形態出現？在西漢中期以前「魂氣歸于天，形魄歸于地」（《禮記·郊特牲》）是人對死後世界的觀念。如果更嚴格的區別，人死後，神是魂的專名，鬼是魄的專名。〔註42〕鬼神是人對死後形態的稱呼。「死後之鬼神，即是生前之魂魄，只因其人已死，故不再稱之爲魂魄而改稱爲鬼神。」〔註43〕人與鬼神之間既然有所區別，陪葬的明器也就不能和生者使用的器具相混同。所以陪葬用的明器具有二項作用，一是滿足生者不忍心將已故親人視爲毫無知覺的樣子。二是讓生死有別，不以死傷生。因此明器的形制——具有實物的雛型，卻毫無實用的價值。《儀禮·既夕禮》「陳明器於乘車之西」鄭玄注：「明器，藏器也。」明器是隨著死者一起埋葬的器具，主要有用器、祭器、燕樂器和役器等。〔註44〕將陪葬的器具稱爲"明器"，則是因爲將死者視爲神明的原故，既然將死者視爲神明所以不同於活著的人使用的樣式。孔穎達正義引何胤元：「言往死者處而致此死者之意，謂死如艸木無知，如此用情則不仁不可行於世也。往死者處而致此死者全生之物，則不知而不可行也。捨此二塗，不仁不知之間，聖人之所難言。若全無知則不應用，若全有知則不應不成，故有器不成是不死不生也。」一個人死了，生者真的把他看成毫無感覺的人，實在不是懂得親愛之情的人所應該做的。但是一個人既然已經

以及頁 49～50。

〔註41〕 參見王明珂，〈慎終追遠——歷代的喪禮〉，《敬天與親人》中國文化新論　宗教禮俗篇，台北：聯經，1982 年，頁 311。

〔註42〕 參見余英時，〈中國古代死後世界觀的演變〉，《中國思想傳統的現代詮釋》，台北：聯經，1993 年，頁 136 及 143。

〔註43〕 參見錢穆，《靈魂與心》，台北：聯經，1979 年，頁 71。

〔註44〕 《儀禮·既夕禮》：「陳明器于乘車之西。……甒三：醯、醢、屑，冪用疏布。甒二：醴酒，冪用功布。……用器：弓矢、耒耜、兩敦、兩杅、、槃匜，匜實于槃中，南流。無祭器。有燕樂可也。役器：甲、冑、干、笮。燕器：杖、笠、翣。」鄭玄注「無祭器」：「士禮，略也，大夫以上兼用鬼器、人器也。」可見士以上的明器有包含祭器在內。

死亡，生者還是把死者當成活著的樣子，那麼實在也不是有智慧的人應該有的做法。基於"仁"與"知"之間的考量，早期儒家保留為死者放置陪葬物的習俗，卻改變陪葬物的樣式讓生者知道"死"是不同於"生"的。

> 孔子謂「為明器者知喪道矣，備物而不可用也。」哀哉！死者而用生者之器也，不殆於用殉乎哉！「其曰明器，神明之也。」塗車、芻靈，自古有之，明器之道也。孔子謂「為芻靈者善」，謂「俑者不仁」不殆於用人乎哉！（《禮記・檀弓下》）

陪葬用的明器應該是"備物而不可用也"。所以宋襄公埋葬他的夫人時，將醯醢放在陪葬的百甕內，曾子不以為然的說：

> 既曰明器矣，而又實之。（《禮記・檀弓上》）

既然以百甕做為明器就不應該在裡面加上食物作為實際的用途，這是不明白於生死區別的行為。因此陪葬用的竹器沒有縢緣所以不能用，瓦器麤質沒有明亮的光澤，木器則沒有彫琢的文飾，琴瑟雖然張弦但是不拉平所以不能彈，竽笙雖然具備也不能吹奏，有鐘磬而沒有懸掛的簨虡可以打擊，這都依明器"備而不用"的道理設置的。

荀子也同樣清楚解釋明器"備而不用"的道理；

> 薦器則冠有鍪而毋縰，甕廡虛而不實，有簟席而無床第，木器不成斲，陶器不成物，薄器不成内，笙竽具而不知，琴瑟張而不均，輿藏而馬反，告不用也。具生器以適墓，象徙道也。略而不盡，貌而不功，趨輿而藏之，金革轡靷而不入，明不用也。象徙道，又明不用也。是皆所以重哀也。故生器文而不功，明器貌而不用。……故壙壟，其貌象室屋也；棺槨，其貌象版蓋斯象拂也；無、幬、絲、鬵、縷、翣，其貌以象帷幬尉也；抗折，其貌以象槾茨、番、閼也。故喪禮者無它焉，明死生之義，送以哀敬而終周藏也。（《荀子・禮論》）

喪禮最重要的道理是讓人明白生死的差別，使生者以哀傷的心情向死者致上最高的敬意，並且慎重的安葬死者遺體。因而在埋葬的器具方面都以"備而不用"來表現死生的差異。荀子又云：

> 禮者，謹於治生死者也。生，人之始也；死，人之終也，終始俱善，人道畢矣。故君子敬始而慎終，終始如一，是君子之道，禮義之文。夫厚其生而薄其死，是敬其有知而慢其無知也。……事生不忠厚、不敬文謂之野，送死不忠厚、不敬文謂之瘠。……刻死而附生謂之

墨；刻生而附死謂之惑；殺生而送死謂之賊。大象其生以送其死，使死生終始莫不稱宜而好善，是禮義之法式也，儒者是矣。(《荀子·禮論》)

用隆重的態度對待生者，卻以苛刻的態度對待死者是"厚其生而薄其死；敬其有知而慢其無知"的瘠墨表現。但是相反過來，若以苛刻的態度對待生者，而以隆重的態度對待死者，這就是迷惑於生死之間的區別。如果以殺害生者的生命來送走死者，那真可以是賊害生命的不仁道行為。因此早期儒家雖然認同要有陪葬的物品，但是不主張以人殉葬，〔註45〕孔子甚至說過「始作俑者其無後乎」(《孟子·梁惠王上》)的重話，因為殉葬實在是迷惑於生死的不仁之事。明器象徵以活著的態度送走死者，但是又以"備而不用"說明生死的不同，使得生與死都得到最好的安排。因此早期儒家喪禮使用明器陪葬並不是以死後有知、無知來立說，而是謹慎於生死所做的考量，讓生者表達對死者離去的不忍心情之外，〔註46〕又能明白生死的差別。

喪禮以明器陪葬絕不是相信死後人還有知覺可以用這些器具，而是幫助生者接受親人死亡的事實。死後有知，無知是很難說的：

子貢問孔子：死人有知，將無知也？孔子曰：吾欲言死者有知也，恐孝子順孫妨生以送死也；欲言無知，恐不肖子孫棄不葬也。賜欲知死人有知將無知也，死後自知之，猶未晚也。(《說苑·辯物》)

就我們所知，死亡是不可經歷的過程，我們可以得知別人臨死時的樣子以及生者處理死者的態度，但是我們永遠無法正確的指出人死後究竟會經歷什麼樣的事情。若說死後有知，那麼與死者感情深的親人怎能接受親人死亡的事實。若說後無知，恐怕無人性的人會將死者棄之不顧。因此不管從死亡的經驗或生者處理死者的態度來說，人死後有知或無知的問題，是很難說明的：

孔子非不明死生之實，其意不分別者，亦陸賈之語指也。夫言死無

〔註45〕《禮記·檀弓上》：「陳子車死於衛，其妻與其家大夫謀以殉葬，定，而後陳子亢至，以告曰：『夫子疾，莫養於下，請以殉葬。』子亢曰：『以殉葬，非禮也；雖然，則彼疾養者，孰若妻與宰？得已，則吾欲已；不得已，則吾將以二子者為之也。』於是弗果用。」〈檀弓下〉：「陳乾昔寢疾，屬其兄弟，而命其子尊己曰：『如我死，則必大為我棺，使吾二婢子夾我。』陳乾昔死。其子曰：『以殉葬，非禮也，況又同棺乎弗果殺。』」皆是殉葬非禮的實際例子。

〔註46〕《禮記·檀弓上》：「仲憲言於曾子曰：『夏后氏用明器，示民無知也；殷人用祭器，示民有知也；周中兼用之，示民疑也。』曾子曰：『其不然乎！其不然乎！夫明器，鬼器也，祭器，人器也；夫古之人，胡為而死其親乎？』」

知，則臣子位其君父，故曰：「喪祭禮廢，則臣子恩泊，臣子恩泊則
倍死亡先，倍死亡先，則不孝獄多。」（《論衡‧薄葬》）

生死之間應該是有所分別，以事死如生的態度對待死者，或是以明器陪葬死
者，絕不是迷惑於生死，這中間有“仁”、“義”、“理”、“智”的考量
在內。若說死後有知則妨礙喪親者以平靜的態度送走死者，若說死後無知，
那麼豈不是增加背恩忘義的人。以孔子回答子路“未知生，焉知死”的態度
來看，孔子以為死者有知、無知是不需要了解的，重要的是生者能夠明白
“生”與“死”的不同，並且以尊敬死者的態度謹慎處理死者在人世間無法
自己完成的最後一件事。

要解決懷生畏死的心理，原始人類借由“靈魂不滅”的觀念使生命得以
延長。這個觀念雖然由早期儒家運用到喪禮之中，但是對於靈魂的去處即是
死後的世界並不受到重視，而早期儒家運用此一觀念的重點亦著重在對生者
情感上的慰藉。也就是從生者對待死者的態度，我們可以得知早期儒家將死
視為生命的結束，並且以儀節幫助生者接受生與死之間的變化。另外，早期
儒家將祭祀的主體放在生者的誠敬之意，以及將人的不朽放在人世的價值上
也顯示早期儒家重視“生”更勝於“死”，並且企圖以生命的價值化解死亡
的恐懼。

總結本章所言，從喪禮我們得知早期儒家認為生死之間必須謹慎的加以
區別，人的生命意義與價值在活著的世界求得，而非死後的世界，因此“生”
是重於“死”。可是在“生死有命”的情況下，早期儒家希望在壽終正寢、
德性圓滿發展上使人有勇氣面對死亡。而祭祀的行為則讓人對死亡不抱有完
全絕望的態度，因為他的精神將為子孫所繼承。

面對生命、死亡，人類有多種不同的觀點。印度人的成梵過程將死視為
生的否定，並且給予死亡抽象的生命意義。埃及人則是藉著生的具體形象讓
死獲得了獨立和保存。而在中國社會中變形再生的神話是相信靈魂不滅的結
果。先秦哲學家——莊子則主張「齊生死」，〔註47〕以為人的生死皆是大自然

─────────────────

〔註47〕《莊子‧齊物論》：「方生方死，方死方生。」莊子的妻子死亡，莊子卻鼓盆而
歌，惠子批評他不盡情理，他回答：「不然。是其始也，我獨何能無慨然！察其

造化的表現，因而生死是無法避免的生命過程，生死並無差別，生爲道的展現，死爲道的歸宿，生死皆爲道的循環，所以不必爲生高興，也不必爲死感到憂愁與恐懼。"生"、"死"同爲生命的自然現象，但是"生"、"死"畢竟不同，不同的原因在於人無法得知生命創始之前的事情，可是，既然生於世，必定在"生"的世界留下成長的痕跡，死後的世界雖然不可知，曾經走過的歲月，卻是可以在生者心中留下不可抹滅的印象。"死"結束死者與生者之間的聯繫，因此不同於代表人與人之間生命交流開始——"生"，因此從某種意義來說，"死"無法等同於"生"。

康韻梅曾經將先秦時期面對死亡的觀點和態度，歸爲四大類：一是生死相繼的思維——以"化"言死。二是長生的久視的迷思——追求永生，逃避死亡。三是死而不亡的信仰——相信死後的存在和存在的世界，並深信生者與死者之間相涉。四是以生制死的理性——正視死亡存在的事實，並從中發展出生的價值，以克服死亡。康氏即是將早期儒家以禮節情，以情定禮的理性處理死亡態度歸入第四類，肯定早期儒家對生死展開另一層次的闡釋的價值。〔註48〕早期儒家喪禮的種種儀節，從生者角度來說，即是讓生者明瞭親人死去是必須接受的事實，生者也盡了最大的努力爲死者完成人生最後的一件事，因此生者不應長久生活在親人離去的陰影下，而應該積極的過完未完成的人生。若從死者的角度來說，得正命而死，並且得到精神上的不朽才是一件值得安慰的事情。肉體雖然在考慮生者對死者親情下由殯斂的方式可以暫時得到保存，然而精神的不朽是不需要藉著肉體的存在作爲保證的。因此早期儒家的生死觀是正視死亡，具有肯定人生意義觀點。

> 禮達而分定，人皆愛其死而患其生。（《禮記‧禮運》）

禮充分發展之後，每人應盡的義務確定，每個人皆愛惜生命、尊重死亡，只希望在活著的時候可以做一些有意義的事，而不是浪費生命、虛擲光陰。

給予生命意義，是我們的態度，而不是外在的環境。外在的環境可能教導你何者才是生命的意義，但是每個人對生命的意義、肯定生命價值的方向都不同。通常一個人在碰到親人死亡時，更會觸發他對生命意義的探討，早

始而本無生。非徒無生也而本無形，非徒無形也而本無氣。染乎芒芴之間，變而有氣，氣變而有形，形變而有生，今又變而之死，是相與爲春秋冬夏四時形也。人且偃然寢于巨室，而我噭噭然隨而哭之，自以爲不通乎命。故止也。」

〔註48〕參見康韻梅，《中國古代死亡觀之探究》，台北：台灣大學文學院，1985年，頁5～6。

期儒家喪禮即是在此時刻教導一個人尊重生命、盡一個人一生應盡的責任。當然對現代社會而言，這可能忽略自我發展的必要，可是人是群居的動物，如果一個人無法扮演好生命中的各種角色，以使他能與家庭、社會和諧相處，他將因為得不到親人、朋友的關懷而陷於無助孤獨的狀態，這應該也不是人生於世的常態。

第五章　喪禮在早期儒家思想的地位

　　說明喪禮在早期儒家思想的地位之前，首先說明早期儒家對於禮的重視。據《左傳》中"禮"字使用的情況來看，禮是評判個人行為及政治運作的標準。深入說明禮治的原理，皆出於春秋晚期，恰在孔子早年的時期，以子產、叔向〔註1〕之言論為代表。孔子繼承這些禮治思想而有所開拓。孔子將禮治思想提昇到哲學層次，以仁字貫穿禮制，而孟荀繼承孔子思想，皆在人性的基礎上論禮。

　　依現存早期儒家文獻的記載來看，禮在早期儒家思想中，佔有很重要的地位，從個人的修身處世，到社會的各種倫理道德規範無不以禮作為標準。孔子以禮作為教育弟子的重要項目之一。顏淵讚嘆孔子教育他的方式：

　　　夫子循循然善誘人：「博我以文，約我以禮」。（《論語・子罕》）

孔子則教導伯魚要學禮：

　　　曰：「學禮乎？」曰：「未也。」曰：「不學禮，無以立。」鯉退而禮。

　　　（《論語・季氏》）

孔子以為學禮可以使個人的德性圓滿，進而能立足於社會之中，故以禮約束顏淵，又教導伯魚學禮以立於世的重要，可見禮在孔子心目中有很重要的地位。

〔註 1〕 昭公六年三月，叔向使詒子產書曰：「昔先王議事以制，不為刑辟，懼民之有爭心也，猶不可禁禦。是故閑之以義，糾之以政，行之以禮，奉之以仁。」叔向以為禮是維繫社會秩序的根本。昭公二十五年子大叔對趙簡子說明揖讓周旋之節是儀式而非禮的真意，並向趙簡子陳述子產對禮的看法：「夫禮，天之經也。地之義也。民之行也。」。參見《左傳》十三經注疏本，台北：藝文，頁 749～750 及頁 888。

　　繼孔子之後，孟子談擴充四端之心以保四海、以事父母，其中一端即是「辭讓之心，禮之端也。」〔註2〕荀子論學之終始則云「始乎讀經，終乎讀禮。」〔註3〕可見禮在早期儒家思想發展中一直受到重視。

　　但是，禮的範圍很廣，依《周禮‧大宗伯職》所載即可分爲「吉、凶、賓、軍、嘉。」五大類。〔註4〕從現存典籍記載來看，屬於凶禮範圍的喪禮〔註5〕顯然受到更多的重視。《周禮‧春官》有〈冢人職〉、〈墓大夫職〉、〈職喪職〉、〈喪祝職〉專管喪葬之事。《儀禮》有〈士喪禮〉、〈既夕禮〉、〈士虞禮〉專論喪禮儀節，又有〈喪服〉專論喪禮服制的親疏、尊卑之別。《禮記》除了〈檀弓上下〉、〈曾子問〉、〈喪服小記〉、〈喪大記〉、〈雜記上下〉、〈奔喪〉、〈問喪〉、〈服問〉、〈閒傳〉、〈三年問〉、〈喪服四制〉等十三篇專論喪禮之外，其他篇章言及喪禮者亦有數十百條，整體而言，《儀禮》記載喪禮者十之三，《禮記》記載喪禮者十之四。〔註6〕這是從文獻資料說明喪禮受早期儒家重視的情況，以下就思想方面探討喪禮何以在眾多禮制中受到早期儒家的特別關注。

第一節　喪禮與孝的關係

　　要由喪禮與"孝"的關係說明喪禮在早期儒家思想的地位，首先必須說明早期儒家重視孝道的觀念，方能凸顯做爲孝道具體實踐行爲的喪禮在早期儒家思想的重要地位。

一、早期儒家重視孝道

　　早期儒家所講的"孝道"，是在家庭中子孫侍奉父母、祖先的行爲規範，強調的是一種下對上的倫理準則。從字義來看，"孝"原指善事父母的孝親

〔註2〕《孟子‧公孫丑上》：「惻隱之心，仁之端也；羞惡之心，義之端也；辭讓之心，禮之端也；是非之心，智之端也。人有四端也，猶其有四體也；……凡有四端於我者，知皆擴而充之矣，若火之始然，泉之始達。苟能充之，足以保四海；苟不充之，不足以事父母。」

〔註3〕《荀子‧勸學》：「學惡乎始？惡乎終？曰：『其數則始乎誦經，終乎讀禮。』」

〔註4〕《周禮‧大宗伯職》：「以吉禮事邦國之鬼神，以凶禮哀邦國之憂，以喪禮哀死亡。……以賓禮親邦國。……以軍禮同邦國。……以嘉禮親萬民。」

〔註5〕參見章景明，〈祭、喪禮之吉凶觀念之分別〉，《三禮研究論集》，台北：黎民，1981年，頁171～180。對於喪禮屬凶禮有詳細的說明。

〔註6〕參見徐乾學，《讀禮通考》文淵閣四庫全書，台北：商務，1983年，頁4。

行爲，進而擴大到對祖先的祭祀。而孝親觀念的產生，則是人類社會進化到以父權爲主的專偶婚家庭形成以後的事情。似乎商代已有明確的孝親觀念與事實，但是因爲缺少事實佐證，應該還沒有形成爲普遍的價值與規範。到周代，由《詩經》論孝的詩句，可以看出孝道已受到政府的重視和提倡。然而孝道的完整體系到了孔子之時才形成。孔子之後，孝道思想經由曾子、孟子、荀子一直到西漢儒者，分別又得到不同的繼承與發揚。〔註7〕

　　有關孝道的具體內容，本文不予以詳加論述，在此僅僅說明早期儒家重視孝道之原因爲何？也就是自孔子開始，孝道被認爲具有那些作用因而受到提倡？以下分二點加以說明：

（一）孝為做人的根本

　　孔子以“仁”爲一切道德的總稱，若就日常生活學習的情況而言，要成爲有仁德的人首先要做的就是孝，孔子云：

> 弟子入者孝，出則弟，謹而信，汎愛眾，而親仁。行有餘力，則以學文。（《論語‧學而》）

孔子勉勵弟子做人以德性爲重，行有餘力再學習詩書六藝。既然以德性爲重，在實際的做法上最先要做到即是“入則孝”，知道孝順父母，則能擴展親愛、尊敬的德行，成爲有仁德的人。有子曰：

> 孝弟也者，其爲仁之本與？（《論語‧學而》）

在複雜人際關係中，孝乃是人與人交往過程中最首要，最基本之事。孝是實踐仁的起點，是一個人成就仁德所必須做到的基礎。〔註8〕而且孝是充塞於天地之間，不論何時何地都可以行得通的生活準則，曾子曰：

> 夫孝，置之而塞乎天地，溥之而橫乎四海，施諸後世而無朝夕。推而放諸東海而準，推而放諸西海而準，推而放諸南海而準，推而放諸北海而準。詩云自西自東，自南自北，無思不服，此之謂也。（《禮記‧祭義》）

孝的廣大，可以說大到不受到時間、空間的限制，依此，孝，是生於天地的人自然而然必須要做到的德性。亦即是人對於孝何以能成爲重要德性並不需

〔註7〕參見鮑師國順，〈孝道傳統的考察與省思〉，《第一屆傳統文化與現代社會學術研討會》，高雄：中華民國民間文學會，1996年，頁32～34。

〔註8〕參見謝幼偉，〈孝道與中國社會〉，《中國人的心靈——中國哲學與文化要義》，台北：聯經，1984年2月，頁142～144。

要有任何的懷疑，只要努力去做就是正確的。

孟子則將孝對一個人成德的重要性更加的擴大，孟子云：「仁之實，事親是也。」（《孟子‧離婁上》）仁的實際做法就是孝親，又云：

> 不得乎親，不可以爲人；不順乎親，不可以爲子。舜盡事親之道，
> 而瞽瞍底豫；瞽瞍底豫而天下化；瞽瞍底豫而天下之爲父子者定，
> 此之謂大孝。（〈離婁上〉）

在孟子看來作爲人子的重要表現即是孝親和順親，舜能成爲天子教化人民，即是在於舜做到天下的大孝。孟子似乎將孝的重要做了無限的擴大，認爲孝是順從父母的意思，使父母快樂才是孝。

> 事孰爲大？事親爲大。……孰不爲事？事親，事之本也。（〈離婁上〉）

人皆要尊敬、侍奉長上而其中以侍奉父母爲最大、最重要的事情。因此《孟子‧離婁下》記載公都子請問孟子何以和人人皆稱不孝的章子交往時，孟子以爲章子在無法侍奉父親之時，也讓自己得不到妻子侍奉以表示自己不得侍奉父親實爲不得已之事，章子的心情是值得體諒的。因爲親情之間的交流最怕的是互相責求於正道，因而傷害到恩情與親情。〔註9〕可見父子之間是不責求於善，子女對父母的侍奉是人之所以爲人所應該做到的事，如果無法做到，自己在社會亦難以立足，自己孝親的心情也無法得到滿足。孝親思想推展到極致則是「仁人之事親也如事天，事天如事親。」（《禮記‧哀公問》）這樣的說法已經將事親的孝推崇到和事天一樣高的地位。

荀子認爲孝是存在於禮義的道理。荀子對禮的理論有重要的發展，認爲人之所以能成善，主要是由學習教養而來的，禮則是對人的教養，因此云：「學惡乎始，惡乎終？曰：其數則始乎誦經，終乎讀禮，其義則始乎爲士，終乎聖人。」（《荀子‧勸學》）荀子論禮的內容包羅萬象，孝也包括在禮義文理之中，

> 孝子之道，禮義之文理也。（《荀子‧性惡》）

可見荀子對於孝也是採取肯定的態度，因此才會認爲孝子之道是禮義的文理，

〔註9〕 《孟子‧離婁下》：「公都子曰：『匡章，通國皆稱不孝焉；夫子與之遊，又從而禮貌之，敢問何也？』孟子曰：『世俗所謂不孝者五：惰其四肢，不顧父母之養，一不孝也；博奕，好飲酒，不顧父母之養，二不孝也；好貨財，私妻子，不顧父母之養，三不孝也；從耳目之欲以爲父母之戮，四不孝也；好勇鬥狠，以危父母，五不孝也。章子有一於是乎？夫章子，子父責善而不相遇也。責善，朋友之道也；父子責善，賊恩之大者。夫章子，豈不欲有夫妻子母之屬哉？爲得罪於父，不得近，出妻屏子，終身不養焉，其設心以爲不若是，是則罪之大者。是則章子已矣。』」

人學習禮義，自然能成為孝子。「禮也者，老者孝焉，幼者慈焉。」(《荀子·大略》)禮是教人父慈子孝的道理，讓人盡一份生於社會應有的責任。

(二) 教孝以治國、平天下

孝和治國、平天下的關係是非常密切的，有人問孔子為何不從政呢？孔子回答：

> 書云：「孝乎惟孝，友于兄弟。」施於有政，是亦為政，奚其為為政？
> (《論語·為政》)

將家庭中孝順父母、友愛兄弟的行為推廣到政治上亦是從政，能治好一家之事，進而能治理一國之事。孝順、友愛是齊家的根本，而齊家是政治上的首要任務，有子曰：

> 其為人也孝弟，而好犯上者鮮矣。不好犯上，而好作亂者，未之有
> 也。君子務本，本立而道生。(《論語·學而》)

孝弟是仁德的根本，懂得孝弟者，必然不會喜歡侵犯長上，不喜愛侵犯長上而喜愛作亂的人可以說是沒有的。因此如果孝弟之道能夠行於世，那麼天下就會因為沒有亂臣賊子，而達到群居和諧的生活。孔子回答季康子問如何使人民"敬"、"忠"、"勸"的問題時有云：

> 臨之以莊，則敬；孝慈，則忠；舉善而教不能，則勸。(《論語·為
> 政》)

在位者向上能孝順父母，向下能慈愛百姓，百姓自然會忠愛於君主。「先王之所以治天下者五：貴老為其近於親，慈幼為其近於子。」又「至孝近乎，雖天子必有父。」(《禮記·祭義》)人人皆由父母而來，即使是天子也不例外，因此"父慈子孝"是人人可以做到的事，能孝親則知道敬老尊賢，能慈愛子女進而親愛天下人。孝弟之道擴展到最後必能使天下人和諧相處。因此孔子以為行於一家的孝弟也是從政的一種方式，何必一定要擔任官職才算是從政呢？在孔子心中從政的意義在於是否能使天下人各安其位，各守其份，自然和諧的生活，而不在於是否有一個官職的名稱，因此孝弟之道亦足以為政。

孔子所說的孝弟之道與治國的關係是從孝弟能穩固家族的力量，進而間接使社會安定來立說。孟子承繼孔子的思想，主張「人人親其親，長其長，而天下平。」(《孟子·離婁上》)顯然將孝弟的價值做了無限的擴充。孟子又云：「堯舜之道，孝弟而已矣。」(《孟子·告子下》)孝弟之道與治國的關係已是密不可分。

　　孝道因爲是做人的根本，更可推展到治國、平天下因而受到重視。早期
儒家特別強調孝道，無非是恐怕人有能力去做而不願意去做，因而一再的解
釋、說明。然而父母與子女之間的關係並非局限於單方向的付出，而是"父
慈子孝"的互相對待情感。做子女的覺得父母有錯，要不辭辛勞的婉言勸告。
〔註10〕孔子說侍奉父母要"無違"，並非絕對服從父母之意。所謂"無違"，
是"無違於禮"，即是「生事之以禮，死葬之以禮，祭之以禮」（《論語·爲
政》）以合乎一定的規範而不作無限制的蔓延作爲孝順父母的方法。

二、喪禮爲孝道的具體實踐

　　孔子回答孟懿子問孝之言：

> 孟懿子問孝，子曰：「無違。」樊遲御，子告之曰：「孟孫問孝於我，
> 我對曰無違。」樊遲曰：「何謂也？」子曰：「生，事之以禮；死，
> 葬之以禮，祭之以禮。」（《論語·爲政》）

樊遲不明白孔子對孟懿子所說"無違"即是"無違於禮"的意思，因而反問
孔子，孔子進一步以"生，事之以禮；死，葬之以禮，祭之以禮"向樊遲解
釋，爲人子女從父母生時奉養，到死時的埋葬，及死後的祭祀都不要違背禮，
那麼可以稱得上"孝"。因此，我們可以從這一段話窺知孔子重視喪禮，應
該是從孝子之心是否可以延續的角度出發。更進一步的說，我們可以從一個
人對父母喪禮的處理態度來判斷這個人是否稱得上孝順。

> 親喪，固所自盡也。曾子曰：「生，事之以禮；死，葬之以禮，祭之
> 以禮，可謂孝矣。」（《孟子·滕文公》）

喪禮最主要的是能表達內心的情感，這樣的情感是不容許造假的，也唯有在
此時刻才能看出一個人的眞情，孔子云：

> 父在觀其志，父沒觀其行。三年無改於父之道，可謂孝矣。（《論語·
> 學而》）

一個人的品性我們可以從他父親在世和去世的時候觀察出來。如果在守喪的
三年之中，他都能不改父親生前教導他的道理，才可以稱得上是"孝"。一

〔註10〕《論語·里仁》：「事父母幾諫，見志不從，又敬不違，勞而不怨。」劉寶楠
　　　　正義：「勞而不怨，謂憂父母不從，更思進諫也。」父母有過失，子女好言相
　　　　勸，如果父母並不聽從，做子女的要不斷的、有耐心的以婉言勸諫父母，不
　　　　需要"抗顏直諫"與父母產生正面衝突。

個人能在父親在世的時候孝順父親，我們不能確定他是否真的孝順，如果一個人能在父親死後，仍然不忘記父親生前的教誨，那麼才可以算是孝。因為如果在經過生死之間的轉換，仍然能夠不改變孝親的行為，我們可以由此確定這樣的孝才是發自內心的、完整的孝，不是父親在世時做給父親或者是別人看的。

孟子亦是從孝子對親人最真摯的情感來論喪禮。《孟子·滕文公上》記載孟子回答墨者夷之所提為何要厚葬其親的問題時說道；上古的時候，人也有不埋葬親人，將親人遺體丟在山谷之間。有一天經過那裡，卻發現親人遺體被狐狸吃，又讓蠅蚋姑吸食。古人看到此種景象不禁悲傷動容，驚嚇得從額頭流出汗來。這時，只能斜著眼看，不忍心正視這樣的景象。從額頭流出汗來，不是為別人流的，是發自內心——"中心達於面目"的自然表現。於是回家拿鍬和土籠，再回來把親人的遺體埋了。如果這個人掩埋親人的遺體是對的，那麼後世孝子仁人之所以要掩埋親人的遺體，實在是有道理的。

孝子仁人本著不忍親人遺體暴露於外受其他生物摧殘心情，故埋葬親人遺體，這樣的行為是發自內心而展露於外的親愛之情的自然表現。因此，一個人如果真的孝順，那麼這樣的孝順之情在親人死時更會自然而然的表現出來，所以從一個人處理親人喪禮態度，我們更可以了解他是否盡孝。孟子云：

　　養生不足以當大事，惟送死可以當大事。(《孟子·離婁下》)

孟子此言並非說明生前的奉養不重要，而是說人死不能復生，所以要慎行其事。而且這是孝子可以為親人做的最後一件事情，不論做的如何，也就只有這一回了。不管父母在世的時候你是否已經盡了孝道，面對父母生命的逝去，為人子女更應該了解父母對子女的愛，也體會到孝順的重要，因此盡心處理能替父母做的最後一件事——喪祭之禮，故孟子言"惟送死可以當大事"。

　　故人之生也，百歲之中，有疾病焉，有老幼焉，故君子思其不復者

　　而先施焉。親戚既歿，雖欲孝，誰為孝？年既耆艾，雖弟，誰為弟？

　　故孝有不及，弟有不時，其此之謂與！(《大戴禮記·曾子疾病》)

人有生老病死，誰也不知道人生在世會以怎樣的情況離開世間，碰上"樹欲靜而風不止，子欲養而親不待"，為人子女又能如何呢？生前即懂得孝順父母者，在父母死後喪禮上也能自然而然表現親愛之情。至於不孝的子孫，生前的種種不是，在親人離去之時還不能有覺悟，也就沒有什麼好談了。"君子思其不復者而先施"親人在世時，我們盡所能的孝順，到親人離去時，我

們能爲親人做的最後一件事，怎麼能不盡全心去做呢？荀子云：

> 禮者，謹於治生死者也。生，人之始也；死，人之終也，終始俱善，
> 人道畢矣。故君子敬始而慎終，終始如一，是君子之道，禮義之文。
> 夫厚其生而薄其死，是敬其有知而慢其無知也。……故死之爲道也，
> 一而不可再復也，臣之所以致重其君，子之所以致重其親，於是盡
> 矣。故事生不忠厚、不敬文，謂之野；送死不忠厚、不敬文，謂之
> 瘠，君子賤野而羞瘠。使生死若一，一足以爲人願，是先王之道，
> 忠臣孝子之極也。(《荀子·禮論》)

禮是謹愼的處理生與死的事情，生是人生的開始，死是人生的結束，有好的
開始和好的結束，才能算是完整的爲人之道。因此君子以禮義之文敬重生命，
並且認眞對待生命的終結。如果君子厚生薄死，豈不是尊敬人有知覺的時候
而欺侮人沒有知覺的時候。況且人死是“一而不可再復”忠臣孝子怎麼可輕
視這等重要的事呢？所以忠臣孝子的孝心要“始終如一”，從親人在世延續
到親人死亡，即是親人雖然已經逝去，不可因爲他們已經逝去、毫無知覺了，
而改變我們的孝心，還是要如同生前一樣親愛他們。

最完滿的孝，應該是延續到父母死後，「事死如事生，事亡如事存，孝之
至也。」(《禮記·中庸》)「父母既沒，愼行其身，不遺父母惡名，可謂能終
矣。」(〈祭義〉) 都是將孝的行爲推展到父母死後。

> 民之本教曰孝，其行之曰養。養可能也，敬爲難；敬可能也，安爲
> 難；安可能也，久爲難；久可能也，卒爲難。父母既歿，愼行其身，
> 不遺父母惡名，可謂能終也。……父母既歿，哀祀之加之，如此謂
> 禮終矣。(《大戴禮記·曾子大孝》)

教民爲孝的實際行爲即是奉養父母。但是父母生時，奉養、尊敬、使父母快
樂這些都是可能而且較容易做到的，如果能做到在父母死後，躬身自修，愼
行其行，不使父母蒙羞更是難能可貴，這才算是終身行孝。而禮的最終表現
莫過於父母卒後，祭祀父母，時時不忘父母的教誨。

再者，喪禮進行的儀式中，虞祭之後已將親人視爲鬼神，因此虞祭之後
的儀式可以說是吉祭而非喪祭。〔註11〕如果能在吉祭時，仍保有思慕哀痛之
心，那可算是禮的最完善的表現。

〔註11〕參見章景明，〈祭、喪禮之吉凶觀念之分別〉，《三禮研究論集》，台北：黎民，
　　　　1981 年，頁 179。

> 祭者，所以追養繼孝也。孝者畜也。順於道不逆於倫，是之謂畜。
> 是故，孝子之事親也，有三道焉：生則養，沒則喪，喪畢則祭。養
> 則觀其順也，喪則觀其哀也，祭則觀其敬而時也。盡此三道者，孝
> 子之行也。(《禮記‧祭統》)

祭祀是延續人子孝養之心，孝子侍奉親人有三點重要的原則——養則樂其
親、喪則盡其哀、祭則觀其敬。孝子祭祀時如何表現敬愛親人的情感呢？

> 先王之孝也，色不忘乎目，聲不絕乎耳，心志耆欲不忘乎心。致愛
> 則存，致愨則著。著存不忘乎心，夫安得不敬乎？君子生則敬養，
> 死則敬享，思終身弗辱也。君子終身之喪，忌日之謂也，忌日不用，
> 非不祥也。言夫日，志有所至，而不敢盡其私。……文王之祭也：
> 事死者如事生，思死者如不欲生，忌日必哀，稱諱如見親。祀之忠
> 也：如見親之所愛，如欲色然：其文王與？(《禮記‧祭義》)

> 孝子之祭也，盡其愨而愨焉，盡其信而信焉，盡其敬而敬焉，盡其禮
> 而不過失焉。……孝子之有深愛者，必有和氣；有和氣者，必有愉色；
> 有愉色者，必有婉容。孝子如執玉，如奉盈，洞洞屬屬然，如弗勝，
> 如將失之。嚴威儼恪，非所以事親也，成人之道也。(〈祭義〉)

> 孝子之將祭祀，必有齊莊之心以慮事，以具服物，以脩宮室，以治百
> 事。及祭之日，顏色必溫，行必恐，如懼不及愛然。其奠之也，容貌
> 必溫，身必詘，如語焉而未之然。宿者皆出，其立卑靜以正，如將弗
> 見然。及祭之後，陶陶遂遂，如將復入然。是故愨善不違身，耳目不
> 違心，思慮不違親。結諸心，形諸色，而術省之：孝子之志也。……
> 曾子曰：父母既沒，必求仁者之粟以祀之，此之謂禮終。(〈祭義〉)

以上《禮記‧祭義》的內容皆說明孝子祭祀親人時要保有敬愛親人的心，所
以祭日那一天不用來處理自己的私事。而且祭祀之前，先舉行散齊七日、致
齊三日的齊戒來澄靜心志，[註12] 常常在心中想念著親人生前的事情，時時
不忘親人生前的教導。透過心智的想像，彷彿親人真的回到眼前再接受子女
的孝敬，因而自然而然在祭祀時表現出誠懇真摯、寧靜平和的氣象，並且期

〔註12〕《禮記‧祭義》：「致齊於內，散齊於外。齊之日，思其居處，思其笑語，思
其志意，思其所樂，思其所嗜。齊三日，乃見其所為齊者。」〈祭統〉：「是故
君子之齊也，專致其精明之德也。故散齊七日以定之，致齊三日以齊之。定
之之謂齊，齊者，精明之至也。然後可以交於神明也。」

待能和已故的親人得到精神的感通。孝子甚至在祭祀的祭品上也要求是正當管道得來的東西。這才是孝親最完整的表現。

每個人無法得知自己何時會死亡，有的出世不久就夭折；有的青少年時即發生不幸；有的則正值意氣風發壯年時期離開人世；有的一生順利，得以"壽終正寢"，喪禮的內容應該包括每一種可能的情況。但是，早期儒家特別將喪禮放到子女到父母孝心來談，無非強調人皆父母所生，父母對子女的親愛與呵護是與生俱來的，子女體諒父母之辛勞，想要報答父母養育之情，卻是比天還高、比海還深，難以回報的。

> 哀哀父母，生我劬勞……哀哀父母，生我勞瘁……鮮民之生，不如
> 生之久矣！無父何怙？無母何恃？出則銜恤，入則靡至。父兮生我，
> 母兮鞠我，拊我畜我，長我育我，顧我復我，出入復我，欲報之德，
> 昊天罔極！南山烈烈，飄風發發，民莫不穀，我獨何害？南山律律，
> 飄風弗弗，民莫不穀，我獨不卒？（《詩經・小雅・蓼莪》）

當子女面對父母逝去，頓時失去依靠，想要報答的教養之恩亦無從回報，因而如何能夠不重視能為父母做的最後一件事——喪祭之禮呢？

> 宰我問：「三年之喪，期已久矣，君子三年不為禮，禮必壞，三年不
> 為樂，樂必崩。舊穀既沒，新穀既升，鑽燧改火，期可已矣！」子
> 曰：「食夫稻，衣夫錦，於女安乎？」曰：「安。」「女安則為之，夫
> 君子之居喪，食旨不甘，聞樂不樂，居處不安，故不為也。今女安，
> 則為之。」宰我出。子曰：「予之不仁也！子生三年，然後免於父母
> 之懷。夫三年之喪，天下之通喪也。予也，有三年之愛於其父母乎！」
> （《論語・陽貨》）

宰我以為三年之喪太久，三年不興禮樂之事，則必禮壞樂崩，因而主張一年的喪期。但是，孔子以為一個人出生之後至少要三年才能離開父母的懷抱，一個人在嬰兒時期沒有獨自生活的能力，餓了不懂得吃，冷了不會穿衣服，完全需要父母的餵養、照顧才得以存活下去，因而孔子主張三年之喪，以報答父母育養的恩情。可是孔子並不勉強宰我一定要贊同三年之喪，因為三年之喪是仁人孝子自然的表現，既然宰我安於一年的喪期，就讓他去做吧！只是孔子不免感嘆宰我是不是體會父母愛他的恩情，而回報父母於萬一。

雖然孔子主張三年之喪，但是若哀毀太過而致毀壞自己的身體，亦是不孝。

居喪禮，頭有創則沐，身有瘍則浴，有疾則飲酒食肉，疾止復初。

不勝喪，乃比於不慈不孝。(《禮記・曲禮上》)

身體髮膚受之父母不敢毀傷，如果在喪期中使受之於父母身體受到傷害，就如同不慈愛子女，不孝順父母。「天之所生，地之所養，無人爲大。父母全而生之，子全而歸之，可謂孝矣。不虧其體，不辱其身，可謂全矣。故君子頃步而弗敢忘孝也。」(《禮記・祭義》)父母完整的生下子女，子女善待自己的身體以歸還父母，才能無愧於天地之間，然後能不使父母受辱。

親人情感之間的互動是很難加以算計的，父母生育子女的辛勞是無極無盡，做爲子女回報父母的恩情亦是無窮的。孝悌之情是人類情感中最初、最自然、最深刻的也是最重要的感情。喪禮經由早期儒家注入孝的觀念之後，喪禮已成爲孝的外在行爲表現，如康韻梅所云：

儒家則將此行諸所有生者與死者當有的態度，表現在喪祭之禮的執行中，並特別關注此精神在子女對父母之親情的展現，認爲是行之於子女與父母之間孝的實踐。〔註13〕

喪禮與孝的關係密切，已成爲早期儒家思想中實行孝悌之道的具體表現。孝是抽象的觀念，必須靠外在行爲才能展現出來，而喪禮即是表達孝的外在儀節。因而在相信孝能夠修身、治國、平天下的情況下，我們可以從正面肯定早期儒家喪禮的意義。

整體而言，早期儒家是重"禮"、重"孝"的，因此能實踐"孝"的喪禮在早期儒家思想中的地位可見一斑。

第二節　喪禮與修己治人的關係

在探討喪禮與修己治人的關係之前，我們可以先說明早期儒家對於禮本來就有很高的期望，認爲禮是修己治人以及一切行爲規範的根本。首先就禮與自我修身的關係來談。孔子以禮教育弟子，認爲學禮有助於立身處世。孟子則云"仁、義、禮、智"根源於本心，禮是人的「恭敬之心」。〔註14〕君子因爲心中有禮，所以能得到別人的尊敬。孟子云：「君子以仁存心，以禮存心。

〔註13〕參見康韻梅，《中國古代死亡觀之探究》，台北：台灣大學文學院，1994年，頁209。

〔註14〕《孟子・公孫丑上》：「惻隱之心，仁之端也；羞惡之心，義之端也；恭敬之心，禮之端也；是非之心，智之端也。」

仁者愛人，有禮者敬人。愛人者人常愛之，敬人者人常敬之。」（《孟子‧離婁下》）知禮則知謙讓，知謙讓則是尊敬別人的表現，「禮尚往來」（《禮記‧曲禮上》）你能尊敬別人，則別人必反以尊敬對待你，因此君子是常常保有恭敬之心。

孟子以為禮的恭敬之心是人本有的，荀子認為禮是化性起偽的依據。孟荀思考問題的方向不同，但是皆肯定禮的價值。荀子以為禮可以培養自我心靈的掌握能力，所以云：「禮者，所以正身也，……無禮何以正身？」（《荀子‧致士》）又云：「凡治氣養之術，莫徑由禮。」（〈修身〉）凡是要修養身心就要從學禮開始，學禮與否甚至可以讓人有君子、小人的分別。「今之人化師法，積文學，道禮義者為君子，縱性情，安恣睢，而違禮義者，為小人。」（《荀子‧性惡》）個人修養的好壞應該以行為無違於禮作為衡量的準則。因為一切的道德標準皆可以由禮學習而得。〔註15〕能習於禮而且行於禮的才是有教養的人，如果能常常思索禮意，保有禮的本意，並且樂於行禮，那麼就可以成為聖人。〔註16〕

再就治國、為政必須以禮為根本來談。所謂「為國以禮」（《論語‧先進》）即指出禮是治理國家的重要根本。孔子云：「道之以政，齊之以刑，民免而無恥。道之以德，齊之以禮，有恥且格。」（《論語‧為政》）以禮來規範人民，人民自然有羞恥心，而且能歸向於正道。然而所謂禮不能徒具禮文而已，「能以禮讓為國乎，何有，不能以禮讓為國，如禮何？」（《論語‧里仁》）先王為治理人的爭亂因此制定禮義以消弭人與人之間的爭奪，讓人人皆知道有所節制，不要逞於一己之欲，而造成爭亂不休的局面，因此禮含有謙退的意味在內，希望人人不要只為自己的欲望著想，也要為其它生於世上的人著想。如果以禮讓教導人民，人民即知道謙讓。禮的作用主要是讓群居的人類能謙退和合，有子曰：「禮之用，和為貴，先王之道，斯為美，小大由之。有所不行，知和而和，不以禮節之，亦不可行也。」（《論語‧學而》）禮在於讓人知道節制，知道節制則從容合節，因此"禮之用，和為貴"君王治理國政，所碰到無非是人與人之間相處的問題，禮的施行則有助於君王治國，人與人和諧相

〔註15〕《荀子‧勸學》：「禮者，法之大分，類之綱紀也，故學至乎禮而止矣。夫是之謂道德之極。」

〔註16〕《荀子‧禮論》：「然而不法禮，不足禮，謂之無方之民，法禮足禮，謂之有方之士。禮之中焉能思索，謂之能慮；禮之中能勿易，謂之能固。能慮、能固，加好之者焉，斯聖人矣。」

處國家自然興盛。

　　在《荀子》書中對於禮有助治國的觀念有更多的著墨，例如「國無禮則不正，禮所以正國也。」(《荀子‧王霸》)「禮義之謂治，非禮義之所謂亂也。」(〈不苟〉)「禮者，治辨之極也，強國之本也，威行之道也。功名之總也。」(〈議兵〉)「禮者，政之輓也，為政不以禮，政不行矣。」(〈大略〉)等等，皆說明禮對於治國有著舉足輕重的地位。

　　以上是概括論禮與修己治人的關係，讓我們知道禮從個人到國家有何重要性，但是這只是一個概括的說法，我們需要一些更切實的內容來證明禮和修己治人的確切關係為何？以下兩點即是仔細探討屬於禮的一部分——喪禮，和修己治人之間有何重要的關聯。

一、以喪禮觀人

　　在本章第二節中已經說明喪禮是孝道的具體實踐，因此從喪禮可以看出個人的修身及品德。如果一個人恰如其分的表現出喪禮應有的態度，我們可以說他是可取的人。孔子論士應有行徑時有云：

> 士見危致命，見得思義，祭思敬，喪思哀，其可矣已。(《論語‧子張》)

孔子以為做到"見危致命，見得思義，祭思敬，喪思哀"可以算是"士"。這四件事的後二件事與喪禮有關，"祭思敬"的"祭"當指祭天地鬼神而言，並不特指祭祀祖先，然而祭祀祖先是從庶民以至於天子都有的禮儀，在所有的祭祀內容之中應該是最受到重視的，因此直接縮小範圍說明士在祭祀祖先時要有誠敬的態度並不為過。居喪的時候表現哀戚的情感，祭祀祖先的時候誠心誠意，都是作為"士"所應該具備的行為。以孔子能盡哀於喪事的情況來看，孔子可以稱為士。孔子曰：

> 出則事公卿，入則事父兄，喪事不敢不勉，不為酒困，何有於我哉？
> (《論語‧子罕》)

喪禮是稱情以立文，以禮文修飾人的哀情，也以禮文節制人的哀情。喪禮是斷長續短，使感情太豐富的人知道有所節制，感情不足的人又能勉力做到，這是聖人立中以制節的用意。孔子能了解喪禮禮意因此說"喪事不敢不勉"，使自己哀情得到合適的表達，作為"士"即是要能考慮到以喪禮適切的表達哀情，使哀情的發洩不會太過或不及。

　　我們也可以從喪禮看出在位者是否有資格作爲一個領導眾人的人，孔子云：

　　　　居上不寬，爲禮不敬，臨喪不哀，吾何以觀之哉？（《論語・八佾》）

居於上位的人除了要有寬宏的度量，行禮恭敬之外，還要做到弔喪時有哀傷的面容，否則的話是不足以成爲在位者。有仁心者應該對生命的消逝有惻隱之心，

　　　　子食於喪者之側未嘗飽也。子於是日哭，則不歌。（《論語・述而》）

　　　　子見齊衰者，……見之，雖少必作，過之必趨。（子罕）

喪禮是謹慎於處理一個人死亡的事情，生命的消逝對任何人都是非常莫可奈何的事，想要再做什麼事情以挽回死者的生命已經是不可能的。面對人世間這樣不圓滿的自然事件，如果不能心中有所感觸而覺得難過的話，怎可以算是人呢？因此，孔子不曾在喪親者的旁邊吃飽過。弔喪的當天則不舉樂。鄰居辦喪事，則不在家歌唱。見到穿齊衰喪服的人，即使是年紀比他輕，他也必定起立，或者快步經過以表示對於生命的敬重，以及對於服喪者表示敬意。在位者治理天下之人，若對於生命的消逝無動於衷，又有何可取的地方呢？

　　另外，如本章第二節所云喪禮是孝道的具體實踐，我們當然也可以由喪禮看出一個人是否是孝親的人。

　　　　孝子之使人也，不敢肆，行不敢自專也。父死三年，不敢改父之
　　　　道。……故孝之於親也，生則有義以輔之，死則哀以刃焉，祭祀則
　　　　刃之，以敬如此，而成於孝子也。（《大戴禮記・孝子本孝》）

《論語・學而》記載，一個人是否可以算是孝，可以從他侍奉父親的行爲來觀察。父親在的時候不敢有一意孤行，必定請教父親。父親死後，守喪其間常常想起父親的教誨，不敢忘記父親生前教導的事情，這可以說是孝了。孔子云：「生事以禮，死葬之以禮，祭之以禮。」（《論語・爲政》）　"孝"是不管父母在世的奉養，或死後的喪祭之禮，都要以禮對待雙親。

　　除了一個人是否爲孝可以由喪禮看出來之外，友愛兄弟的情感、婦女品德的好壞，也可以由喪禮看出：

　　　　父母之喪，衰冠、繩纓、菅屨，三日而食粥，三月而沐，期十三月
　　　　而練冠，三年而祥。比終茲三節者，仁者可以觀其愛焉，知者可以
　　　　觀其理焉，強者可以觀其志焉。禮以治之，義以正之，孝子、弟弟、
　　　　貞婦，皆可得而察焉。（《禮記・喪服四制》）

父母始死時，孝子有三天的時間只能吃得下稀飯，停殯三個月下葬之後才有心情清潔自己的身體，以及為父母守三年之喪，這都是喪禮對於哀情的文飾。傷心得吃不下東西，不會想到居住舒適的地方，這是仁者才能有的表現。各種喪、祭之禮的用具，例如襲、斂的衣服、存放親人遺體的棺槨、隨葬的明器等等，如果不是有智慧的人能明於事理是無法做到的。哀慟在心又要注意外在的文飾，從始死到三年之喪，二十五個月才結束，不是意志堅定，情感篤實的人是做不到的。亦即是說；如果能實行於喪禮者，應該是具有仁、智、勇的美德，一個人是否為孝、為弟、為貞婦也就可以從他是否能行於喪禮得知。

二、慎終追遠民德歸厚

　　禮貫穿人的一生，在人生旅途上，每一個重要的轉折點都有相當的禮儀，教導每一個人各個生活階段應有的觀念與作法。冠禮、及笄禮教導成人應有的社會責任。婚禮提示新婚夫妻家庭和諧、延續家族的重要。喪禮則說明生命的可貴以及對死亡的尊敬。從禮的作用來看，早期儒家特別重視喪禮與早期儒家認為喪禮有修身、教民為孝的功用有很大的關係。若是就整個國家而言，重視喪禮具有使民德歸厚的作用。

　　曾子云：「慎終追遠，民德歸厚矣。」（《論語‧學而》）"慎終追遠"為什麼能使"民德歸厚"與早期儒家講孝道有密切相關。孝可分為三個層次的意義：第一，對父母的敬愛和奉養。第二，延續父母的生物生命，實踐方式為結婚成家、生兒育女。第三，繼承父母的精神生命，完成父母祖先的願望。"慎終追遠"即是屬於第三個層次的孝。"慎終追遠"是早期儒家喪祭之禮重要意涵，我們可以分"慎終"、"追遠"兩點說明喪禮與教化人民，使民心純厚的關係。

　　首先就"慎終"來說。對父母的喪事謹慎是孝道的實踐，在本章第一節中已談過。喪禮實踐孝道，孝又有修身、治人的作用，人人修養身心，國家自然和諧而無爭亂。這是從人子為父母辦理喪事的角度來說。若就個人而言，處理死亡之事的喪禮則具有警惕作用，荀子云：

> 刑餘罪人之喪不得合族黨，獨屬妻子，棺槨三寸，衣衾三領，不得飾棺，不得晝行，以昏殣，凡緣而往埋之，反無哭泣之節，無衰麻之服，無親疏月數之等，各反其平，各復其始。（《荀子‧禮論》）

一個冷清、無人關心的喪禮，是令人感到悲哀的。一個人面對死亡本來就是孤獨的，因為你不可以找到其他人代替你承受死亡的經驗。在這麼空虛無助的情況下，離開人間，如果再加上去世之後沒有親人的追思、懷念，難免讓人感到被丟棄的深深挫折。因此，給犯罪者不圓滿的、不被人關懷的處罰，具有警惕人民的作用，讓想要犯罪的人一考慮到會有一個冷清的喪禮或許就不敢輕舉妄動。人人有所畏懼而不敢犯罪，社會風氣自然會有改善。

再者就"追遠"來談。周初，崇拜祖先與敬天的祭祀活動，主要在顯現宗法制度。祭祀的政治作用勝於道德意義，因為能祭天，祭宗廟者亦是擁有統治權力者。但是，到孔孟荀之後，祭祀的道德意義遠勝過政治作用，而且早期儒家將世俗祭祀，由祈禱趨福避害、去除罪惡的作用，轉化為教孝教忠的教化意義。此教化意義，由早期儒家論"追遠"的祭祖精神最容易得知。如徐復觀所云：

> 孔子及由孔子發展下來的祭祀，則是推自身誠敬仁愛之德，以肯定
> 祭祀的價值。〔註17〕

以祭祀祖先而言，早期儒家認為祭祖是源於自我內心對祖先的親愛、尊敬、懷念和感恩，這是人人皆可以反求諸己而得到的。

> 夫祭者，非物自外至者也，自中出生於心也；心怵而奉之以禮。是
> 故唯賢者能盡祭之義。……夫祭之為物大矣……外則教之以尊其君
> 長，內則教之以孝於其親。故曰：祭者，教之本也。(《禮記・祭統》)

祭祀祖先最主要的是祭者心中先有思親的想法，而後才以禮祭祀祖先。如果心中不能有思親的真情，即是沒有盡到祭祀的真義。能夠因為思親而祭祖，則自然知道孝親、尊長的道理，因此君子以喪祭之禮教導人民孝親、尊長。

> 賢者之祭也，……內盡於己，而外順於道也；忠臣以事其君，孝子
> 以事其親，其本一也。(〈祭統〉)

此言已經將一己的孝親，擴展到對君長的尊敬，已混同忠孝的關係。但是，如此了解"敬於長上；孝於雙親"的孝弟之道的人會犯上作亂者，早期儒家認為是沒有這種人的，〔註18〕因此喪祭之禮有助於教化人心。然而孝親是親愛親人的真情而來的，忠臣對於國君的尊重，則是以義理推求而來的。因此，雖然孝親與敬長皆是喪禮教化人民而希望得到的結果，但是兩者出發點不

〔註17〕 參見徐復觀，《中國人性論史・先秦篇》，台北：商務，1979年，頁82。

〔註18〕 《論語・學而》：「有子曰：其為人也孝弟，而好犯上者鮮矣。不好犯上，而好作亂者，未之有也。」

同，是不宜相混同的。

喪祭之禮亦有助於在下位者明白在上者的德惠：

> 喪祭之禮，所以明臣子之恩也。……夫禮，禁亂之所由生，猶坊止
> 水之所自來也。故以舊坊爲無所用而壞之者，必有水敗；以舊禮無
> 所用而去之者，必有亂患。……喪祭之禮廢，則臣子之恩薄，而倍
> 死忘生者眾矣。〔註19〕……故禮之教化也微，其止邪也於未形，使
> 人日徙善遠罪而不自知也。是以先王隆之也。易曰：「君子慎始，差
> 若毫釐，繆以千里。」此之謂也。（《禮記·經解》）

禮是先王爲治亂而制定的，必定有其中的道理存在，如果以爲禮無用而想要
去掉禮，必然如同毀壞舊提坊一樣，不知道那一天水患來了，卻沒有堤坊可
以阻擋。喪祭之禮是讓爲臣、爲子者明白君王、雙親的恩情，如果廢去喪祭
之禮，則人報恩的情感就會淡薄，忘記前人恩惠的人也就會變多。喪祭之禮
的教化是非常隱微的，從生活中無形的改變人的品德，預防犯罪於未發生之
時，使人在不知不覺之中漸漸遠離不善。

> 凡不孝生於不仁愛也，不仁愛生於喪祭之禮不明。喪祭之禮所以教仁
> 愛也，致愛故能致喪祭，春秋祭祀之不絕，致思慕之心也。夫祭祀，
> 致饋養之逆也。死且思慕饋養，況於生而存乎？故曰：喪祭之禮明，
> 則民孝矣。故有不孝之獄，則飾喪祭之禮也。（《大戴禮記·盛德》）

人之所以不知道孝親，源於不知道仁愛的道理，要使人知道仁愛的道理，就必
須靠喪祭之禮的教化。喪祭之禮不明，則"倍生忘死"的不仁之人就會增加，
社會的禍亂也就會增多。「禮者禁於將然之前，法者禁於已然之後。」（《大戴禮
記·禮察》）禮是防患於未然，而不是禁於已然之後。喪祭之禮教導人民在親人
死後如何親愛他的親人，人民在親人死後既然知道孝養，何況是生前呢？故喪
祭之禮雖然是處理親人死後之事，實際上更是教人如何仁愛其親，故曾子曰：

> 君子立孝，其忠之用，禮之貴。（《大戴禮記·曾子立孝》）

禮以何者爲貴？王聘珍《大戴禮記解詁》引孔子曰：「生，事之以禮；死，葬
之以禮，祭之以禮。」（《論語·爲政》）爲"禮之貴"之注解，喪禮之所以可
貴，即是在於喪禮教人民孝弟之道，人民知孝弟則知愛其親；敬其長，如此，

〔註19〕《大戴禮記·禮察》則云：「喪祭之禮廢，則臣子之恩薄，而倍死忘生之禮眾
矣。」「倍死忘生」怎可稱爲禮，當以《禮記·經解》「倍死忘生者眾矣」較
爲合理。

民德則可以歸於純厚。

　　早期儒家喪祭之禮，讓人對死亡之事謹慎，對於去世的先人，我們能存著尊敬報恩的心理，那麼對在世的尊長自然也能敬愛之心，竭盡孝養之道，社會自然和諧。喪禮能教民為孝，則民風淳樸，因此君王應該要重視喪祭之禮。「（古代帝王）所重民：食、喪、祭」（《論語‧堯曰篇》）為什麼喪祭之事和人民的飲食一樣重要呢？懂得孝悌，可以算是做到仁的根本，人人得仁，社會則無爭亂。所以上位者要照顧人民，使衣食無缺，送死無憾，孟子云：「使民養生喪死無憾也。養生喪死無憾，王道之始。」（《孟子‧梁惠王上》）養生送死都沒有遺憾，人民才能以正面且積極的態度肯定生命的意義與價值，上位者才有施行教化的可能。

> 脩宗廟，敬祀事，教民追孝也。……子云：「升自客階，受弔於賓位，
> 教民追孝也。」（《禮記‧坊記》）

將對父母在世的奉養擴展到死後的祭祀，進而擴充到家族祖先的祭祀，都是教導人民孝親，不忘根本。人人感恩、知恩，社會自然祥和。

　　喪禮以謹慎態度處理"死亡"之事，教導人民不忘父母先祖的恩惠，使民德歸於純厚的作用與治國有很大的關係。孟子曰：「道在爾，而求諸遠；事在易，而求諸難。人人親其親、長其長，而天下平。」（《孟子‧離婁上》）孟子相信人人親愛親人，尊敬長上，必然可以達到天下太平的境界。

> 自仁率親，等而上之至于祖，自義率祖，順而下之，至于禰。是故，
> 人道親親也。親親故尊祖，尊祖故敬宗，敬宗故收族，收族故宗廟
> 嚴，宗廟嚴故重社稷，重社稷故愛百姓，愛百姓故刑罰中，刑罰中
> 故庶民安，庶民安故財用足，財用足故百志成，百志成故禮俗刑，
> 禮俗刑然後樂。詩云：「不顯不承，無斁於人斯。」（《禮記‧大傳》）

這段記載中將喪禮孝親、尊長的仁義之道；如何使國家和樂的互相牽連的關係說得非常清楚。"祖"是所有親愛的親人最高的一層，能親愛父母必有愛人的心，因此可以遞推到最早的祖先。尊敬祖先則敬愛同一宗族的人，然後同一宗族的人就能團結合諧，同一宗族的人皆可以認同祖先的德惠，進而誠敬的祭祀祖先，那麼就不會對宗廟的事情怠惰。而國君是否能治理天下與宗廟嚴不嚴謹有關係，如果同一宗的人都能認同國君，則有助於國君治理天下。因此為了國家的富足安樂，國君必定要愛護、重視人民的生活，使刑罰合理，財用充足，如此一來，則容易達成每一件事。例如，國君以禮治民，民安於

禮，行禮不疑，國君以禮教化人民的目的即可完成，人民受到教化，國家則會安平和樂。從“親親故尊祖”到“禮俗刑然後樂”都是環環相扣的影響，只要做到前者自然能帶來後者的結果，所以，教民爲孝，使民風篤實的喪禮，最後必能使國家和諧康樂。

　　從以上的探討我們可以總結的說，早期儒家認爲“孝”、“禮”皆具有修身、治國、平天下的作用，而喪禮爲實踐孝道的具體禮儀，對於修己治人的重要自然可知。再者，早期儒家特別將喪禮的意義放在子女對父母的親愛之情，所謂“孝”必須延續到親人死後才算完整。因此，不管從人與人之間自然的親情來看，或者教孝使民情敦厚的立場來看，在早期儒家提倡孝道以修養自身品德及教化人民的理想下，喪禮成爲早期儒家特別重視的禮儀。

結　論

「葬也者，藏也」（《禮記・檀弓上》）若從人類生理變化的角度來看，死亡代表生命力的消失。當身體代謝作用停止之時，有機體開始腐敗，最後則產生惡臭和劇毒，因此世界各民才有各種處理遺體的方式。若從社會的需求來看，死亡必然會對社會的結構造成影響，尤其是死者的家屬，更需要調適因為家中成員突然減少而帶來的不適與悲傷的情緒。再加上人對死後世界的不確定感到恐懼。因此，需要經由一套儀式使生者適度的表達悲哀，以及轉換生者對死者的恐懼。〔註1〕因此死亡不僅是生物現象、心理現象，亦是社會文化現象。〔註2〕喪禮所處理的問題也就牽涉到生理、心理、社會文化等各層面的問題。

由於時代的變遷，喪禮也多有沿革，在大傳統的禮與民間小傳統的俗互相交融的演變過程中，〔註3〕早期儒家喪禮思想已逐漸為人所忽略，甚而在喪禮儀節繁瑣的理由下，對早期儒家喪禮採取排斥的態度。本文的立場則是站在相信禮文背後一定有相應的禮意，而這些禮意都是傳統文化精髓所在，因此在撰述的態度上，除了秉持客觀的原則外，多少還有一分敬意存在。

一、早期儒家喪禮的價值

喪禮在五禮之中最受重視，「夫禮始於冠，本於昏，重於喪祭，尊於朝聘，

〔註1〕 參見石磊，〈喪葬儀式與社會結構〉，《生命禮俗研討會論文集》，中華文化復興運動委員會編印，1984年，頁119。

〔註2〕 參見黃天中，《死亡教育概論II——死亡教育課程設計之研究》，台北：業強，1992年，頁71。

〔註3〕 參見席汝楫，〈變遷社會中的喪葬禮俗〉，《生命禮俗研討會論文集》，中華文化復運動委員會編印，1984年，頁132。

和於鄉射，此禮之大體也。」(《禮記・昏義》) 喪祭之禮可以說是寄託著早期儒家修身、齊家、治國、平天下的理想與精神。個人以爲早期儒家喪禮有以下幾點價值：

（一）以人文精神排除迷信

早期儒家喪禮承襲固有儀式，但是賦予新的理論，也就是從人的角度出發，而不帶有迷信色彩。依"禮"事神致福的字義而言，禮之內容實含有宗教成份。但是，宗教者，乃由於人類自覺渺小脆弱而對鬼神、天地不可測之自然力量所產生的仰慕情懷。喪禮最初雖然有事神致福之含義，但是經過早期儒家學者賦予新義，已摒除迷信而增加倫理的含義，故早期儒家喪禮表達思慕盡哀、崇德報本的精神。荀子云：「其在君子，以爲人道也，其在百姓，以爲鬼事也。」(《荀子・禮論》) 已說明儒家喪禮非宗教迷信，而是人倫道德的體現，甚至有學者將早期喪禮看成是「藝術」。[註4]

從喪祭之禮的儀節來看，早期儒家同情一般人相信鬼神存在的想法，但是，並不認爲鬼神具有降禍賜福的神秘力量。荀子云：「君子以爲文，而百姓以爲神。以爲文則吉，以爲神則凶也。」(《荀子・天論》) 早期儒家重視禮的精神，強調人本身的哀敬之義，所以喪祭禮文的進行，皆因爲生者主動的參與才顯示出其意義。

宗教信仰產生於人類必須克服自己種種不安的感情，[註5] 而且所謂的宗教信仰必然含有神聖性。[註6] 儒家從人情倫理解釋喪禮，不但平撫了人面對

[註4] 馮友蘭云：「儒家所宣傳之喪禮祭禮，是詩與藝術而非宗教。儒家對待死者的態度，是詩的，藝術的，而非宗教的。」馮友蘭，〈儒家對於婚喪祭禮之理論〉，《燕京學報》，第 3 期，1928 年 6 月，頁 347。李澤厚云：「論證喪禮、祭禮（「禮」的首要部分）與表達、宣洩、滿足人的情感，服務於人類作爲生物群體存在有關。所以它才不是偏重靈魂超脫的宗教，而是與感性密切相關的「藝術」。」李澤厚，1988 年，《華夏美學》，香港：三聯書店，頁 14。

[註5] 李亦園云：「人類爲了克服第三個敵人──自己，克服自己感情、心理、認知上的種種挫折、憂慮與不安，因而創造了第三種文化，我們可稱之爲精神文化或表達文化，那就是藝術、音樂、戲劇、文學以及更重要的宗教信仰。」李亦園，〈宇宙觀與宗教文化〉，《文化的圖像（下）──宗教與族群的文化觀察》，台北：允晨，1992 年，頁 193～194。

[註6] 李亦園云：「宗教之所以爲宗教，就在於具有其『神聖』的性質。所謂『神聖』（sacared）者，依據杜爾幹的說法，那就是有別於世俗（profone）的東西，而避色免被世俗所接觸的污染者。神的境界之所以被人崇奉，就在於那點不同於一般世俗的神聖性質，假如和平常世俗生活一樣，那就毫無特殊之感可

死亡的恐懼，亦化解了神聖性，因而從喪禮可以得知早期儒家以理性的態度面對生死。

（二）把外在規範轉化成內心的自覺

孔子整理周代典章制度，發展了“仁”的意義。孟子繼孔子之後，強調“仁義禮智”四端之心。荀子則將“禮”作了更有系統的闡述，並且希望透過教育使人為善。李澤厚云：「孔子沒有把人的情感心理引導向外在的崇拜對象或神祕境界，而是把它消溶滿足在以親子關係為核心的人與人之世間關係之中，使構成宗教三要素的觀念、情感和儀式統統環繞和沉浸在這一世俗理論和日常心理的綜合統一體中。」〔註7〕孔子講“忠恕”，盡己之謂忠；推己及人之謂恕。皆說明自我德性發展、反求諸己的重要。當你不願意盡到對父母「生事之以禮，死葬之以禮，祭之以禮」（《論語·為政》）的孝道之時，想想看你是否願意你的子女如此對待你，這是人類相處要求互相對待、互相體諒的互動關係，而不是對錯是非的抉擇。

喪禮一方面使生者不至於“倍死負恩”而減損其仁，一方面又不至於“因死傷生”而減損其義。葬後的祭祀使人對祖先能懷著報恩、尊敬的心理，那麼對在世的尊長當能竭盡孝養，「君子反古復始，不忘其所由生也。是以致其敬，發其情，竭力從事以報其親，不敢弗盡也。」（《禮記·祭義》）人人知恩、報恩社會自然和諧。這都是從內心自覺闡述喪祭之禮禮文的進行，此外在規範也就成為人人“可為”、“應為”的事情。

（三）文情並重的喪禮

《莊子》書中有一則小寓言，「豚子食於其死母者，少焉、眴若。皆棄之而走。」（《莊子·德充符》）小豬的逃跑並非具有死亡意識，只是活的生命對死亡現象最原始最本能的反應。人是有意識情感的動物，當親人死去，人的反應必然遠遠超出最原始最本能反應的範圍，〔註8〕亦即交雜對死者屍體、靈

言，也就不為人所崇拜了。就因為這一觀念，所以任何宗教都含有或多或少的神聖性，有的宗教幾乎全部是極為神聖而不欲外人所知，有的則保有若干儀式的特殊神聖意義，失去這種神聖性，就和日常生活一樣，那就不像宗教了。」李亦園，〈神聖與神祕〉，《文化的圖像（下）——宗教與族群的文化觀察》，台北：允晨，1992年，頁202～203。

〔註7〕　參見李澤厚，《中國古代思想史論》，北京：人民，1986年，頁21。

〔註8〕　參見楊知勇，《西南民族生死觀》，雲南昆明：雲南教育，1992年，頁211～212。

魂的畏懼和對死者難捨的真情。而且親人亡故，純用理智的觀點，人死不得復生，哭泣無用，亦不需衣衾棺槨，準此而行，屬楊墨之徒。若專憑感情用事，則可能無法接受親人去世的事實，因而迷信鬼魂之說冀其復生，或是殺人以殉不為過，終身哭泣不為長，如此則是以死傷生的行為。〔註9〕早期儒家文情並重的喪禮，從情感上來說，讓生者表達對死者的懷念，又不至於因過度悲傷而有不仁道的行為。從文飾上來說，讓生者以恰當的文飾化解出自本能對死亡的恐懼，也使得悲傷情緒有具體外在表現。

　　遺體保存使得生者的悲慟情緒有一個發洩的實質對象。奔喪、助葬使喪親者聚在一起，彼此分擔失去死者的悲慟。「禮義文理之所以養情也」（《荀子‧禮論》）根據學者研究指出，生者與瀕死者同樣需要時間接受死亡的事實。〔註10〕而且生者可能比瀕死者本身更無法接受死亡的事實，〔註11〕因此生者悲慟情緒的舒解是非常重要的。人類悲慟情緒若得不到正當發洩，將會對身體及日後的生活產生不良的影響，阻止一個人的悼念可能會防礙這個人的成長。〔註12〕但是並不是每一個人都能自然的，或者有限制的表達悲慟，藉由埋葬儀式有意義的協助一個人哀悼則是非常重要的。從研究的實例指出，逃避並不能解決痛苦，讓喪親者實際的參與死者的喪禮，對悲慟的舒解是非常有效的。喪禮是"悲傷成長的時刻"，它促進人們將"失去的"實際化，讓喪親者感受到家族、朋友給予的支持與鼓勵。〔註13〕早期儒家喪禮從自然親情的角度出發，以文情交融的漸進方式協助一個人渲洩喪親悲慟，對個人、家庭及社會皆有重要意義。

（四）肯定生命的意義與價值

　　"死"是自然生命的結束，孔子云：「未知生，焉知死？」（《論語‧先進》）為肯定生命意義與價值的積極用語，人之所以為人，也就在於把握有限生命

〔註 9〕　參見徐福全，《儀禮士喪禮既夕禮儀節研究》，師大國文所研士論文，1979 年，頁 249。

〔註10〕　參見黃天中，《死亡教育概論 I——死亡態度及臨終關懷研究》，台北：業強，1993 年。

〔註11〕　參見庫伯勒‧蘿絲（Kuebler Ross）著；謝文斌譯，《論死亡與瀕死》，台北：牧童，1973 年，頁 235～248。

〔註12〕　參見王瑋等譯，《人類發展學——人生過程整體探討》上冊，台北：華杏，1991 年，頁 578。

〔註13〕　參見黃天中，《死亡教育概論 I——死亡態度及臨終關懷研究》，台北：業強，1988 年，頁 22～31。

完成無限的價值。

喪祭之禮強調尊祖敬宗，實際上是尊重歷史，提倡歷史的教育，所謂“薪盡火傳”上一代生命之火燃燒將盡，下一代有必要體認祖先創業的艱辛，進而負起傳承生命意義與價值的重要任務。〔註 14〕這就是由喪祭之禮儀節教導人們得知生命的意義與價值。

文化的延續可以靠喪禮“慎終追遠”的意涵得到傳承，「三年無改父之道」(《論語·學而》)將父母的生活哲學、倫理價值觀等傳遞給下一代。每個人的思想發展受到生存環境、社會文化、生活經驗、教育方式等多種因素的影響而有多重的變異，上一代如何讓下一代了解他們的思想？“三年無改父之道”可以說靠禮文的規定達到文化傳遞的目的。雖然這樣的方式有其局限性，例如，我們必須肯定上一代的思想是值得流傳，或者這樣的傳遞方式只限於原有知識的延續，而忽略接受新知識的重要。然而我們還是相信某些有價值的生活哲學、倫理價值觀可以藉由“三年無改父之道”的方式得到傳承給下一代的目的。祭祀行為更是讓人明白自身對於家族、社會的使命，〔註 15〕進而尊重生命，利用有限生命以求得精神上的不朽。

（五）促進社會的和諧與安定

春秋戰國是禮崩樂壞的時代，早期儒家學者無不為挽救世道人心而努力，他們積極想恢復周初的禮制，因為這樣的禮制具有穩定社會秩序的作用，而這樣的秩序使每一個人“恰如其分”的生活，不踰越、不欺弱、各取所應得的部分。從這個意義上說，禮有保護弱者，限制強者仗勢欺人。因此，禮約束每一個人，包括統治者在內。崇尚自由的現代，禮的約束令人感到不舒服，但是作為團體生活秩序的和諧，禮的存在是必要。如果你明白禮的意涵，如果你具有仁義之德，你一定會願意守禮，但是必須再三強調的是我們不必固守呆板的形式，而是保留合情合理的禮意。

人與人之間關係的複雜，也許無法完全由親疏遠近以及尊卑作為感情濃厚的論斷依據，可是喪服親疏尊卑的規定卻凸顯一個人在家族團體中應該扮

〔註 14〕 參見周何，《儒家的理想國──禮記》，台北：時報，1981 年，頁 153～155。

〔註 15〕 王祥齡云：「就儒家而言，人不是沿著一條必然的、外在客觀的限制去被動完成人的價值與目的，人的價值與目的就是人對自己可能性的把握。人通過這種把握──『祭祀』去決定自我存在的方式，而讓個人的生命，有其歷史的安頓，有其文化的安頓，從而與歷史文化的生命打成一片，合而為一。」王祥齡，1992 年，〈儒家的祭祀禮儀理論〉，《孔孟學報》，第 63 期，頁 73。

演的角色，讓人各盡其分，因而有助於家族的團結。再推而廣之，則有助於社會的安定，所以說「喪服的功用重在"分"，其實真正的貢獻卻是"合"」。〔註16〕國以家爲本，家族各成員能行孝悌之道，相敬又相愛，整個社會就可以和諧、穩定的成長。

春秋時代即知分別"禮"與"儀"之不同，〔註17〕時至今日我們更應該明白兩者孰輕孰重，不再抹殺"禮"的價值，荀子云：「著誠去僞，禮之經也。」（《荀子·禮論》）"禮"以心誠最爲重要。人「所刺於禮者，亦非禮之訾也。」（《禮記·檀弓下》）任何因爲不明白禮意而帶來的弊端，實非早期儒家喪禮的原意。

早期儒家喪禮思想中，埋葬踰禮或薄葬都是不恰當的。但是由於早期儒家強調人子孝心的體現，如果不明白「葬之以禮」（《論語·爲政》），則會竭盡其力用最隆重的喪禮，他們期待藉由這樣的喪禮使親人死後能得到生前無法滿足的榮耀與地位，或藉此向他人表現自己孝心。原本並非強調厚葬的喪禮也就容易朝向奢華鋪張的喪禮，遂容易讓人產生早期儒家主張厚葬的印象。墨者即認爲早期儒家主張厚葬、久喪，因而提出反駁。〔註18〕《韓非子》

〔註16〕 參見周何，1981年，《儒家的理想國——禮記》，台北：時報，頁179。
〔註17〕 《左傳·昭公二十五年》：「子大叔見趙簡子，簡子問揖讓周旋之禮焉。對曰：『是儀也，非禮也。』……『敢問何謂禮？』對曰：……『夫禮，天地之經也，地之義也，民之行。』」又《左傳·昭公5年》云：「公如晉，自郊勞至于贈賄，無失禮。晉侯謂女叔齊曰：『魯侯不亦善於禮乎？』對曰：『魯侯焉知禮。』公曰：『何爲？自郊勞至于贈賄，無失禮，何故不知。』對曰：『是儀也，不可謂禮。禮者所以守其國，行其政令，無失其民者也。』」可見當時已知分別禮意與儀式，並且以禮意重於儀式。
〔註18〕 就墨者批評，早期儒家喪禮在當時社會已有許多流弊產生，人們對喪禮儀式的僵化感到不滿，認爲是無益於治國，且矯操作僞的行爲。《墨子·公孟》子墨子謂公孟子曰：「喪禮，君與父母，妻，後子死。三年喪服。伯父叔父兄弟期，族人五月，姑姊舅甥皆有數月之喪，或以不喪之間，誦詩三百，弦詩三百，歌詩三百，舞詩三百。若用子之言，則君何日以聽治？庶人何日以從事？」這是墨者批評守喪阻礙社會的正常運作，甚至認爲「厚葬久喪，重爲棺槨，多爲衣衾，送死若徙，三年哭泣，扶後起，杖後行，耳無聞，目無見。」是足以喪天下的四政之一。〈非儒下〉則批評喪期的制定不符合人情，以及求魂復禮是作僞的行爲：「儒者曰：『親親有術，尊賢有等，言親疏尊卑之異也。』其禮曰：喪父母三年，妻，後子三年，伯父叔弟兄庶子其，戚族人五月。若以親疏爲歲月之數，則親者多而疏者少矣，是妻後子與父同也；若以尊卑爲歲月數，則是尊其妻子與父母同，而親伯父宗兄而卑子也；逆孰大焉？其親死，列尸弗斂，登屋窺井，挑鼠穴，探滌器，而求其人矣，以爲實在則贛愚甚矣；如其亡也，

的記載也反映早期儒家喪禮給人厚葬的印象。〔註19〕可見當時統治者心中，厚葬以表孝道已是早期儒家喪禮的特徵。厚葬之所以成為風氣，與整個社會的經濟發展有密切關係。戰國時代經濟活動繁榮，從商致富者不乏其人，原本只有貴族才有能力實行的喪禮，變成民間的富者也同樣可以辦到。再者，財富可以因為從事經濟活動而增加，地位則不一定說有就有，生前無法得到轉而希望死後能獲得，因此以踰禮的厚葬表示希望死後已得到生前無滿足的地位，則成為有經濟能力者樂意去做的事。在財富可以經個人努力自由取得的情況下，一般貧民如果沒有能力為父母辦隆重的喪禮，則被視為不孝。人們已忽略"稱財之有無"使喪禮合於禮的真意。

至於三年之喪也是遭人反對的一點。墨者批評守喪無益治國、喪禮儀節的作偽愚妄。〔註20〕由《淮南子・齊俗訓》的記載也可看出當時的人認為守喪是強人所難的行為。〔註21〕但是早期儒家喪禮從始死到三年之喪的設計，都是根據人情的需要而制定的，不僅抒發喪親者的悲慟，也為了教導人民實行孝悌之道。可見對喪禮禮意的了解是非常重要的，如果不能明白禮意，則是以被動的態度行禮，儀節規定如何，你就怎麼做，完全不知道儀節的禮意，在這樣的情況下自然會認為儀節的規定僵化而不合情理，且無助於社會。

二、早期儒家喪禮在實踐上的困擾

就我們所知，死亡是既定的、不可經歷的過程。〔註22〕那麼我們面對死亡所能做的事情又是那些呢？瀕死者的安慰，喪親者情感的調適，和死者遺

必求焉，偽亦大矣。」批評喪禮作偽愚妄亦見於〈公孟〉，子墨子不贊成公孟子說：「三年之喪，學吾之慕父母。」的話，因而反駁道：「夫嬰兒子之知，獨慕父母而已。父母不可得也，然號而不止，此其故何也？即愚之至也。然儒者之知，豈有以賢於嬰兒子哉？」墨者的批評顯然是對喪禮的誤解，但是我們也不能否認，從這些批評中可以得知早期儒家喪禮給一般人的印象。

〔註19〕「墨者之葬也，冬日冬服。夏日夏服，桐棺三寸，服喪三月，世主以為儉而禮之。儒者破家而葬，服喪三年，大毀扶杖，世主以為孝而禮之。」王先慎，〈顯學〉，《韓非子集解》卷十九，台北：世界，頁351～352。

〔註20〕同註18。

〔註21〕《淮南子・齊俗訓》云：「夫三年之喪，是強人所不及而以偽輔情也。三月之服，是絕哀而迫切之性也。夫儒、墨不原人情之終始，而務以行相反之制。」

〔註22〕佛思特、張三夕皆說出死亡是人類必須實際參與，卻無法理解和說明的經驗。參見佛斯特著、李文彬譯，《小說面面觀》，台北：志文，1985年，頁41。以及張三夕，《死亡之思》，台北：洪葉，1996年，頁398～399。

體的處理是我們必須處理的三件大事。早期儒家喪禮以親情撫慰瀕死者，從復禮到守喪的一連串儀節則是安葬死者的遺體，也以漸進的方式撫平喪親者失去親情所受的創傷。可是任何制度或思想都不可能十全十美、毫無缺點的，早期儒家喪禮在實行上卻有以下幾點困難存在：

一、人的智愚確實有差別，如何讓人人懂得禮，行於禮是一件不易達成的事。況且神聖如孔子要到五十歲才知道天命，一般人真正能看破生死又有多少？因此早期儒家「未知生，焉知死」（《論語・先進》）、「生死有命」（〈顏淵〉）、「得正而斃焉」（《禮記・檀弓上》）的生死觀，確實有實踐上的困難。

二、早期儒家喪禮的內在動機是為了勸導人謹慎的對待死亡，因而追求死亡的偉大與隆重，這樣的想法並非毫無可取。但是問題在於，一旦禮儀成為培養人們謹慎於死亡的外在工具時，人們就會將注意力放在儀節的形式而非儀節的內容。〔註23〕也就是清楚可見禮文往往受到人們的重視，禮文所隱含的禮意則因為不容易被"看見"而受到忽略，甚至是遺忘。

三、人類情感是含有不定性的，所謂不定性，指的是人與人之間之間情感的濃厚很難有固定的衡量標準，而渲洩情感的方式也因為每個人的性情的不同而差異。如果一定要將這些不定性放入固定的儀節，並且要求人們遵守，難免給人僵化、矯揉、作做、虛假的印象，進而從心理上產生排斥而不願意接受。

四、早期儒家雖然強調稱財行禮，但是基於喪親者對死者感情濃厚，或者是要對死者有所補償以彌補心中的愧疚，喪親者無論如何也要竭盡心力辦喪事，因此即使是靠借貸辦喪事也在所不惜。子路感歎自己太貧困無能力替父母辦喪事，孔子尚且必須提醒他稱財行禮的禮意。〔註24〕雖然孟子從合於禮以別異的原則說出「君子不以天下儉其親。」（《孟子・公孫丑下》）這句話，但是孝親者如何排解因為自己努力的不足，因而讓死者有一個不夠完備的喪禮所產生的愧疚呢？

五、以喪禮論斷人是否為孝，讓喪親者無形中具有莫大的壓力。再加上人們容易以外在可見的儀節，例如棺槨的華美、辦喪事所費的財物厚薄等作為衡量"孝"的指標，即是以財物豐厚、喪禮排場華麗才是孝，否則就是不

〔註23〕 參見張三夕，《死亡之思》，台北：洪葉，1996 年，頁 15。

〔註24〕 《禮記・檀弓下》：「子路曰：『傷哉貧也！生無以為養，死無以為禮也。』孔子曰：『啜菽飲水，盡其歡，斯之謂孝。斂首足形，還葬還無槨，稱其財，斯之謂禮。』」

孝，如此一來喪禮爲孝道具體實踐的原意就被扭曲了。

　　六、早期儒家喪禮的等級區分，是爲了解決人與人之間的爭亂而來的。這樣的方式表示喪禮所處理不只是"一個人死亡"的事情，而是"一個社會地位死亡"的事情，也就是人要樂於接受自己在這世上所做的努力結果。只是人生於世即無法得到平等的待遇，連一生最後一件大事──喪禮，也不能得到平等，這亦是令人覺得可悲而難以接受的。

　　七、早期儒家喪禮對遺體的處理方式──襲斂、棺椁、安葬等，雖然妥善保存遺體，並且以對遺體妥善處理作爲孝親的表現。但是在地狹人稠的環境下，這樣的方式顯然會造成葬地不足的現象。如果以火葬解決葬地不足的困難，則有不孝之嫌。〔註 25〕因此面對葬地的不足，由早期儒家喪禮可能很難得到圓滿的解決方法，而這一點也可能是早期儒家並未思考到的問題。

　　完全否定舊有文化，或者一味維護傳統思想，都不是恰當的方式，如何吸收傳統文化中的精髓，讓有價值的傳統精神得以保存才是積極的態度。早期儒家喪禮誠然有以上所敘述的困擾，但是，個人相信如果我們能以批判的態度繼承和發揚早期儒家喪禮對生者情感的慰藉、尊重生死的仁義之道、不迷信鬼神、以及對於生命價值的肯定等思想，應該對於現今社會有更多的幫助。

〔註25〕　《論語・泰伯》：「曾子有疾，召門弟子曰：啓予足！啓予手！詩云：『戰戰兢兢，如臨深淵，如履薄冰』。而今而後，吾知免夫！小子！」〈顏淵〉記載樊遲問孔子如何辨惑，孔子回答：「一朝之忿亡其身及其親，非惑與？」皆說明以保存自身以作爲孝親的表現，所謂父母全而生之，子全而歸之。《孝經・開宗明義章》：「身體髮膚，受之父母，不敢毀傷，孝之始。」火葬會毀壞身體所以被視爲不孝的行爲。

參考書目

一、古　籍

（一）禮書類

1. 《周禮》十三經注疏本，台北：藝文。
2. 《儀禮》十三經注疏本，台北：藝文。
3. 《禮記》十三經注疏本，台北：藝文。
4. 〔清〕孔廣森，《大戴禮記補注》皇清經解三禮類彙編，台北：藝文，1986年。
5. 〔清〕孔廣森，《禮學卮言》皇清經解三禮類彙編，台北：藝文，1986年。
6. 〔清〕王聘珍，《大戴禮記解詁》，北京：中華，1992年。
7. 〔清〕江永，《禮書綱目》，台北：台聯國風、中文，1974年。
8. 〔清〕邵懿辰，《禮經通論》續經解三禮類彙編，台北：藝文，1986年。
9. 〔清〕金榜，《禮箋》皇清經解三禮類彙編，台北：藝文，1986年。
10. 〔清〕金榜，《求古錄禮說》續經解三禮類彙編，台北：藝文，1986年。
11. 〔清〕胡培翬，《儀禮正義》，江蘇：江蘇古籍，1993年。
12. 〔清〕凌曙，《禮說》皇清經解三禮類彙編，台北：藝文，1986年。
13. 〔清〕孫希旦，《禮記集解》，台北：文史哲，1990年。
14. 〔清〕徐乾學，《讀禮通考》文淵閣四庫全書，台北：商務，1983年。
15. 〔清〕秦蕙田，《五禮通考》文淵閣四庫全書，台北：商務，1983年
16. 〔清〕張惠言，《讀儀禮記》皇清經解三禮類彙編，台北：藝文，1986年。
17. 〔元〕敖繼公，《儀禮集說》，台北：世界，1988年。

18. 〔元〕陳澔，《禮記集說》，台北：世界，1974 年。

19. 〔清〕程瑤田，《儀禮喪服文足微記》皇清經解三禮類彙編，台北：藝文，1986 年。

20. 〔宋〕黃幹，《儀禮經傳通解讀》，日本東京：汲古書院，1980 年。

21. 〔清〕黃以周，《禮書通故》，台北：華世，1986 年。

22. 〔清〕俞樾，《儀禮平議》續經解三禮類彙編，台北：藝文，1986 年。

23. 〔清〕俞樾，《禮記平議》續經解三禮類彙編，台北：藝文，1986 年。

24. 〔清〕萬斯大，《學禮質疑》皇清經解三禮類彙編，台北：藝文，1986 年。

25. 〔清〕褚寅亮，《儀禮管見》皇清經解三禮類彙編，台北：藝文，1986 年。

26. 〔宋〕衛湜，《禮記集說》文淵閣四庫全書，台北：商務，1983 年。

（二）其它類

1. 《左傳》十三經注疏本，台北：藝文。

2. 《孝經》十三經注疏本，台北：藝文。

3. 《孟子》十三經注疏本，台北：藝文。

4. 《尚書》十三經注疏本，台北：藝文。

5. 《詩經》十三經注疏本，台北：藝文。

6. 《爾雅》十三經注疏本，台北：藝文。

7. 《論語》十三經注疏本，台北：藝文。

8. 〔清〕王先謙，《荀子集解》，北京：中華，1988 年。

9. 〔清〕孫詒讓，《墨子閒詁》，台北：藝文，1981 年。

10. 〔清〕郭慶藩，《莊子集釋》，台北：天工，1989 年。

11. 〔明〕陳士元，《孟子雜記・揆禮》百部叢書集成，台北：藝文，1985 年。

12. 〔清〕焦循，《孟子正義》，北京：中華，1990 年。

13. 〔清〕劉向，《說苑》四部備要，台北：中華，1960 年。

14. 〔清〕劉寶楠，《論語正義》，北京：中華，1981 年。

二、近人研究專著

（一）禮學類

1. 方穎嫻，《先秦之仁、義、禮說》，台北：文津，1996 年。

2. 王琦珍，《禮與傳統文化》，江西：高校，1994 年。

3. 王貴民，《中國禮俗史》，台北：文津，1993 年。

4. 王夢鷗，《大小戴記選注》，台北：正中，1959 年。

5. 王夢鷗，《禮記今註今釋》，台北：商務，1984 年。

6. 王關仕，《儀禮服飾考辨》，台北：文史哲，1979 年。

7. 何聯奎，《中國禮俗研究》，台北：中華，1983 年。

8. 李曰剛等著，《三禮研究論集》，台北：黎明，1981 年

9. 李玉洁《先秦喪葬制度研究》，河南：中洲古籍，1991 年。

10. 李雲光，《禮的反思》，高雄：復文，1992 年。

11. 李曉東，《中國封建家禮》，台北：文津，1989 年。

12. 沈其麗，《儀禮士喪禮器物研究》，台北：中華，1973 年。

13. 周何，《儒家的理想國──禮記》，台北：時報，1981 年。

14. 周何，《古禮今談》，台北：國文天地，1992 年。

15. 周何等著，《禮儀民俗論述專輯》，內政部編印，1989 年。

16. 林尹，《周禮今註今譯》，台北：商務，1983 年。

17. 林安弘，《儒家禮樂之道德思想》，台北：文津，1988 年。

18. 邱衍文，《中國上古禮制考辨》，台北：文津，1990 年。

19. 洪菊蕊主編，《禮記研究專輯》，高雄：高師大國文系，1985 年 6 月。

20. 徐吉軍、賀雲翔，《中國喪葬禮俗》，杭州：浙江人民，1991 年。

21. 徐復觀，《周官成立之時代及其思想性格》，台北：學生，1980 年。

22. 高明，《禮學新探》，台北：學生，1977 年。

23. 高明，《大戴禮記今註今譯》，台北：商務，1984 年。

24. 常金倉，《周代禮俗研究》，台北：文津，1993 年。

25. 張鶴泉，《周代祭祀研究》，台北：文津，1991 年。

26. 陳戌國，《先秦禮制研究》，湖南：教育，1991 年。

27. 陳飛龍，《孔孟荀禮學之研究》，台北：文史哲，1982 年。

28. 章景明，《先秦喪服制度考》，台北：中華，1971 年。

29. 章景明，《殷周廟制論稿》，台北：學海，1979 年。

30. 黃俊郎，《禮儀之邦的寶典──禮》，台北：黎明，1993 年。

31. 楊向奎，《宗周社會與禮樂文明》，北京：人民，1991 年。

32. 鄒昌林，《中國古禮研究》，台北：文津，1992 年。

33. 劉清河，李銳著，《先秦禮樂》，台北：雲龍，1995 年。

34. 鄭良樹，《儀禮士喪禮墓葬研究》，台北：中華，1971 年。

35. 藍吉富、劉增貴編，《敬天與親人》中國文化新論　宗教禮儀篇，台北：
聯經，1982 年。

（二）其它類

1. 王國維，《觀堂集林》，台北：世界，1982 年。

2. 王祥齡，《中國古代崇祖敬天思想》，台北：學生，1992 年。

3. 王諱等譯，《人類發展學——人生過程整體探討》上冊，台北：華杏，1991 年，頁 564。

4. 布留爾，《原始思維》，台北：商務，1989 年。

5. 弗雷澤（J.G.Frazer）著、汪培基譯，《金枝：巫術與宗教之研究》（上、下），台北：桂冠，1991 年。

6. 白川靜，《金文的世界》，台北：聯經，1989 年。

7. 朱天順，《中國古代宗教初探》，台北：谷風，1986 年。

8. 佛斯特著、李文杉譯，《小說面面觀》，台北：志文，1985 年。

9. 吳光，《儒家哲學片論：東方道德人文主義之研究》，台北：允晨文化，1990 年。

10. 呂理政，《傳統信仰與現代社會》，台北：稻鄉，1992 年。

11. 李亦園，《信仰與文化》，台北：巨流，1985 年。

12. 李亦園，《文化與行為》，台北：商務，1992 年。

13. 李亦園，《文化的圖像（上）——文化的人類學探討》，台北：允晨，1992 年。

14. 李亦園，《文化的圖像（下）——宗教與族群的文化觀察》，台北：允晨，1992 年。

15. 李宗侗，《中國古代社會史》，台北：華岡，1954 年。

16. 李澤厚，《中國古代思想史論》，北京：人民，1986 年。

17. 李澤厚，《華夏美學》，香港：三聯書店，1988 年。

18. 周長耀，《敬天探源》，台北：世紀，1987 年。

19. 林安弘，《儒家孝道思想研究》，台北：文津，1992 年。

20. 林惠祥，《文化人類學》，台北：商務，1966 年。

21. 威克科克斯（Wlicov，Sandra Grldier）、蘇頓（Sutoon，Marilyin）著，嚴平譯，《死亡與垂死》國際文化思潮第二輯，北京，光明日報，1990 年。

22. 施湘興，《儒家天人合一思想之研究》，台北：正中，1981 年。

23. 唐西勒（J.F.Donceel）著、劉貴傑譯，《哲學人類學》，台北：巨流，1989 年。

24. 唐君毅，《中國文化之精神價值》，台北：正中，1965 年。

25. 唐君毅，《人生之體驗續編》，台北：學生，1980 年。

26. 庫伯勒・蘿絲（Kuebler Ross）著、謝文斌譯，《論死亡與瀕死》，台北：牧童，1973 年。

27. 徐復觀，《中國人性論史・先秦篇》，台北：商務，1988 年。

28. 袁珂，《山海經校注》，台北：里仁，1982 年。

29. 袁珂，《中國神話傳說（一）》，台北：里仁，1995 年。

30. 馬凌諾斯基著、朱岑樓譯，《巫術、科學與宗教》，台北：協志，1989 年。

31. 基辛（R.Keesing）著、張恭啓、于嘉雲合譯，《文化人類學》，台北：巨流，1992 年。

32. 康學偉，《先秦孝道研究》，台北：文津，1992 年。

33. 康韻梅，《中國古代死亡觀之探究》，台北：台大文學院，1994 年。

34. 張三夕，《死亡之思》，台北：洪葉，1996 年。

35. 張勁松，《中國鬼信仰》，台北：谷風，1993 年。

36. 許倬雲，《西周史》，台北：聯經，1984 年。

37. 陳郁夫，《人類的終極關懷——宗教世界概說》，台北：幼獅文化，1995 年。

38. 傅佩榮，《儒道天論發微》，台北：學生，1985 年。

39. 傅偉勳，《批判的繼承與創造的發展》，台北：東大，1986 年。

40. 傅偉勳，《死亡的尊嚴與生命的尊嚴》，台北：正中，1993 年。

41. 傅斯年，《性命古訓辨證》傅斯年全集第二冊，台北：聯經，1980 年。

42. 黃暉，《論衡校釋》，台北：商務，1983 年。

43. 黃天中，《死亡教育概論 I——死亡態度及臨終關懷研究》，台北：業強，1988 年。

44. 黃天中，《死亡教育概論 II——死亡教育課程設計之研究》，台北：業強，1992 年。

45. 楊知勇，《西南民族生死觀》，昆明：雲南教育，1992 年。

46. 蒲慕洲，《墓葬與生死——中國古代宗教之省思》，台北：聯經，1993 年。

47. 趙遠帆，《“死亡”的藝術表現》，北京：群言，1993 年。

48. 劉文英，《夢的迷信與夢的探索》，北京：中國社會科學，1989 年。

49. 錢穆，《靈魂與心》，台北：聯經，1979 年。

50. 錢穆，《論語要略》，台北：商務，1987 年。

51. 羅定暉，《天命與民主——西周人文精神之神權觀芻探》，台北：商務，1987 年。

52. 譚其驤等著，《中國文化再檢討（上）》，台北：谷風，1987 年。

二、單篇論文

（一）禮學類

1. 于永玉，〈論喪服中的血親關係——儀禮喪服研究〉，《史學集刊》（長春），第 2 期，1986 年 5 月。

2. 孔德成，〈論儒家之「禮」〉，《國際漢學會議論文集（思想哲學組）》，1981年 10 月。

3. 孔德成，〈荀子的禮學〉，《孔孟月刊》，第二十四卷第 12 期，1986 年 8 月。

4. 孔德成，〈儒家的禮教〉，《孔孟月刊》，第二十五卷第 12 期，1987 年 8 月。

5. 孔德成，〈孔子的禮學〉，《孔孟月刊》，第二十六卷第 12 期，1988 年 8 月。

6. 王祥齡，〈儒家的祭祀禮儀理論〉，《孔孟學報》，第 63 期，1992 年 3 月。

7. 王夢鷗，〈禮記思想體系試探〉，《政大學報》，第 4 期，1961 年 12 月。

8. 王夢鷗，〈小戴禮記考源〉，《政大學報》，第 3 期，1961 年 6 月。

9. 石磊，〈儀禮喪服篇所表現的親屬結構〉，《中央研究院民族學研究集刊》，第 53 期，1983 年 6 月。

10. 石磊，〈喪葬儀式與社會結構〉，《生命禮俗研討會論文集》，中華文化復興運動委員會編印，1984 年。

11. 呂凱，〈論語中「禮」的淺說〉，《孔孟月刊》，第二十二卷第 2 期，1984年 10 月。

12. 李靜玲，〈大小戴禮之研究及兼談禮記中的禮〉，《台南師專學刊》，第 2 期，1980 年 6 月。

13. 沈文倬，〈對士喪禮、既夕禮所記載的喪葬制度幾點意見〉，《考古學報》，第 2 期，1958 年 6 月。

14. 卓秀嚴，〈子游禮學〉，《成功大學學報》，第二十四卷，1990 年 2 月。

15. 卓秀嚴，〈子貢禮學〉，《第一屆秦學術國際研討會論文集》，高雄師大，1992年。

16. 周天令，〈荀子的禮法思想〉，《中華文化復興月刊》，第十九卷第 7 期，1986年 7 月。

17. 胡新生，〈周代殯禮考〉，《中國史研究》，第 3 期，1992 年 8 月。

18. 凌純聲，〈中國古代祖主與陰陽性器崇拜〉，《中央研究院民族學研究所集刊》第一集，1959 年。

19. 孫中家、林黎明，〈先秦葬制初探〉，《北方論叢》，第 1 期，1990 年 1 月。

20. 席汝楫，〈變遷社會中的喪葬禮俗〉，《生命禮俗研討會論文集》，中華文化復興運動委員會編印，1984 年。

21. 晁福林，〈春秋時期禮的發展與社會觀念的變遷〉，《中國古代史》，第一集》，1994 年 5 月。

22. 張其昀，〈禮學大師的荀子〉，《文藝復興月刊》，第 100 期，1979 年 3 月。

23. 張長臺，〈儀禮士喪禮「設重」一節之探討〉，《亞東工業專科學校學報》第 10 期，1990 年 6 月。

24. 陳公柔，〈士喪禮、既夕禮所記載的喪葬制度〉，《考古學報》，第 4 期，1956 年 12 月。

25. 陳奇祿，〈生命禮俗和現代生活〉，《生命禮俗研討會論文集》，中華文化復興運動委員會編印，1984 年。

26. 陳飛龍，〈荀子隆禮之功用〉，《孔孟學報》，第 40 期，1980 年 9 月。

27. 陳飛龍，〈孟子之禮論〉，《中央大學文學院院刊》，第 3 期，1985 年 6 月。

28. 陳祥水，〈中國社會結構與祖先崇拜〉，《中華文化復興月刊》，第十一卷第 6 期，1978 年。

29. 馮友蘭，〈儒家對於婚喪祭禮之理論〉，《燕京學報》，第 3 期，1928 年 6 月。

30. 黃俊郎，〈小戴禮記之喪禮理論研究〉，《中華學苑》，第 27 期，1983 年 6 月。

31. 黃啓方，〈儀禮士喪禮中的喪俗〉，《中國東亞學術研究計劃委員會年報》，第 9 期，1970 年 8 月。

32. 楊群，〈從考古發現看禮和禮制的起源與發展〉，《孔子研究》，第 3 期，1990 年 9 月。

33. 賴慶鴻，〈荀子禮治思想之功用〉，《東吳政治社會學報》，第 8 期，1984 年 12 月。

（二）其它類

1. 王邦雄，〈由論語「天」「天命」「命」之觀念論生命之有限與無限〉，《鵝湖》，第一卷第 5 期，1975 年 11 月。

2. 王棣棠，〈先秦儒家天命觀從孔子、孟子到荀子的發展〉，《孔子思想研究文集》，山西人民：太原，1988 年 7 月。

3. 江寶釵，〈孔孟思想中的永生觀念〉，《中華文化月刊》，第十九卷第 6 期，1986 年 6 月。

4. 余英時，〈中國古代死後世界觀的演變〉，《中國思想傳統的現代詮釋》，台北：聯經，1983 年 9 月。

5. 呂實強，〈儒家不朽觀與現代化〉，《中華文化復興月刊》，第十五卷第 11 期，1982 年 11 月。

6. 李杜，〈孔子對傳統生死觀的繼承與發展及對後代的影響〉，《哲學年刊》，第 10 期，1994 年 6 月。

7. 李威熊,〈孔子生命中的心靈世界〉,《孔孟月刊》,第二十卷第 2 期,1981 年 10 月。

8. 杜正勝,〈生死之間是連繫還斷裂——中國人的生死觀〉,《當代》,第 58 期,1991 年 2 月。

9. 屈萬里,〈仁字涵義之史的觀察〉,《書傭學集》,台北:聯經,1984 年。

10. 林翠芬,〈由「祭如在,祭神如神在」章試看孔子的宗教情懷〉,《雲林工專學報》,第 9 期,1990 年 3 月。

11. 查昌國,〈西周"孝"義試探〉,《中國史研究》,第 2 期,1993 年 5 月。

12. 韋政通,〈中國孝道思想的演變及其問題〉,《中國思想傳統的現代反思》,台北:桂冠,1990 年。

13. 凌純聲,〈中國祖廟之源〉,《中央研究院民族學研究集刊》,第 7 期,1959 年。

14. 唐君毅,〈論中國原始宗教信仰與儒家天道觀之關係——兼釋中國哲學之起源〉,《中國哲學思想論集・總論篇》,台北:水牛,1990 年 7 月。

15. 徐復觀,〈釋論語的〔仁〕——孔學新論〉,《中國上古史論文選集》下冊,台北:華世,1979 年。

16. 徐復觀,〈中國孝道思想的形成、演變,及其在歷史中的諸問題〉,《中國思想史論集》,台北:學生,1981 年。

17. 袁信愛,〈荀子的生死觀及其禮義之學〉,《哲學年刊》,第 10 期,1994 年 6 月。

18. 高懷民,〈中國古代文化中的鬼神思想〉,《文史哲學報》,第 35 期,1987 年 12 月。

19. 張秉權,〈殷代的祭祀與巫術〉,《中國上古史待定稿》第二本殷商編,中央研究院歷史語言研究所,1985 年。

20. 陳夢家,〈商代的神話與巫術〉,《燕京學報》,第 20 期,1936 年。

21. 傅佩榮,〈對「儒家哲學中的生命觀」一文之評論與補充〉,《哲學與文化》,第十三卷第 4 期,1986 年 4 月。

22. 傅佩榮,〈儒家生死觀背後信仰〉,《哲學年刊》,第 10 期,1994 年 6 月。

23. 曾春海,〈先秦儒家孝悌之道研究〉,《儒家哲學論集》,台北:文津,1989 年。

24. 項退結,〈孔子與孟子對天的看法〉,《哲學與文化》,第十五卷第 4 期,1988 年 4 月。

25. 黃俊郎,〈論語八佾篇「祭如在」章釋義〉,《漢學論文集》,第二集,台北:文史哲,1983 年 12 月。

26. 楊慶昆,〈儒家思想與中國宗教之間的功能關係〉,《中國思想與制度論集》，台北：聯經，1976 年。

27. 楊聯陞，〈報──中國社會關係的一個基礎〉，《中國思想與制度論集》，台北：聯經，1976 年。

28. 蒲慕州，〈論中國古代墓葬形制〉，《國立台灣大學文史哲學報》，第 37 期，1990 年。

29. 劉光義，〈中國人對喪亡的諸般觀念〉，《東方雜誌》，第二十卷第 5 期，1986 年 11 月。

30. 劉兆明，〈"報"的概念分析及其在組織研究上的意義〉，《文化的傳承與發展學術研討會論文集》，台北：輔仁大學，1992 年。

31. 黎建球，〈荀子的自然生死論〉，《哲學年刊》，第 10 期，1994 年 6 月。

32. 鮑國順，〈孝道傳統的考察與省思〉，《第一屆傳統文化與現代社會學術研討會》，高雄：中華民國民間文學會，1996 年。

33. 戴朝福，〈論語的宗教精神與宗教情調〉，《孔孟學報》，第 63 期，1992 年 3 月。

34. 謝幼偉，〈孝道與中國社會〉，《中國人的心靈──中國哲學與文化要義》，台北：聯經，1984 年 2 月。

35. 羅光，〈孔子的宗教信仰〉，《哲學與文化》，第十五卷第 4 期，1988 年 4 月。

36. 羅光，〈中國人的生死觀〉，《哲學年刊》，第 10 期，1994 年 6 月。

37. 蘇景星，〈孔子宗教態度初探〉，《東海哲學研究集刊》，第 1 期，1991 年 10 月。

三、碩博士論文

1. 文智成，《儀禮喪服親等服制研究》，師大國文所碩士論文，1984 年。

2. 全明鎔，《先秦生死觀研究》，輔仁中文所碩士論文，1984 年。

3. 朱敬武，《先秦儒道禮論研究》，輔仁哲學所碩士論文，1982 年。

4. 吳清淋，《荀子禮分思想研究》，師大國文所碩士論文，1976 年。

5. 宋昌龍，《荀子之禮研究》，輔仁中文所碩士論文，1985 年。

6. 李哲賢，《荀子「禮義之統」思想研究》，文化中文所碩士論文，1982 年。

7. 李淑珍，《東周喪葬制度初探》，師大歷史所碩士論文，1986 年。

8. 沈恒春，《宗法制度研究》，師大國文所碩士論文，1982 年。

9. 林宜澐，《禮記樂記篇思想之研究》，輔仁中文所碩士論文，1984 年。

10. 林素英，《從古代的生命禮儀透視其生死觀──以《禮記》為主的現代詮釋》，師大國文所碩士論文。（又見《師大國文所研究集刊》，第三十八號），

1993 年。

11. 林登順，1989 年，《上古鬼魂觀念及葬祀之探索》，文化中文所碩士論文。

12. 金秉峘，《先秦儒家之德治與禮治思想研究》，台大中文所碩士論文，1989 年。

13. 金基喆，《論語中之孔子思想》，師大國文所碩士論文，1986 年。

14. 徐福全，《儀禮士喪禮既夕禮儀節研究》，師大國文所碩士論文，1979 年。

15. 涂豔秋，《荀子禮學研究》，輔仁中文所碩士論文，1982 年。

16. 張子良，《先秦儒家天人思想研究》，師大國文所博士論文，1980 年。

17. 梁煌儀，《周代宗廟祭禮之研究》，政大中文所博士論文，1986 年。

18. 陳明仁，《先秦儒家價值思想中天人觀念的演變》，輔仁哲學所博士論文，1991 年。

19. 章景明，《周代祖先祭祀制度》，台大中文所博士論文，1973 年。

20. 閻隆庭，《大小戴記與荀子關係之探索》，政大中文所碩士論文，1976 年。

21. 游雯絢，《從道德層面剖析《禮記》吉禮之倫理思想》，中正中文所碩士論文，1995 年。

22. 楊連生，《荀子禮論研究》，師大國文所碩士論文，1972 年。

23. 劉媛綾，《孔孟荀之禮學及其比較研究》，輔仁中文所碩士論文，1992 年。

24. 劉煥雲，《孔孟荀命義之研究》，台大中文所碩士論文，1990 年。

25. 歐陽煦，《禮記人文思想之研究》，文化中文所碩士論文，1986 年。

26. 蔣忠益，《荀子禮法觀與法家法觀》，文化中文所碩士論文，1986 年。

27. 鄭志慧，《儒家孝道思想研究》，輔仁中文所碩士論文，1983 年。

28. 蕭公彥，《禮學之內涵與北宋禮學的發展》，台大歷史所碩士論文，1988 年。

29. 蕭淑芳，《孔孟荀禮思想研究》，輔仁中文所碩士論文，1993 年。

30. 謝德瑩，《禮記孝親之禮研究》，文化中文所碩士論文，1978 年。